Julius Frauenstädt

Neue Briefe über die Schopenhauer'sche Philosophie

Julius Frauenstädt

Neue Briefe über die Schopenhauer'sche Philosophie

ISBN/EAN: 9783743606777

Hergestellt in Europa, USA, Kanada, Australien, Japan

Cover: Foto ©Thomas Meinert / pixelio.de

Weitere Bücher finden Sie auf **www.hansebooks.com**

Neue Briefe

über die

Schopenhauer'sche Philosophie.

Neue Briefe

über die

Schopenhauer'sche Philosophie.

Von

Julius Frauenstädt.

Leipzig:

F. A. Brockhaus.

—

1876.

Vorwort.

Durch meine im Jahre 1854 erschienenen „Briefe über die Schopenhauer'sche Philosophie", die hauptsächlich darstellender Art waren, hatte ich dafür gesorgt, daß das größere gebildete Publikum, das damals noch wenig von der Philosophie des Frankfurter Weisen wußte, hinlänglich mit derselben bekannt gemacht werde, und diesen Zweck können sie sich rühmen erreicht zu haben.

Gegenwärtig ist nun zwar die Schopenhauer'sche Philosophie weit und breit bekannt; aber es fehlt noch viel daran, daß sie auch richtig erkannt sei.

Diesem Mangel abzuhelfen, sind die vorliegenden „Neuen Briefe" bestimmt. Sie sind theils erläuternder, theils vertheidigender, theils berichtigender Art. Schwierigen Punkten der Schopenhauer'schen Philosophie gegenüber verhalten sie sich erläuternd, ungerechten gegnerischen Angriffen gegenüber vertheidigend, fehlerhaften Lehren des Systems gegenüber berichtigend.

Was die Berichtigungen betrifft, so hatte ich schon in meiner Einleitung zu der Gesammtausgabe der Schopenhauer'schen Werke (Bd. I der sämmtlichen Werke) gesagt und an einigen Beispielen gezeigt, daß die Correcturen, deren die Schopenhauer'sche Philosophie bedürftig ist, meist schon in ihr selbst, in ihren eigenen allseitigen Erwägungen und Ueberlegungen, zu finden sind. Von diesem Gedanken in den vorliegenden Briefen vollen Gebrauch machend, habe ich gezeigt, wie die Reste von Dualismus, die sich noch von Kant her in der Schopenhauer'schen Philosophie finden, überall durch den Monismus ihrer eigenen Grundgedanken sich überwinden lassen. Dadurch glaube ich die Schopenhauer'sche Philosophie in wahrerem Sinne fortgebildet zu haben, als E. von Hartmann durch seine „Philosophie des Unbewußten", die eine Verbesserung der Schopenhauer'schen Lehre sein will, in Wahrheit aber eine Verschlechterung derselben ist.

Ein Theil der in diesen „Neuen Briefen" enthaltenen Erörterungen über Schopenhauer's Idealismus, Materialismus, Pessimismus, sowie über seine Ansichten von der Kunst, von der Geschichte und von der Moral war schon früher vereinzelt und zerstreut in verschiedenen Zeitschriften erschienen. Ich habe diesen Theil hier, als zum richtigen Verständniß und zur gerechten Würdigung der Schopenhauer'schen Philosophie wesentlich beitragend, mit denjenigen Verbesserungen und Ergänzungen aufgenommen, die mir nöthig schienen.

Mögen nun diese „Neuen Briefe" dieselbe gerechte, von Ueber- und Unterschätzung gleich freie Würdigung der Schopenhauer'schen Philosophie beim Leser hervorrufen, deren sie sich selbst beflissen haben. Wenn sie dieses erreichen, dann sind sie nicht vergebens geschrieben.

Berlin, im September 1875.

Julius Frauenstädt.

Inhalts-Verzeichniß.

Erster Brief.

Zweiter Brief.

Dritter Brief.

Vierter Brief.

Fünfter Brief.

Sechster Brief.

Siebenter Brief.

Achter Brief.

Neunter Brief.

Zehnter Brief.

Elfter Brief.

Zwölfter Brief.

Zwanzigster Brief.

Einundzwanzigster Brief.

Zweiundzwanzigster Brief.

Dreiundzwanzigster Brief.

Vierundzwanzigster Brief.

Fünfundzwanzigster Brief.

Sechsundzwanzigster Brief.

Erſter Brief.

Veranlaſſung dieſer Briefe. — Gegenſtand derſelben. — Unterſchied der=
ſelben von den 1854 erſchienenen Briefen über die Schopenhauer'ſche
Philoſophie.

--- ------ ·

Sie wollen, verehrter Freund, aus meinen Schriften entnommen
haben, daß ich in manchen, und zwar nicht unbedeutenden Punkten, von
der Schopenhauer'ſchen Philoſophie abweiche, alſo trotz Allem, was
ich für Bekanntmachung und Verbreitung derſelben gethan, doch keines=
wegs ein ſo unbedingter Anhänger derſelben bin, als Viele glauben.

Da haben Sie nicht Unrecht. Wenngleich ich nicht in den Ton
der vulgären Gegner Schopenhauer's, die ſich ein Zerrbild von ihm
zurechtmachen und dann wacker auf dieſes losſchlagen, einſtimmen
kann, ſo gehöre ich doch gewiſſermaßen auch zu ſeinen Gegnern, ja
habe ihm dieſes, als ich noch mit ihm, theils mündlich, theils ſchrift=
lich verkehrte, nie verhehlt, wofür meine „Memorabilien" hinlängliche
Beweiſe beibringen. (Vergl. Arthur Schopenhauer. Von ihm, über
ihm. Ein Wort der Vertheidigung von Ernſt Otto Lindner, und Memorabilien, Briefe und Nachlaßſtücke von Julius Frauenſtädt. Berlin
1863, Verlag von A. W. Hayn.) Ich habe ihm häufig mit meinen
Einwendungen gegen einzelne ſeiner Philoſopheme das Leben recht
ſauer gemacht, und er war deshalb häufig mit mir unzufrieden; ja
ſchließlich kam es, wovon dieſelben „Memorabilien" (S. 711 fg.)
Meldung thun, zu einem Conflict zwiſchen uns, der die Folge
hatte, daß wir beiderſeits den Briefwechſel einſtellten.

Mit dem alſo, was Sie über meine ſelbſtſtändige Stellung gegen=
über der Schopenhauer'ſchen Philoſophie ſagen, hat es ſeine Richtig-

teit. Wenn Sie nun aber hieran die Bitte knüpfen, Ihnen einmal ausführlich alle die Punkte anzugeben, in denen ich von der Schopenhauer'schen Philosophie abweiche und zugleich die Gründe meiner Abweichung darzulegen; so bin ich zwar um so weniger abgeneigt, Ihnen hierin zu willfahren, als ich schon seit längerer Zeit für mich selbst das Bedürfniß fühle, mir Rechenschaft abzulegen über die Einheits- und Differenzpunkte zwischen mir und Schopenhauer. Aber erwarten Sie nur nicht, daß ich auf alle derartigen Punkte eingehen werde. Denn das würde diesen Briefwechsel über die Maßen anschwellen und uns Beiden mehr Zeit rauben, als uns lieb wäre. Ich werde mich begnügen — und ich bitte Sie, sich auch damit zu begnügen — Ihnen meine Stellung zu den Hauptpunkten der Schopenhauer'schen Philosophie darzulegen. Gelegentlich werden Sie dabei auch meine Stellung zu den Gegnern Schopenhauer's kennen lernen.

Seit meinen ersten Briefen über die Schopenhauer'sche Philosophie*) ist in der philosophischen Literatur Manches vorgegangen, was ich, wenn ich jetzt Rechenschaft über meine Stellung zu jener ablegen soll, nicht unberücksichtigt lassen darf. Hierher gehören nicht bloß die ausdrücklich auf die Schopenhauer'sche Philosophie, sei es im Ganzen, oder auf einzelne Theile derselben, sich beziehenden Schriften; sondern auch neue Systeme, die eine Fortbildung und Verbesserung derselben sein wollen, wie die Hartmann'sche „Philosophie des Unbewußten", oder Systeme, die, wie die Darwin'sche Entwickelungstheorie, Grundlehren der Schopenhauer'schen Philosophie umzustoßen scheinen. Sie werden daher, was Ihnen hoffentlich nicht unangenehm sein wird, auch diese von mir hier berührt finden.

Daß ich jetzt als ein Anderer zur Schopenhauer'schen Philosophie zurückkehre, als der ich 1854 bei der Herausgabe meiner ersten Briefe über dieselbe war, darüber werden Sie sich nicht wundern, da Sie wissen, daß die Zeit auf Keinen ohne Einfluß bleibt und am wenigsten auf den ehrlichen Wahrheitsforscher. Auch lag mir ja bei der Abfassung meiner ersten Briefe über die Schopenhauer'sche Philosophie noch kein so reiches Material vor, als gegenwärtig. Die

---

* Briefe über die Schopenhauer'sche Philosophie. Leipzig, F. A. Brockhaus, 1854.

dritte Auflage der „Welt als Wille und Vorstellung" und die zweite
Auflage der „Parerga und Paralipomena" war damals noch nicht erschienen, mein Briefwechsel mit Schopenhauer war noch nicht ab-
geschlossen, ich war noch nicht im Besitz seines umfangreichen hand-
schriftlichen Nachlasses. Meine Kenntniß der Schopenhauer'schen
Philosophie konnte daher damals noch keine so vollständige sein,
als sie es gegenwärtig ist, und ich konnte damals noch nicht so tief in
ihren eigentlichen und wahren Sinn eindringen, als gegenwärtig. Auch
war es mir ja damals nur hauptsächlich um eine übersichtliche Darstellung der Schopenhauer'schen Philosophie zu thun; jetzt aber handelt es sich um eine Kritik derselben.

Sollte Ihnen, verehrter Freund, bei der einen oder der andern
meiner Auseinandersetzungen noch Manches unklar oder zweifelhaft
bleiben, so bitte ich, mir es offen und unumwunden mitzutheilen. Ich
werde dann gern bereit sein, Ihre Scrupel zu lösen.

Zweiter Brief.

Allgemeines über die Schwächen großer Philosophen. — Ob Inconse=
quenzen und Widersprüche ein System werthlos machen. — Richtiges und
verkehrtes Verhalten zu Systemen. — Moritz Venetianer als Beispiel
des letztern.

————

Ueber die Schwächen im Denken bei großen Philosophen —
und Keiner derselben ist von ihnen frei — hat man ähnlich zu ur=
theilen, wie über die Schwächen im Handeln bei sonst tugendhaften
Charakteren. Der Geist ist willig, aber das Fleisch ist schwach. So
wenig wir einen tugendhaften Charakter wegen einzelner Sünden
für schlecht und gemein halten, so wenig dürfen wir einen großen
Geist wegen einzelner Inconsequenzen und Widersprüche für klein und
unbedeutend ansehen. Es ist eben keinem Menschen als solchem gegeben,
frei von Fehlern und Schwächen zu bleiben.

Hätten dieses die Gegner Schopenhauer's bedacht, so hätten sie
nicht so stark die Inconsequenzen und Widersprüche in seinem System
betont, und hätten nicht geglaubt, damit die Werthlosigkeit desselben
bewiesen zu haben. Gesetzt auch, die von ihnen nachgewiesenen Wider=
sprüche steckten wirklich alle in seinem System, — was jedoch, wie ich
Ihnen zeigen werde, bei vielen nicht der Fall ist, — so wäre doch
damit nicht die Werthlosigkeit des Systems bewiesen; oder man könnte
mit gleichem Recht auch alle andern bedeutenden Systeme für werth=
los erklären. Welche Widersprüche sind nicht z. B. bei Spinoza,
und jüngst sogar bei Kant nachgewiesen worden!

Die größten Philosophen aller Zeiten haben sich auffallende
Widersprüche zu Schulden kommen lassen, und doch enthalten ihre

Systeme wichtige Wahrheiten, durch die das Menschengeschlecht bedeutend gefördert worden ist.

Der Werth eines Systems besteht nach meinem Dafürhalten nicht in seiner formalen Harmonie, sondern in seinem materialen Wahrheitsgehalt. Es ließe sich sehr wohl ein widerspruchsloses System denken, das dennoch werthlos wäre, weil es aus lauter Begriffen und Sätzen bestände, denen keine Realität entspricht, aus puren Hirngespinnsten; während daneben ein anderes mit starken Widersprüchen sich denken läßt, das dennoch großen Werth hat, weil unter den einander widersprechenden Sätzen desselben wenigstens der eine Theil bedeutende Wahrheit enthält. Denn von zwei einander widersprechenden Aussagen kann doch wenigstens die eine wahr sein, während von zwei einander nicht widersprechenden alle beide falsch sein können. Wie manches dogmatische System giebt es nicht, daß trotz seiner innern Consequenz und Widerspruchslosigkeit doch nur ein Luftschloß ist, während es andererseits an innerlichen Widersprüchen leidende Systeme giebt, die, als im realen Boden wurzelnd, tiefe Wahrheit enthalten.

Weit verhängnißvoller, als innerer Widerspruch, ist für die Systeme ihr Widerspruch gegen die Erfahrung, gegen die Thatsachen. Nicht diejenigen Systeme sind die eigentlich werthlosen und in Vergessenheit fallenden, die blos innerlich, in der Zusammenstellung ihrer verschiedenen Sätze fehlen und sich Widersprüche zu Schulden kommen lassen, sondern diejenigen, deren Sätze mit der Erfahrung unvereinbar sind, von den Thatsachen Lügen gestraft werden.

Sieht man nun das Schopenhauer'sche System von diesem Gesichtspunkte aus an, so wird man finden, daß es trotz aller Widersprüche, die sich in ihm nachweisen lassen, doch werthvoller ist, als alle jene a priori construirenden künstlichen Systeme, die zwar innerlich widerspruchslos sein mögen, die aber desto stärker und greller mit den Thatsachen in Widerspruch stehen.

Der tiefe und nachhaltige Eindruck, den die Schopenhauer'sche Philosophie auf jeden Unbefangenen macht, läßt sich gar nicht anders erklären, als aus ihrem bedeutenden Wahrheitsgehalt. Man fühlt bei der Lektüre der Schopenhauer'schen Werke, daß hier nicht Hirngespinnste vorliegen, sondern die Natur der Dinge, in Begriffen abgespiegelt.

Statt allerlei Widersprüche in Schopenhauer's System aufzustöbern, hätten sich die Gegner desselben ein größeres Verdienst erworben, wenn sie die in ihm enthaltene Wahrheit ermittelt und mittelst dieser seinen Irrthum widerlegt, es also aus und durch sich selbst verbessert hätten. Denn nicht von Außen, sondern nur von Innen heraus, durch sich selbst, kann ein System gründlich gereinigt und verbessert werden, indem man die Consequenzen aus seinen Grundwahrheiten zieht und alles mit denselben nicht in Einklang Stehende entfernt.

Ganz verkehrt ist das Verhalten zu einem System, wenn man, den wesentlichen Charakter desselben verkennend, unwesentliche und entstellende Züge, die sich demselben von Außen her angesetzt haben, für sein Wesen ausgiebt und nun, indem man auf sie losschlägt, meint, das System geschlagen zu haben. Dieses Fehlers hat sich Moritz Venetianer schuldig gemacht.

Es geht ja den Philosophen, wie andern Menschenkindern auch; es gelingt ihnen nicht immer, das Wahre und Große, das sie beabsichtigen, rein und frei von allen fremdartigen Beimischungen zur Ausführung zu bringen. Es setzen sich den neuen Gedanken selbst der größten Geister häufig noch alte, überlieferte Irrthümer an, die zu den neuen Wahrheiten nicht passen.

So will ich denn auch nicht in Abrede stellen, daß, so sehr durch Das, was Schopenhauer über die Aufgabe und Methode der Philosophie lehrt, ein Fortschritt über die bisherigen Auffassungen hinaus gemacht ist, er doch selbst mitunter noch in die alte Methode, aus abstracten Begriffen statt aus der Anschauung und Erfahrung heraus zu philosophiren, zurückgefallen ist. So ist z. B. bei Schopenhauer neben seiner erfahrungsmäßigen, auf Physiologie des Gehirns und der Sinnesorgane gegründeten Auffassung der Vorstellung ein Räsonnement über die Vorstellung anzutreffen, das lediglich aus den sich auf einander beziehenden Begriffen des Subjects und Objects herausgesponnen ist; woher es kommt, daß, obgleich er die Vorstellung des Objects als Product der Thätigkeit des Subjects auf Anlaß der Sinnesreize darstellt, indem er zeigt, wie der Verstand mittelst Anwendung des Causalitätsgesetzes aus den Sinnesreizen die äußere Ursache derselben als Gegenstand (Object) construirt, — daß er sage ich, dennoch auch anderwärts wieder von dem Object spricht, als wäre

es sofort mit dem Subject gegeben und nicht erst durch die Ver=
standesthätigkeit des Subjects erschlossen. (Vergl. meine Vorrede
zur 3. Aufl. der „Vierfachen Wurzel".)

Will man nun dieses Räsonniren aus abstracten Begriffen heraus
Scholasticismus oder, deutsch zu reden, „Schulfuchserei" nennen;
so ist freilich auch bei Schopenhauer mitunter noch Scholasticismus
anzutreffen. Aber welcher Unverstand gehört nicht dazu, Schopen=
hauer wegen dieses gar nicht seine Eigenthümlichkeit bildenden, sondern
ihm fremdartigen, von Außen angehefteten Zuges zum Scholastiker
zu stempeln, wie Moritz Venetianer in seiner Schrift: „Schopen=
hauer als Scholastiker. Eine Kritik der Schopenhauer'schen Philo=
sophie mit Rücksicht auf die gesammte Kantische Neoscholastik" (Berlin,
Carl Duncker's Verlag, 1873) thut. Es ist, wie wenn man die eigen=
thümliche Physiognomie eines Menschen nach einer aus äußerer Ein=
wirkung entstandenen, zufälligen Schmarre beurtheilen wollte. Für das
Wesen, die Essenz eines Philosophen wird ein verständiger Kritiker
nicht diejenigen Züge seines Systems ansehen, die dem Geist desselben
fremd, von Vorgängern aufgenommen oder angenommen sind, sondern
diejenigen, die aus seinem eigenthümlichen, sich specifisch von den
Vorgängern unterscheidenden Geiste hervorgegangen und ihm ad=
äquat sind.

Ist etwa ein Dichter, weil in seinen Gedichten Shakespeare'sche
Kraftausdrücke vorkommen, schon ein Shakespeare? Nun, ebenso
wenig ist ein Philosoph darum, weil in seinem System scholastische
Formeln und Spitzfindigkeiten vorkommen, schon ein Scholastiker.

Das Spaßhafteste aber bei der Sache ist, daß derselbe Vene=
tianer, der Schopenhauer zum Scholastiker und Kant zum Erzscho=
lastiker stempelt, weil letzterer der Vater dieser ganzen modernen
Richtung sei, den Verfasser der „Philosophie des Unbewußten", Ed.
v. Hartmann, von dem Vorwurf des Scholasticismus freispricht,
ja ihn der ganzen neoscholastischen Richtung der Philosophie seit Kant
wie einen Erlöser, einen Heiland gegenüberstellt, während doch der Ver=
fasser der „Philosophie des Unbewußten" in seiner „Metaphysik des
Unbewußten", die auf die neoschelling'sche Potenzenlehre zurückgeht, der
tollste Scholastiker ist, den es geben kann.

Venetianer's Antipathie gegen Schopenhauer, die ihn verhindert hat, ihm gerecht zu werden, ist durch Schopenhauer's Angriffe auf das Judenthum verursacht. Nun mag zwar Schopenhauer allerdings in seinen Urtheilen über das Judenthum mitunter zu weit gegangen sein und mag dabei sich selbst durch Antipathie haben bestimmen lassen. Aber in Einem wird man doch versucht, ihm Recht zu geben, — und die freche Art, wie Moritz Venetianer von unsern größten Geistern, von einem Kant und Schopenhauer spricht, denen er „ungeschlachtes scholastisches Treiben, Kauderwelsch, Wischiwaschi" u. s. w. vorwirft, bestätigt es, nämlich — daß unter den dem Nationalcharakter der Juden anhängenden Fehlern „eine wundersame Abwesenheit alles Dessen, was das Wort verecundia ausdrückt, der hervorstechendste" sei. (Parerga, II, 280.)

So entblößt von aller verecundia, wie Venetianer in seinem erwähnten Buche auftritt, kann eben nur ein von seinem Nationalcharakter noch nicht durch Bildung frei gewordener Jude auftreten. Dabei gereichen den Schmähungen dieses Juden nicht einmal eigene große Leistungen, die er den geschmähten Geistern gegenüberzustellen hätte, zur Entschuldigung; während doch Schopenhauer, wenn er von Fichte, Schelling und Hegel geringschätzig sprach, doch ihnen gegenüber etwas Besseres, Bedeutenderes aufzuweisen hatte. Venetianer's „Allgeist. Grundzüge des Panpsychismus im Anschluß an die Philosophie des Unbewußten" (Berlin, Carl Duncker's Verlag, 1874), — diese, die Philosophie des Unbewußten nur unter anderm Namen wiedergebende und vertheidigende, meist polemische Schrift, ist doch wahrlich nicht dazu angethan, dem Verfasser das Recht zu geben, Kant und Schopenhauer in der Weise zu schmähen, wie er gethan.

———

Dritter Brief.

Schopenhauer's Begriff der Philosophie. — Methode seiner Philosophie. — Zwei Voraussetzungen, die seinem Begriff und seiner Methode der Philosophie zum Grunde liegen.

———

Dichter pflegen sich bei ihrem Schaffen nicht nach den Regeln der Poetik zu richten, sondern umgekehrt, ihre Poetik richtet sich nach ihrem Schaffen, ist nur aus ihrer Art zu produciren abstrahirt. Die Dramaturgie eines Schauspieldichters z. B. ist in der Regel nur der abstracte Begriff seiner eigenen Dramen.

Aehnlich nun pflegen Philosophen in ihren Systemen sich nicht nach dem Begriff der Philosophie zu richten; sondern ihr Begriff der Philosophie richtet sich nach ihrem System, ist nur aus ihrer Art zu philosophiren abstrahirt.

Dieses Abstrahiren der Theorie aus der eigenen Praxis schadet aber auch gar nichts, wenn die Praxis selbst nur auf dem richtigen Wege ist, wenn die Art zu dichten eines Dichters und die Art zu philosophiren eines Philosophen dem eigentlichen Zweck des Dichtens und Philosophirens entspricht. Die aus dieser Praxis abgezogene Theorie kann dann keine irrige sein.

Bei Schopenhauer nun ist die Begriffsbestimmung der Philosophie ebenfalls aus seiner eigenen Art zu philosophiren abstrahirt. Aber da diese seine eigene Art zu philosophiren im Ganzen eine richtige, zweckentsprechende ist, so kann man nicht sagen, daß seine Begriffsbestimmung der Philosophie eine falsche sei. Schopenhauer philosophirt aus der Anschauung heraus, und demgemäß verlangt er auch, daß den philosophischen Begriffen überall ein Anschauliches zum Grunde liege.

Schopenhauer spinnt nicht Begriffe aus Begriffen, wie die Fichte= Schelling=Hegel'sche Speculation, sondern schöpft seine Begriffe aus der Allen vorliegenden anschaulichen Erfahrungswelt, der äußeren und der inneren. Darum ist er ein Feind alles bloßen Vernünf= telns. Er führt selbst Beispiele an, zu welchen Abwegen und Ver= irrungen die Algebra mit bloßen Begriffen, die durch keine Anschauung controlirt werden, führe, und findet an der Philosophie seit Plato und Aristoteles, besonders aber seit der Scholastik hauptsächlich den fort= gesetzten Mißbrauch allgemeiner Begriffe wie Substanz, Ur= sache, Grund, u. s. w. zu rügen. Solche weite Begriffe würden allmählich fast wie algebraische Zeichen gebraucht und wie diese hin= und hergeworfen, wodurch das Philosophiren zu einem bloßen Combi= niren, zu einer Art Rechnerei ausarte. Ja, zuletzt entstehe hieraus ein bloßer Wortkram, wofür das scheußlichste Beispiel die Hegelei liefere.

Diesem fortgesetzten Mißbrauch weiter, allgemeiner Begriffe gegen= über hebt Schopenhauer das Verdienst Locke's hervor, der auf Unter= suchung des Ursprungs der Begriffe drang, welche Bahn dann Kant weiter verfolgte. Schopenhauer selbst hat in seiner Schrift „Ueber die vierfache Wurzel des Satzes vom zureichenden Grunde" (1813) die vier verschiedenen Verhältnisse nachgewiesen, die unter dem Begriff des Grundes gedacht werden, und ist damit dem Begriff des Grundes selbst auf den Grund gegangen. Er hat gezeigt, daß es so wenig einen Grund überhaupt giebt, wie einen Triangel überhaupt. Wie jeder Triangel entweder recht= oder spitz= oder stumpf=winklig ist, so müsse auch jeder Grund entweder Grund des Werdens, oder Grund des Erkennens, oder Grund des Seins, oder Grund des Handelns sein. Und eben so hat er es mit dem Begriff der Nothwendigkeit gehalten. Da Nothwendigkeit nur der Folge zu= kommt, wenn der Grund gegeben ist, so giebt es gemäß dem vierfachen Grund eine vierfache Nothwendigkeit: 1) physische (nach dem Wer= densgrund); 2) logische (nach dem Erkenntnißgrund); 3) mathe= matische (nach dem Seinsgrund); 4) moralische (nach dem Han= delnsgrund).

Mit diesen Nachweisungen hat sich Schopenhauer das Verdienst erworben, dem abstracten Gerede über Begriffe wie Grund und Nothwendigkeit u. s. w. ein Ende zu machen. Er hat mit Recht an jeden Philosophen, der in seinen Speculationen von einem Grunde, oder von Nothwendigkeit spricht, die Forderung gestellt, daß er bestimme, welche Art von Grund, oder von Nothwendigkeit er meine.

Wie über den Begriff des Grundes und der Nothwendigkeit, so hat Schopenhauer auch über den Begriff der Freiheit kein abstractes Gerede geführt, wie andere Philosophen, sondern hat die verschiedenen Arten der Freiheit nachgewiesen, die verschiedenen Verhältnisse, in denen von Freiheit die Rede ist. Es giebt nämlich eine dreifache Freiheit: 1) die physische; 2) die intellectuelle; 3) die moralische. Schopenhauer zeigt das Gemeinsame in diesen verschiedenen Arten, zeigt aber auch andererseits innerhalb des Identischen derselben wieder den Unterschied.

Durch diese seine Methode, im Unterschiedenen das wesentlich Gemeinsame, das Identische, und wiederum im Identischen den Unterschied der Arten, in denen es vorkommt, nachzuweisen, hat Schopenhauer Licht und Klarheit in die Begriffe gebracht. Man weiß bei ihm überall, woran man ist. Wenn er von Grund, von Nothwendigkeit, von Freiheit, von Erkenntniß, von Wahrheit u. s. w. spricht, so hat man kein vages, hohles, in bloßen Wortkram ausartendes Gerede, bei dem Einem Hören und Sehen vergeht, wie bei so vielen Andern, vor sich, sondern man hat bestimmte, gegebene reale Verhältnisse, die durch jene Begriffe bezeichnet werden, vor sich und erfährt, was das Gemeinsame, das wesentlich Identische in ihnen ist, erfährt aber auch, wodurch sich die Arten derselben unterscheiden. So, um nur noch ein Beispiel anzuführen, ergeht sich Schopenhauer nicht, wie so manche andere neuere und neueste Philosophen, in hochtrabenden und ebenso unverständlichen, als überschwänglichen Redensarten über das Wahre, Schöne und Gute, sondern geht diesen Begriffen auf den Grund, zeigt die verschiedenen Arten dessen, was unter jenen allgemeinen Begriffen gedacht wird, weist das Identische in ihnen nach und innerhalb des Identischen wiederum den Unterschied. (Vergl. in meinem Schopenhauer-Lexikon die Artikel, Grund, Nothwendigkeit, Freiheit, Wahrheit u. s. w.)

In Uebereinstimmung hiermit hat Schopenhauer die Regel zur Methode alles Philosophirens, ja alles Wissens überhaupt, aufgestellt, daß man ebenso dem Gesetze der Homogeneität, als dem der Specification Genüge leiste, d. h. im Unterschiedenen das Homogene, Identische der Gattung, zu der es gehört, und ebenso wiederum in dieser den specifischen Unterschied der Arten, in die sie auseinander-geht, nachweise. (Vergl. Schopenhauer=Lexikon: Methode.)

Man mag an seinen Eintheilungen Manches auszusetzen haben; aber seine Methode ist jedenfalls die richtige, ächt wissenschaftliche, ist wissenschaftlicher, als die Methode der die Welt a priori nach einem vorausbestimmten Schema construirenden Philosophen, etwa nach dem Hegel'schen Schema des Ansich=, Anders= und Fürsichseins, oder einem sonstigen, drei= oder viergliedrigen Schema. Dieses Unter-bringen aller Dinge des Himmels und der Erden unter ein a priori aufgestelltes Schema thut den Dingen Gewalt an, zwängt sie in ein Prokrustesbett und fälscht sie, während die Schopenhauer'sche Methode die Dinge selbst zu Worte kommen läßt, ihre eigene natürliche Gliederung und Bewegung darstellt. Denn Schopenhauer hatte richtig erkannt: allgemeine Begriffe sollen zwar der Stoff sein, in welchen die Philosophie ihre Erkenntniß absetzt und niederlegt, jedoch nicht die Quelle, aus der sie dieselbe schöpft: terminus ad quem, nicht a quo. Die Philosophie soll nicht sein eine Wissenschaft aus Begriffen, son-dern in Begriffen. Begriffe sind freilich das Material der Philo-sophie, aber nur wie der Marmor das Material des Bildhauers ist; sie soll nicht aus ihnen, sondern in sie arbeiten, und sichere Resul-tate in ihnen niederlegen, nicht aber von ihnen als dem Gegebenen ausgehen.

Wahre Philosophie läßt sich nach Schopenhauer nicht heraus-spinnen aus bloßen, abstracten Begriffen, sondern muß gegründet sein auf Beobachtung und Erfahrung, sowohl innere, als äußere. Auch nicht durch Combinationsversuche mit Begriffen in der Weise Fichte's, Schelling's, Hegel's wird je etwas Rechtes in der Philosophie geleistet werden. Wenn alle Lehren einer Philosophie blos eine aus der ande-ren und zuletzt wohl gar aus einem ersten Satze abgeleitet sind, so muß sie arm und mager, mithin auch langweilig ausfallen, da aus keinem Satze mehr folgen kann, als was er schon selbst enthält; zudem hängt dann Alles von der Richtigkeit eines Satzes ab, und durch einen einzigen Fehler in der Ableitung wäre die Wahrheit des Ganzen gefährdet. (Vergl. Schopenhauer-Lexikon, unter Philosophie: Methode der Philosophie).

Ich glaube, daß sich gegen diese aus Schopenhauer's eigener Art zu philosophiren abgezogenen Bestimmungen über die Methode der Philosophie nichts Gegründetes wird einwenden lassen. Fraglicher hingegen könnte scheinen, ob Das richtig ist, was Schopenhauer über den Gegenstand der Philosophie lehrt. Schopenhauer stimmt zwar mit andern Philosophen darin überein, daß der Gegenstand der Philosophie die Welt sei und nennt die Philosophie darum, im Gegensatz zur Theologie, Weltweisheit; aber er weicht von andern Philosophen darin ab, daß er nicht das Woher und Wozu der Welt (nicht ihre causa efficiens und causa finalis), sondern lediglich ihr Was, d. h. ihr Wesen an sich, ihre Essenz zum Gegenstande der Philosophie macht. Die Philosophie soll nach Schopenhauer eine Aussage in abstracto vom Wesen der gesammten Welt und ihrer Gliederung sein, eine vollständige Wiederholung, gleichsam Abspiegelung der Welt in abstracten Begriffen. Jeder ist nach ihm noch himmelweit von einer philosophischen Erkenntniß der Welt entfernt, der vermeint, das Wesen derselben historisch fassen zu können; welches aber der Fall ist, sobald in seiner Ansicht des Wesens an sich der Welt irgend ein Werden, oder Gewordensein oder Werdenwerden sich vorfindet. Solches historische Philosophiren liefere in den meisten Fällen eine Kosmogonie. Es leide an dem Fehler, die Zeit für eine Bestimmung der Dinge an sich zu nehmen, und daher bei der Erscheinung stehen zu bleiben. Die ächte philosophische Betrachtungsweise der Welt, d. h. diejenige, welche uns ihr inneres Wesen erkennen lehrt und so über die Erscheinung hinausführt, sei gerade die, welche nicht nach dem Woher und Wohin und Warum, sondern immer und überall nur nach dem Was der Welt frägt, d. h. welche die Dinge nicht nach irgend einer Relation, nicht nach Grund und Folge betrachtet; sondern umgekehrt Das, was nach Aussonderung dieser ganzen Betrachtungsweise übrig bleibt, das in allen Relationen erscheinende, selbst aber ihnen nicht unterworfene, immer sich gleiche Wesen der Welt zum Gegenstande hat.

Demgemäß verlangt Schopenhauer von der Philosophie, daß sie immanent bleibe, d. h. nicht transscendent werde, sich nicht zu überweltlichen Dingen versteige, sondern sich darauf beschränke, die gegebene Welt von Grund aus zu verstehen. Die Philosophie sei nur darum so lange vergeblich versucht worden, weil man das Warum, das Ferne suchte, statt das Was, das überall Nahe zu ergreifen. (Vergl. Schopenhauer=Lexikon, unter Philosophie: Aufgabe der Philosophie.)

An diesen Bestimmungen zeigt sich, daß der Begriff der Philosophie, den ein System aufstellt, nicht unabhängig von den eigenen Voraussetzungen dieses Systems ist, und daß man ihn daher nur dann annehmen kann, wenn man die ihm zu Grunde liegenden Voraussetzungen annimmt.

Dem Schopenhauer'schen Begriff der Philosophie als Wissenschaft des Was, nicht des Woher und Wozu der Welt, liegen mehrere Voraussetzungen seines Systems zum Grunde. Erstens die, daß der Satz vom Grund, demzufolge wir überhaupt nach dem Woher und Wozu fragen, sich nur auf Erscheinungen bezieht, nicht auf das Wesen an sich der Dinge. Da der Satz vom Grunde in allen seinen Gestalten apriorisch ist, also in unserm Intellect wurzelt; so darf er nach Schopenhauer nicht auf das Ganze aller daseienden Dinge, die Welt, angewendet werden. Denn eine solche, vermöge apriorischer Formen sich darstellende Welt ist eben deshalb bloße Erscheinung; was daher nur in Folge eben dieser Formen von ihr gilt, findet keine Anwendung auf sie selbst, d. h. auf das in ihr sich darstellende Ding an sich. Daher kann man nicht sagen: „Die Welt und alle Dinge in ihr existiren vermöge eines Andern"; welcher Satz der kosmologische Beweis des Daseins Gottes ist. (Vergl. Schopenhauer=Lexikon, unter Grund: Gebiet der Gültigkeit des Satzes vom Grunde.) Der Begriff der Kausalität ist von den Philosophen, zum Vortheil ihrer dogmatischen Absichten, stets viel zu weit gefaßt worden, wodurch hineinkam, was gar nicht darin liegt, z. B. der Satz: „Alles, was ist, hat seine Ursache"; während der allein richtige Ausdruck für das Gesetz der Kausalität dieser ist: jede Veränderung hat ihre Ursache in einer andern, ihr unmittelbar vorhergängigen. Wenn etwas geschieht, d. h. ein neuer Zustand eintritt, d. h. etwas sich verändert; so muß gleich vorher sich etwas Anderes verändert

haben; vor diesem wieder etwas Anderes, und so aufwärts in's Un=
endliche; denn eine erste Ursache ist so unmöglich zu denken, wie ein
Anfang der Zeit, oder eine Grenze des Raums. Mehr, als das An=
gegebene besagt das Gesetz der Kausalität nicht; also treten seine
Ansprüche erst bei Veränderungen ein. So lange sich nichts ver=
ändert, ist nach keiner Ursache zu fragen. (Vergl. Schopenhauer=
Lexikon unter Grund: Satz vom Grunde des Werdens.)

Nehmen Sie hierzu noch, was Schopenhauer vom Entstehen
und Vergehen lehrt, daß es nämlich nicht an die Wurzel der Dinge
greife, sondern nur ein oberflächliches Phänomen sei, von welchem das
eigentliche, sich unserm Blick entziehende und durchweg geheimnißvolle
innere Wesen jedes Dinges nicht mitgetroffen wird; daß das Entstehen
und Vergehen keine absolute Realität habe, also dem in der Er=
scheinung sich darstellenden Wesen an sich nicht zukommen könne, und
hieraus sich der wahre Sinn der paradoxen Lehre der Eleaten, daß
es gar kein Entstehen und Vergehen giebt, sich ergebe (vergl. Schopen=
hauer=Lexikon: Entstehen und Vergehen); so haben Sie hier die Grund=
voraussetzung, die Schopenhauer bestimmt, die Frage nach der Ursache
der Welt zu verwerfen und die Philosophie auf die bloße Erforschung
des Was der Welt zu beschränken. Die Frage nach der Ursache der
Welt wäre nur dann berechtigt, wenn bewiesen wäre, daß das Dasein
der Welt überhaupt entstanden sei. So lange dies nicht bewiesen
ist, und es wird sich schwerlich beweisen lassen, wird wohl Schopen=
hauer Recht behalten, daß die Philosphie nicht nach dem Woher der
Welt zu fragen habe. Hat sie aber nicht nach dem Woher der Welt
zu fragen, so hat sie eo ipso auch nicht nach dem Wozu derselben
zu fragen; denn das Wozu ist nur eine Art des Woher. Wenn wir
nach dem Wozu einer Sache fragen, so fragen wir nach ihrer Zweck=
ursache, also doch wieder nach einer Ursache, wenngleich nach einer
andern Art von Ursache, als die causa efficiens ist. Um zu der
Frage nach dem Wozu der Welt berechtigt zu sein, müßten wir be=
weisen, daß ein ihr Dasein beabsichtigender Zweck, zu dessen Rea=
lisirung sie aus dem Nichtsein ins Dasein gerufen worden, die Ur=
sache ihres Entstehens war, was wiederum sich schwerlich beweisen
lassen wird.

Kurz, um Schopenhauer's Ausschließung der Fragen nach dem

Woher und Wozu der Welt aus der Philosophie zu widerlegen, müßte man die Lehre seines Systems, daß der Satz vom Grunde im Allgemeinen sich nur auf Erscheinungen, und das Kausalitätsgesetz im Besondern sich nur auf Veränderungen beziehe und nur im Gebiete dieser Gültigkeit habe, die Philosophie aber es nicht mit bloßen Erscheinungen und Veränderungen, sondern mit dem ewigen, unveränderlichen Wesen der Dinge zu thun habe, widerlegen.

Ich gehe nun zu einer zweiten Voraussetzung über, die der Schopenhauer'schen Beschränkung der Philosophie auf die Erforschung des Was der Welt zum Grunde liegt. Es ist diese, daß das Was, d. h. das Wesen der Welt, in ihrer Erscheinung gegenwärtig, in ihr anzutreffen, ihr immanent, also nicht jenseits derselben zu suchen, sondern in ihr zu ergreifen sei, daß aber auch der menschliche Intellect fähig sei, in der Erscheinung das Wesen zu ergreifen, oder die Erscheinung aus dem Wesen, dessen Erscheinung sie ist, zu begreifen, welcher Annahme wieder die Voraussetzung zum Grunde liegt, daß Wesen und Erscheinung sich decken, daß die letztere dem erstern entspricht; denn sonst würde ja aus ihr das Wesen nicht zu erkennen sein. Schopenhauer's Begriff von der Philosophie als der Wissenschaft des Was der Welt kann also schon zum Beweise dafür dienen, daß sein System, als den Dualismus zwischen Wesen an sich (Ding an sich) und Erscheinung aufhebend, kein absolut idealistisches, die Erscheinung für bloßen subjectiven Schein erklärendes ist, sondern ein realistisches, die Erscheinung als „Objectivation", d. h. reale Verwirklichung des Wesens an sich betrachtendes.

Ich komme später auf die Bedeutung der Erscheinung bei Schopenhauer ausführlicher zu sprechen. Hier wollte ich Ihnen nur zeigen, welche Voraussetzungen in der Schopenhauer'schen Begriffsbestimmung der Philosophie liegen, nämlich erstens die Voraussetzung, daß die Welt unentstanden sei, und zweitens die Voraussetzung, daß ihr Wesen an sich in der Erscheinung gegenwärtig und aus ihr erkennbar sei.

Ob aber Schopenhauer seinem Begriff der Philosophie und den in ihm liegenden Voraussetzungen überall in den Ausführungen seines Systems treu geblieben, das ist freilich eine andere Frage, über die ich mich ein anderes mal auslassen werde.

————

Vierter Brief.

Schopenhauer's dualistischer Gegensatz zwischen Physik und Metaphysik. — Berichtigung desselben aus seinem Monismus heraus. — Bestimmung des wahren Verhältnisses der Philosophie zu den Wissenschaften.

Sie finden, verehrter Freund, daß der Gegensatz, den Schopenhauer zwischen der Metaphysik und der Physik, überhaupt der Gegensatz, den er zwischen der Philosophie und den Wissenschaften macht, mit seiner Lehre von der Immanenz des Wesens in der Erscheinung und der Erkennbarkeit des Wesens aus der Erscheinung nicht zusammenstimmt. Das Wesen der Welt sei nach Schopenhauer aus ihrer Erscheinung zu entziffern, die Physik im weitesten Sinne, d. h. die Naturwissenschaft, lehre uns doch nun aber die Erscheinung und ihren Zusammenhang immer genauer, immer richtiger, immer vollständiger kennen; wie dürfe da Schopenhauer einen solchen Gegensatz zwischen Physik und Metaphysik machen, daß er behauptet: „Die Höhe, zu welcher in unsern Zeiten die Naturwissenschaften gestiegen sind, stellt alle früheren Jahrhunderte in tiefen Schatten und ist ein Gipfel, den die Menschheit zum ersten Mal erreicht. Allein, wie große Fortschritte auch die Physik (im weitesten Sinne der Alten verstanden) je machen möge; so wird damit noch nicht der kleinste Schritt zur Metaphysik geschehen sein; so wenig, wie eine Fläche, durch noch so weit fortgesetzte Ausdehnung, je Kubikinhalt gewinnt. Denn solche Fortschritte werden immer nur die Erkenntniß der Erscheinung vervollständigen; während die Metaphysik über die Erscheinung selbst hinausstrebt, zum Erscheinenden. Und wenn sogar die gänzlich vollendete Erfahrung hinzukäme, so würde dadurch in der Hauptsache nichts gebessert sein. Ja, wenn selbst Einer alle Planeten sämmtlicher Fixsterne durchwanderte; so hätte er damit noch keinen Schritt in der Metaphysik gethan." („Welt als Wille und Vorstellung", II, 197.)

Dieser Dualismus zwischen Physik und Metaphysik, sagen Sie, stimmt nicht zu der von Schopenhauer gelehrten Einheit von Wesen und Erscheinung und Erkennbarkeit des Wesens aus der Erscheinung. Dieser entsprechend müßte Schopenhauer vielmehr den Fortschritten in der Physik das größte Gewicht für die Fortschritte in der Metaphysik beilegen, statt zu sagen, daß mit allen Fortschritten in der Physik noch nicht der kleinste Schritt in der Metaphysik gemacht sei.

Ich kann nun allerdings nicht bestreiten, daß das von Schopenhauer in der angeführten Stelle behauptete Unberührtbleiben der Metaphysik von allen Fortschritten der Physik stark dualistisch klingt, und daß auch mir aus dem Verhältniß, in welches Schopenhauer das Wesen der Welt zu ihrer Erscheinung setzt, d. h. aus der Immanenz desselben in dieser zu folgen scheint, daß mit der fortschreitenden Erkenntniß der Erscheinung durch die Physik auch die Erkenntniß des Wesens in der Metaphysik fortschreiten müsse. Schopenhauer hat dieses sogar selbst und zwar an derselben Stelle („Welt als Wille und Vorstellung", II, 197 fg.) zugegeben. Schopenhauer gesteht nämlich zu, daß „die berichtigte, erweiterte und gründlichere Kenntniß der Natur einerseits die bis dahin geltenden metaphysischen Annahmen immer untergräbt und endlich umstößt, andererseits aber das Problem der Metaphysik selbst deutlicher, richtiger und vollständiger vorlegt"; deshalb solle sich auch Keiner an die Metaphysik wagen, „ohne zuvor eine, wenn auch nur allgemeine, doch gründliche, klare und zusammenhängende Kenntniß aller Zweige der Naturwissenschaft sich erworben zu haben". Ist damit nicht den Fortschritten in der Physik das Gewicht wieder zurückgegeben, das ihnen vorher genommen worden war, und ist nicht Schopenhauer's eigene, auf die Naturwissenschaft sich stützende, aus der Astronomie, Geologie, Chemie, Botanik, Zoologie die empirischen Belege für die Wahrheit ihrer Lehren hernehmende Metaphysik der schlagendste Beweis von dem wichtigen Einfluß der Physik auf die Metaphysik? Zeigt nicht das zweite Buch der „Welt als Wille und Vorstellung" und die Schrift „Ueber den Willen in der Natur" überall die Spuren des mächtigen Einflusses, den die naturwissenschaftliche Erkenntniß von der Erscheinung auf die Erkenntniß ihres Wesens bei Schopenhauer gehabt hat?

Wenn Schopenhauer dabei dennoch die Physik der Metaphysik dualistisch entgegensetzte, so kam dies nur daher, daß er überhaupt die Wissenschaften in ein dualistisches Verhältniß zur Philosophie setzte, und dieses kam wieder von seiner dualistischen Entgegensetzung der Erscheinung gegen das Ding an sich, die freilich zu seinem sonstigen Monismus nicht stimmt. Die Wissenschaften haben es nach Schopenhauer nämlich nur mit den nach dem Satz vom Grunde verknüpften Erscheinungen zu thun, Kunst und Philosophie hingegen mit dem von allen Relationen, die der Satz vom Grunde ausdrückt, freien Wesen oder Was der Erscheinungen. Zwischen der wissenschaftlichen Betrachtungsweise, gemäß dem Satz vom Grunde, und der genialen des Künstlers und Philosophen, unabhängig von demselben, ist nach Schopenhauer eine Kluft. So wie der Gegenstand Beider verschieden ist, so auch das Organ, vermittelst dessen er erkannt wird. Dort herrscht die discursive, hier die intuitive Erkenntniß. Jene geht in die Breite, diese in die Tiefe. Charakteristisch für diese Auffassung sind besonders die Stellen in „Welt als Wille und Vorstellung", in denen das Ungenügende aller Wissenschaft und dagegen das Genügende der Kunst und der mit ihr verwandten Philosophie dargelegt wird. Alle Wissenschaft im eigentlichen Sinn, d. h. nach Schopenhauer die systematische Erkenntniß am Leitfaden des Satzes vom Grunde, kann nie ein letztes Ziel erreichen, noch eine völlig genügende Erklärung geben, weil sie das innerste Wesen der Welt nie trifft, nie über die Vorstellung hinauskann, vielmehr im Grunde nichts weiter, als das Verhältniß einer Vorstellung zur andern kennen lehrt. (S. Schopenhauer-Lexikon unter Wissenschaft: das Ungenügende der Wissenschaft.) „Während die Wissenschaft, dem rast- und bestandlosen Strom vierfach gestalteter Gründe und Folgen nachgehend, bei jedem erreichten Ziel immer wieder weiter gewiesen wird und nie ein letztes Ziel, noch völlige Befriedigung finden kann, so wenig als man durch Laufen den Punkt erreicht, wo die Wolken den Horizont berühren; so ist dagegen die Kunst (und die mit ihr verwandte Philosophie) überall am Ziel. Denn sie reißt das Object ihrer Kontemplation heraus aus dem Strome des Weltlaufs und hat es isolirt vor sich: und dieses Einzelne, was in jenem Strom ein verschwindend kleiner Theil war, wird ihr ein Re- präsentant des Ganzen, ein Aequivalent des in Raum und Zeit unend- lich Vielen: sie bleibt daher bei diesem Einzelnen stehen: das Rad der Zeit hält sie an: die Relationen verschwinden ihr: nur das Wesent- liche, die Idee, ist ihr Object. — Wir können sie daher geradezu be- zeichnen als die Betrachtungsart der Dinge unabhängig vom Satze des Grundes, im Gegensatz der gerade diesem nachgehenden Betrachtung, welche der Weg der Erfahrung und Wissenschaft ist. Diese letztere Art der Betrachtung ist einer unendlichen, horizontal lau- fenden Linie zu vergleichen; die erstere aber der sie in jedem beliebigen Punkte schneidenden senkrechten. Die dem Satz vom Grunde nach- gehende ist die vernünftige Betrachtungsart, welche im praktischen Leben, wie in der Wissenschaft, allein gilt und hilft: die vom Inhalt jenes Satzes weggehende ist die geniale Betrachtungsart, welche in der Kunst allein gilt und hilft. Die erstere ist die Betrachtungsart des Aristoteles; die zweite ist im Ganzen die des Platon. Die erstere gleicht dem gewaltigen Sturm, der ohne Anfang und Ziel dahinfährt, Alles beugt, bewegt, mit sich fortreißt; die zweite dem ruhigen Sonnen- strahl, der den Weg dieses Sturmes durchschneidet, von ihm ganz unbewegt. Die erstere gleicht den unzähligen, gewaltsam bewegten Tropfen des Wasserfalls, die, stets wechselnd, keinen Augenblick rasten: die zweite dem auf diesem tobenden Gewühl stille ruhenden Regen- bogen." („Welt als Wille und Vorstellung", I, 217 fg.)

An einer andern Stelle sagt Schopenhauer: „Wir dürfen uns nicht verhehlen, daß das, was die Wissenschaften an den Dingen be- trachten, im Wesentlichen nichts Anderes ist, als ihre Relationen, die Verhältnisse der Zeit, des Raumes, die Ursachen natürlicher Verände- rungen, die Vergleichung der Gestalten, Motive der Begebenheiten, also lauter Relationen. Was sie von der gemeinen Erkenntniß unter- scheidet, ist blos ihre Form, das Systematische, die Erleichterung der Erkenntniß durch Zusammenfassung alles Einzelnen, mittelst Unterord- nung der Begriffe, ins Allgemeine, und dadurch erlangte Vollständig- keit derselben." („Welt als Wille und Vorstellung", I, 208.)

Dieser Entgegensetzung der Wissenschaften gegen die Kunst und Philosophie, welche beide letzteren sich nicht in der Betrachtungs= art, sondern nur im Umfang und in der Ausdrucksweise von einander unterscheiden (vergl. Schopenhauer=Lexikon unter Kunst: Verwandt= schaft der Kunst mit der Philosophie und Unterschied beider), während die Wissenschaften Beiden durch die Betrachtungsart entgegengesetzt sind, kann ich mich nicht anschließen. Weder haben es die Wissen= schaften blos mit den Relationen der Dinge gemäß dem Satz vom Grunde zu thun, noch sehen Kunst und Philosophie von allen Rela= tionen ab, wie Schopenhauer annimmt; sondern der Gegensatz ist ein anderer.

Von der Kunst werde ich bei Besprechung der ästhetischen Lehren Schopenhauer's zeigen, daß die künstlerische Betrachtungsart der Dinge dieselben keineswegs von allen Relationen, sondern nur von einer gewissen Art von Relationen absieht. Was aber die Wissenschaften betrifft, so braucht man sich ja nur daran zu erinnern, daß sie, wenngleich es eine jede nur mit einer bestimmten Gruppe von Erscheinungen zu thun hat, doch nicht die bloßen äußerlichen, nach Ort, Zeit und Umständen wechselnden Relationen, sondern das be= harrliche innere Wesen derselben und ihre constanten Gesetze zum Gegenstand der Untersuchung haben, um den Gegensatz, den Schopen= hauer zwischen der wissenschaftlichen und der philosophischen Betrach= tungsart macht, als unhaltbar zu erkennen.

Nach meiner Ansicht ist der Gegensatz der Philosophie zu den Specialwissenschaften nur der Gegensatz der allgemeinsten Wissen= schaft zu den besondern Wissenschaften. Mit dem Was, dem con= stanten Wesen der Dinge oder den Ideen derselben haben es Beide zu thun. Aber während die besondern Wissenschaften sich auf die Er= gründung des Was bestimmter Classen von Erscheinungen beschränken; so geht die Philosophie darauf aus, das Was oder Wesen der ge= sammten Erscheinungswelt zu erkennen.

Da nun aber das Allgemeine dem Besondern immanent ist und sich für die Erkenntniß nur durch Zusammenfassung alles Besondern und durch Abstraction aus diesem gewinnen läßt, so bleibt die Philo= sophie abhängig von den Einzelwissenschaften und kann nur mit diesen zusammen fortschreiten. Jede Berichtigung und Vervollständigung der

Phyfik (im weiteſten Sinne) muß auch eine Berichtigung und Ver-
vollſtändigung der Metaphyfik zur Folge haben, wofern man unter
Metaphyfik die Wiſſenſchaft des allem Beſondern immanenten Allgemeinen verſteht.

Verſteht man hingegen unter dem Metaphyfiſchen ein jenſeits aller
Erſcheinung Liegendes, toto genere von ihr Verſchiedenes, ein dua-
liſtiſch der Welt Entgegengeſetztes, dann freilich hilft aller Fortſchritt
in der Phyfik nichts zur Metaphyfik und Schopenhauer hat alsdann
Recht, daß, wie große Fortſchritte auch die Phyfik machen möge, damit doch nicht der kleinſte Schritt in der Metaphyfik gemacht ſein wird,
ſo wie diejenigen Theologen, welche den Abfall der Welt von Gott
lehren, auch conſequenter Weiſe die Unerkennbarkeit Gottes aus der
Welt behaupten müſſen.

Aber Schopenhauer lehrt keinen Abfall der Erſcheinung vom
Weſen, ſondern die Objectivation, d. h. die Sichtbarwerdung des We-
ſens in der Erſcheinung; die Welt ſpiegelt ihr inneres Weſen, den
Willen ab, wie der Leib den ihn organiſirenden ſpeciellen Lebenswillen.
Folglich iſt man berechtigt, ſeine dualiſtiſche Entgegenſetzung der Wiſſen-
ſchaften zur Philoſophie im Sinne ſeiner eigenen moniſtiſchen Weltauf-
faſſung zu corrigiren und das Verhältniß der Wiſſenſchaften zur Philo-
ſophie dahin zu beſtimmen, daß jene uns das Weſen beſonderer
Erſcheinungsgruppen kennen lehren, dieſe hingegen das allgemeine
Weſen der geſammten Erſcheinungswelt.

Fünfter Brief.

Ob bei der Schopenhauer'schen Begriffsbestimmung der Philosophie noch von Metaphysik die Rede sein könne. — Gegensatz der veralteten und der neuen Metaphysik.

Sie erwidern, verehrter Freund, auf mein Voriges, daß, wenn die Philosophie weiter nichts sein soll, als eine abstracte Aussage vom Wesen der gesammten Welt, eine, wie Schopenhauer sagt, „vollständige Wiederholung, gleichsam Abspiegelung der Welt in abstracten Begriffen", alsdann eigentlich von Metaphysik nicht mehr die Rede sein könne. Denn eine solche, die Welt nach ihrem immanenten Wesen oder Was begrifflich abspiegelnde Philosophie sage eigentlich blos: Seht her, so ist das innere Wesen der Welt beschaffen, und darum ist die Erschei= nung so, wie sie ist; aber sie erkläre uns nicht, wie es zu dieser Be= schaffenheit des Weltwesens komme. Sie stelle also eigentlich das Welträthsel nur hin, löse es aber nicht. Kurz, sie befriedige nicht das metaphysische Bedürfniß.

Da haben Sie, wenn Sie unter dem metaphysischen Bedürfniß das Verlangen verstehen, die wesentliche Beschaffenheit der Welt zu erklären, d. h. einen Grund anzugeben, warum die Welt wesentlich so und nicht anders beschaffen ist, freilich Recht. Aber bedenken Sie doch nur, wie weit überhaupt das Erklären gehen kann. Jede Erklärung endigt schließlich bei einem Unerklärlichen; jede Begrün= dung hat ihre Grenze am Grundlosen, jede Ableitung ihr Ziel an einem Unableitbaren. (Vergl. Schopenhauer=Lexikon: Erklärung und Aetiologie.)

Wie nun, wenn das innere Wesen, die Essenz der Welt, ebenso

wie ihre Existenz, keinen Grund hat, weil sie selbst der letzte Grund von Allem ist — und dies lehrt ja Schopenhauer —; ist es da noch möglich, sie zu erklären? Verlangt Ihr metaphysisches Bedürfniß nicht etwas Unmögliches, wenn es die Erklärung eines an sich Unerklärlichen verlangt?

Indem Sie eine Erklärung der Essenz der Welt verlangen, setzen Sie ja voraus, daß diese Essenz keine ursprüngliche, unentstandene ist. Dies wäre doch aber erst zu beweisen.

Essenz und Existenz sind untrennbar, wie Schopenhauer gezeigt hat. Jede Existentia setzt eine Essentia voraus, d. h. jedes Seiende muß eben auch Etwas sein, ein bestimmtes Wesen haben. Es kann nicht dasein und dabei doch nichts sein; sondern so wenig eine Essentia ohne Existentia eine Realität liefert, eben so wenig vermag dies eine Existentia ohne Essentia. (Vergl. Schopenhauer-Lexikon: Essentia und Existentia.)

Leiten wir nun die Existenz der Welt nicht theologisch von einem überweltlichen Wesen, einem Gott, ab; so dürfen wir auch ihre Essenz nicht aus einem solchen ableiten. Halten wir die Existenz der Welt für eine unentstandene, so müssen wir, wollen wir anders consequent denken, auch ihre Essenz für eine unentstandene halten.

Wenngleich nun aber Metaphysik in dem transscendenten, über die Welt hinausgehenden und die Welt ihrer Existenz und Essenz nach aus einem überweltlichen Grunde ableitenden Sinne nicht mehr bestehen kann, so wird darum doch nicht alle Metaphysik aufhören, sondern an die Stelle jener veralteten transscendenten wird die neue, immanente, bescheidenere Metaphysik treten, welche blos bestrebt ist, aus der Erscheinung das Wesen der Welt zu erkennen. Die Metaphysik, wenn man überhaupt noch diesen Namen beibehalten will, wird sich in Zukunft mit dem Erreichbaren begnügen; alle unlösbaren Fragen aber, sei es, daß sie unlösbar sind, weil sie auf falschen Voraussetzungen beruhen, oder weil die menschliche Erkenntnißkraft zu ihrer Lösung unfähig ist, wird sie aufgeben. Sie wird sich also auf Das beschränken, worauf Schopenhauer sie beschränkt wissen will, auf Auslegung der Welt, d. h. auf Darlegung des der gesammten Erscheinung immanenten Grundwesens.

Sechster Brief.

Mit der von Schopenhauer behaupteten Erkennbarkeit des Wesens an sich der Dinge aus der Erscheinung ist, verehrter Freund, noch nicht gesagt, wo wir anzusetzen, bei welcher der vielen und verschieden= artigen Erscheinungen der Welt wir den Anfang zu machen haben, um zum Wesen an sich zu gelangen. Diese Frage bedarf einer besondern Beantwortung, und Schopenhauer hat sie beantwortet. Nach ihm ist der Anfang mit derjenigen Erscheinung zu machen, die uns am in= timsten bekannt ist, in der sich das Ding an sich am unmittelbarsten, folglich am deutlichsten kund giebt. Das ist unser eigenes Innere. Blicken wir in dieses, so finden wir als das Wesen, den Kern unserer ganzen Erscheinung den Willen. Die Wahrnehmung, in der wir die Regungen und Acte des eigenen Willens erkennen, ist eine bei Weitem unmittelbarere, als jede andere; sie ist der Punkt, wo das Ding an sich am unmittelbarsten in die Erscheinung tritt und in größter Nähe vom erkennenden Subject beleuchtet wird; daher eben der also intim erkannte Vorgang der Ausleger jedes andern zu werden einzig und allein geeignet ist. Von uns müssen wir daher ausgehen, um das Wesen der Natur zu begreifen. Nicht können wir uns aus der Natur, sondern die Natur nur aus uns verstehen. Nur dadurch kann man zum Dinge an sich gelangen, daß man die unmittelbare Erkenntniß, welche Jeder vom innern Wesen seiner eigenen leiblichen Erscheinung hat, auf die übrigen, lediglich in der objectiven Anschauung gegebenen Erscheinungen analogisch überträgt und so die Selbsterkenntniß als Schlüssel zur Erkenntniß des innern Wesens der Dinge, d. h. der Dinge an sich selbst benutzt. Zu dieser also kann man nur gelangen auf einem von der rein objectiven Erkenntniß ganz verschiedenen Wege, indem man das Selbstbewußtsein zum Ausleger des Bewußt= seins anderer Dinge macht. Dies ist der allein rechte Weg, die enge Pforte zur Wahrheit. (S. Schopenhauer=Lexikon, unter Ding an sich: Auf welchem Wege allein zur Erkenntniß des Dinges an sich zu gelangen ist.)

Dieses analogische Uebertragen des im Selbstbewußtsein erkannten Wesens unserer eigenen leiblichen Erscheinung auf die Erscheinungen außer uns haben nun aber die Gegner Schopenhauer's als Anthropo= morphismus verworfen. Ich aber habe schon in meiner Einlei= tung zu der Gesammtausgabe der Werke Schopenhauer's gezeigt, wie unverständig dieses ist. (Vergl. Schopenhauer's sämmtliche Werke, I, XXXVII fg.)

Es giebt nämlich zweierlei Anthropomorphismus, einen unwissen= schaftlichen und einen wissenschaftlichen. Der gläubige Anthropomor= phismus dichtet der Gottheit menschliche Individualität, nebst mensch= lichen Affecten und Leidenschaften, böser oder guter Art, wie Eifersucht, Zorn, Rache, Barmherzigkeit, Liebe, Versöhnlichkeit u. s. w. an. Der philosophische Anthropomorphismus hingegen ist ganz anderer Art. Er denkt sich nicht das Wesen der Welt nach dem Bilde des Menschen in der Weise, wie der Gläubige seinen Gott; sondern den Mikrokosmos mit dem Makrokosmos für dem Wesen nach identisch haltend, über= trägt er das im Selbstbewußtsein erkannte innere Wesen des Mikro= kosmos auf die dem Bewußtsein allein gegebenen Erscheinungen des Makrokosmos. Da nun Schopenhauer im Willen das innere Wesen des Mikrokosmos erkennt, so glaubt er sich auch von der pantheisti= schen Voraussetzung der Einheit des Wesens aller Dinge aus berech= tigt, den Willen für das innere Wesen der Welt zu erklären. (Vergl. in meinem Schopenhauer=Lexikon Mikrokosmos und Makrokosmos.)

Derartiger Anthropomorphismus findet sich ja auch bei andern Philosophen. Hegel z. B. erklärt die Vernunft für das Wesen der Welt. Die Vernunft kennen wir aber auch zunächst nur aus uns.

Also auch hier findet eine Uebertragung vom Menschen auf die Welt statt, ausgehend von der pantheistischen Voraussetzung, daß Mikrokosmos und Makrokosmos ihrem innern Wesen nach identisch sind.

Dennoch wäre auch diese philosophische Art des Anthropomorphismus verwerflich, wenn die Uebertragung des menschlichen Wesens auf die Dinge außer uns in der Weise geschähe, daß über der Identität des Wesens der specifische Unterschied der Erscheinungs= und Aeußerungsweise dieses all=einen Wesens auf den verschiedenen Stufen der Welt übersehen würde, wenn also Hegel unter der Weltvernunft die specifisch menschliche, überlegende und schließende Vernunft, und Schopenhauer unter dem Willen den specifisch menschlichen, durch bewußte Zwecke geleiteten, wählenden und beschließenden Willen verstanden hätte.

Schopenhauer, mit dem ich es hier allein zu thun habe, hat sich dieses Fehlers nicht schuldig gemacht. Denn er hat über der Identität des Weltwillens keineswegs die specifischen Artunterschiede der Aeußerungsweisen dieses einen Willens auf den verschiedenen Stufen der Natur übersehen, sondern hat sie ausdrücklich hervorgehoben. Deshalb ist auch der Vorwurf, den Haym und Trendelenburg der Schopenhauer'schen Philosophie wegen ihrer Verallgemeinerung des Willens machen, völlig ungerecht. Haym (Arthur Schopenhauer, Berlin 1864, S. 24) findet das πρῶτον ψεῦδος der Schopenhauer'schen Philosophie in der Verallgemeinerung des Willens, in der Erhebung des Willens zur Gattung, von der die Naturkräfte und der menschliche Wille nur Arten bilden. „Wir sollen", sagt Haym, „von dem Specifischen unsers Willens abstrahiren, damit es keine Schwierigkeiten habe, die Identität desselben mit aller und jeder Naturkraft anzuerkennen, und sofort und gleichzeitig doch sollen wir dies Allgemeine nicht Kraft, sondern Willen nennen, damit nach Belieben nun wieder in die Naturkräfte alles Mögliche hineingedichtet werden könne, was in Wahrheit nicht sie, sondern den menschlichen Willen charakterisirt."

Den Beweis aber dafür, daß Schopenhauer in die Naturkräfte den menschlichen Willen hineindichtet, ist Haym schuldig geblieben. Hat Schopenhauer etwa den Sternen am Himmel und den Steinen, Pflanzen und Thieren auf der Erde specifisch menschlichen, d. h. durch abstracte Motive bestimmten, Willen beigelegt? — Hat er nicht die Artunterschiede des allgemeinen Willens scharf hervorgehoben, indem er gezeigt, wie verschieden die Aeußerungsweisen des einen identischen Weltwillens auf den verschiedenen Stufen der Natur sind, wie die unorganischen Körper durch physikalische und chemische Ursachen, die Pflanzen durch Reize, die Thiere und Menschen durch Motive, und zwar jene lediglich durch anschauliche, diese überdies noch durch ab= stracte Motive in Bewegung gesetzt werden? (S. Schopenhauer=Lexikon unter Ursache: die drei Formen der Ursächlichkeit, und unter Mensch: Unterschied zwischen Thier und Mensch.)

Trendelenburg's Einwurf gegen die Schopenhauer'sche Ver= allgemeinerung des Willens ist folgender ("Logische Untersuchungen", 2. Aufl., II, 110): Schopenhauer habe nirgends gezeigt, "welcher artbil= dende Unterschied zu dem Begriff des Willen hinzutritt, um den Begriff der Kraft aus dem allgemeinern des Willens zu erzeugen." Jede Zurück= führung führe zu einem Allgemeineren; "aber Schopenhauer hat nirgends gesagt, wie der Begriff des Willens der allgemeinere ist. Die ver= meintliche Zurückführung ist nur eine Analogie, aber die Analogie muß trügen, weil sie das fallen läßt, was das Wesen unsers Willens ausmacht; sie nimmt den Willen nicht specifisch, und daher nicht mehr als Willen, aber in der Anwendung auf die Welt der Kräfte schiebt sie stillschweigend ein Analogon unsers Willens, des Willens in der specifischen Bedeutung, des aus Grund und Zweck bestimmbaren Willens unter, wie z. B. bei der Erklärung der Teleologie in der Natur. Wir han= tiren, wenn wir Schopenhauer lesen, von selbst mit dem Willen, wie wir ihn kennen, sollen ihn aber nur nehmen, wie wir ihn nicht kennen."

Dies ist nun zwar schon durch das oben gegen Haym Gesagte widerlegt. Ich füge aber noch Folgendes hinzu. Schopenhauer hat ausdrücklich das Wesen des Willens von seinen Erscheinungs= formen, den verschiedenen Arten oder Stufen des Willens unter= schieden. Wir haben nach ihm Das, was nicht dem Willen selbst, sondern schon seiner, viele Grade habenden Erscheinung angehört, von ihm selbst zu unterscheiden; dergleichen ist z. B. das Begleitetsein von Er= kenntniß und das dadurch bedingte Bestimmtwerden durch Motive. Dieses gehört nicht dem Wesen des Willens, sondern blos seiner deutlichen Erscheinung als Thier und Mensch an. "Wenn ich daher sagen werde: Die Kraft, welche den Stein zur Erde treibt, ist ihrem Wesen nach, an sich und außer aller Vorstellung, Wille; so wird man diesem Satz nicht die tolle Meinung unterlegen, daß der Stein sich nach einem erkannten Motive bewegt, weil im Menschen der Wille also erscheint." („Welt als Wille und Vorstellung", I, 126.) „Er- kenntniß des Identischen in verschiedenen Erscheinungen und des Ver- schiedenen in ähnlichen ist eben, wie Platon so oft bemerkt, Bedingung zur Philosophie. Man hatte aber bis jetzt die Identität des Wesens jeder irgend strebenden und wirkenden Kraft in der Natur mit dem Willen nicht erkannt, und daher die mannigfaltigen Erscheinungen, welche nur verschiedene Species desselben Genus sind, nicht dafür an- gesehen, sondern als heterogen betrachtet: deswegen konnte auch kein Wort zur Bezeichnung des Begriffs dieses Genus vorhanden sein. Ich benenne daher das Genus nach der vorzüglichsten Species, deren uns näherliegende, unmittelbare Erkenntniß zur mittelbaren Erkenntniß aller andern führt. Daher aber würde in einem immerwährenden Mißverständniß befangen bleiben, wer nicht fähig wäre, die hier ge- forderte Erweiterung des Begriffs zu vollziehen, sondern bei dem Worte Wille immer nur noch die bisher allein damit bezeichnete eine Species, den vom Erkennen geleiteten und ausschließlich nach Motiven, ja wohl gar nur nach abstracten Motiven, also unter Leitung der Vernunft sich äußernden Willen verstehen wollte, welcher, wie gesagt, nur die deutlichste Erscheinung des Willens ist. Das uns unmittel- bar bekannte innerste Wesen eben dieser Erscheinung müssen wir in Gedanken rein aussondern, es dann auf alle schwächern, undeutlicheren Erscheinungen desselben Wesens übertragen, wodurch wir die erlangte Erweiterung des Begriffs Wille vollziehen." („Welt als Wille und Vorstellung", I, 132.)

Es ist gegenüber dieser ausdrücklichen Warnung vor Verwechslung des allgemeinen Wesens des Willens mit einer seiner besondern Er- scheinungsformen ein höchst ungerechter Vorwurf, wenn man Schopen- hauer noch immer, wie Hahm und Trendelenburg, vorwirft, daß er der Natur den menschlichen Willen unterschiebe, — gerade so un- gerecht, wie wenn man Einem, der den Begriff der Sprache verall- gemeinert, also nicht blos dem Menschen, sondern auch den Thieren Sprache zuschreibt, weil er unter Sprache überhaupt die Mittheilung durch Zeichen, seien diese nun bloße Gebärden, oder unarticulirte

Laute, oder articulirte Wörter, versteht, den Vorwurf machen wollte, daß er den Thieren menschliche Sprache beilege.

Wenn die Herren Professoren unfähig sind, die von Schopenhauer geforderte Erweiterung des Begriffs des Willens durch Sonderung des Wesentlichen alles Wollens von den besondern Arten desselben zu vollziehen; so ist das ihre Schuld. Aber sie haben kein Recht, diese ihre eigene Unfähigkeit in einen Vorwurf gegen Schopenhauer umzuwandeln.

So wenig, als Schopenhauer unterlassen hat, die artbildenden Unterschiede des Willens anzugeben, eben so wenig hat er es unterlassen, zu sagen, worin das allgemeine Wesen desselben in allen Arten besteht. Ich erinnere Sie zum Belege hierfür nur an folgende Stelle: „Wenn wir den Willen da, wo ihn Niemand leugnet, also in den erkennenden Wesen, betrachten; so finden wir überall, als seine Grundbestrebung, die Selbsterhaltung eines jeden Wesens: omnis natura vult esse conservatrix sui. Alle Aeußerungen dieser Grundbestrebung aber lassen sich stets zurückführen auf ein Suchen, oder Verfolgen, und ein Meiden, oder Fliehen, je nach dem Anlaß. Nun läßt eben Dieses sich noch nachweisen sogar auf der allerniedrigsten Stufe der Natur, da nämlich, wo die Körper nur noch als Körper überhaupt wirken, also Gegenstände der Mechanik sind, und blos nach den Aeußerungen der Undurchdringlichkeit, Kohäsion, Starrheit, Elasticität und Schwere in Betracht kommen. Auch hier noch zeigt sich das Suchen als Gravitation, das Fliehen aber als Empfangen von Bewegung, und die Beweglichkeit der Körper durch Druck und Stoß ist im Grunde eine Aeußerung des auch ihnen innewohnenden Strebens nach Selbsterhaltung. Dieselbe nämlich ist, da sie als Körper undurchdringlich sind, das einzige Mittel, ihre Kohäsion, also ihren jedesmaligen Bestand zu retten. Der gestoßene oder gedrückte Körper würde von dem stoßenden oder drückenden zermalmt werden, wenn er nicht, um seine Kohäsion zu retten, der Gewalt desselben sich durch die Flucht entzöge, und wo diese ihm benommen ist, geschieht es wirklich. Ja, man kann die elastischen Körper als die muthigeren betrachten, welche den Feind zurückzutreiben suchen, oder wenigstens ihm die weitere Verfolgung benehmen. So sehen wir denn in dem einzigen Geheimniß, welches (neben der Schwere) die so klare Mechanik übrig läßt, nämlich in der Mittheilbarkeit der Bewegung, eine Aeußerung der Grundbestrebung des Willens in allen seinen Erscheinungen, also des Triebes zur Selbsterhaltung, der als das Wesentliche sich auch noch auf der untersten Stufe erkennen läßt." („Welt als Wille und Vorstellung", II, 338.)

Schopenhauer erklärt also das im Suchen und Fliehen sich äußernde Streben nach Selbsterhaltung für das allgemeine Wesen des Willens auf allen Stufen seiner Erscheinung oder für die Grundbestrebung des Willens. Wollte man auch hierin noch Anthropomorphismus finden, nun, so müßte man ja auch die Naturwissenschaft, indem sie den Körpern Anziehung und Abstoßung und den chemischen Stoffen Wahlverwandtschaft beilegt, des Anthropomorphismus beschuldigen.

Will man absolut keinen Anthropomorphismus, will man absolut nichts dem menschlichen Wesen Aehnliches den Außendingen beigelegt wissen, nun so muß man überhaupt auf alles Begreifen derselben verzichten. Denn man muß annehmen, daß zwischen dem menschlichen Wesen und dem der Außendinge eine unübersteigliche Kluft ist, daß beide toto genere verschieden sind, ganz heterogenen Welten angehören. Wie sollte man da aber noch fähig sein, die Bewegungen und Zustände der Außendinge zu begreifen? Und wie ließe sich noch die unleugbare Beziehung des Menschen zur Außenwelt, seine Einwirkung auf sie und ihre Einwirkung auf ihn erklären? Beweist diese gegenseitige Einwirkung nicht ihre innere Verwandtschaft? Ist folglich der philosophische Anthropomorphismus nicht ein berechtigter?

Anstatt aus der Erweiterung des Begriffs des Willens Schopenhauer einen Vorwurf zu machen, wird der Einsichtsvolle sie ihm vielmehr zum Verdienste anrechnen. Ja, die größten und glänzendsten Fortschritte der Wissenschaften beruhen auf solchen Begriffserweiterungen oder Verallgemeinerungen, auf der Entdeckung, daß eine Eigenschaft, eine Wirkungsweise, ein Gesetz, das man bisher nur auf eine enge Gruppe von Erscheinungen beschränkt glaubte, weit allgemeiner und umfassender ist. Eine solche Erweiterung erfuhr z. B. der Begriff der Schwere, als man ihn von den irdischen auf die himmlischen Körper übertrug.

Hieraus können Sie beiläufig entnehmen, was davon zu halten ist, wenn ein Berliner Professor der Philosophie, Professor Harms, in einem „Vortrag über Schopenhauer's Philosophie" (Berlin 1874, Verlag von W. Hertz) sagt, der Schopenhauer'sche Anthropologismus, der die Anthropologie zur Kosmologie macht, stehe „mit allen Wissenschaften im Widerspruch". „Die Naturwissenschaften", sagt Harms, „wollen den Menschen aus der Welt nach seiner Stellung in ihr begreifen. Die Theologie will die Welt aus Gott verstehen. Die geschichtlichen und die ethischen Wissenschaften, sie beschäftigen sich wohl mit dem Leben des Menschen, aber, da sie dasselbe begreifen wollen, nehmen sie an, daß über dies Leben eine Gesetzmäßigkeit wie eine höhere Macht herrsche, der es unterworfen und verpflichtet ist. Den Menschen wollen alle Wissenschaften begreifen aus etwas Höherem als der Mensch ist. Er selbst ist nur eine Thatsache, und nur der Sensualismus macht bloße Thatsachen des Bewußtseins, worin sich Beides vorfindet, daß ich will und vorstelle, zu Erklärungsprincipien der Welt. Der Anthropologismus, das Unternehmen von Arthur Schopenhauer, ist eine Umkehrung in den Principien der Wissenschaftsbildung." (S. 14.)

Wenn der Herr Professor, statt zu sagen, daß alle Wissenschaften die besondern Erscheinungen oder Thatsachen aus etwas „Höherem" zu erklären suchen, gesagt hätte: aus etwas „Allgemeinerem", dann hätte er Recht gehabt. Aber die Erklärung des Besondern aus dem Allgemeinen schließt gar nicht aus, daß dieses Allgemeine selbst erst durch denkende Betrachtung des Besondern gefunden wird. Ja, es giebt gar keinen andern Weg für uns, zur Erkenntniß des Allgemeinen zu gelangen, als durch denkende, vergleichende Betrachtung des Besondern. Dieses Abstrahiren des Allgemeinen aus dem Besondern ist darum noch kein Erklären des Allgemeinen aus dem Besondern, sondern nachdem das Allgemeine durch denkende Betrachtung des Besondern gefunden worden ist, wird umgekehrt das Allgemeine zum Erklärungsprincip des Besondern gemacht.

Nun, Schopenhauer hat ja auch nicht die Welt aus dem Menschen erklärt, hat nicht den Menschen zum Urheber der Welt gemacht, sondern hat nur durch denkende Betrachtung des Menschen und Vergleichung des menschlichen Wesens mit dem Wesen der andern Erscheinungen das allgemeine Wesen der Welt, aus welchem der Mensch so gut, wie alle andern Erscheinungen zu begreifen sind, gefunden. Vom Besondern ausgehend, ist er zum Allgemeinen gelangt, aus welchem alles Besondere zu erklären ist. Mit welchem Rechte wirft ihm also Harms „eine Umkehrung in den Principien aller Wissenschafts= bildung" vor?

Siebenter Brief.

Consequenz des Grundgedankens der Schopenhauer'schen Metaphysik. — Die unbewußte Vorstellung bei Schopenhauer und von Hartmann.

———

Ich habe Ihnen, verehrter Freund, in meinem vorigen Briefe den Grund angegeben, aus welchem ich Schopenhauer's Anthropomorphismus für einen berechtigten halte. Weit entfernt, ihm mit den Professoren einen Vorwurf aus demselben zu machen, möchte ich ihm vielmehr den Vorwurf machen, daß er darin nicht weit genug gegangen ist, weil er blos den Begriff des Willens verallgemeinert hat und nicht zugleich auch den der Vorstellung. Die Vorstellung läßt Schopenhauer bekanntlich erst auf der Stufe der Thierheit eintreten; während doch aus dem Grundgedanken seiner Metaphysik folgt, daß alle Wesen einerseits wollend und andererseits vorstellend sind.

Schopenhauer sagt zwar, „daß diese Welt, in der wir leben und sind, ihrem ganzen Wesen nach, durch und durch Wille und zugleich durch und durch Vorstellung ist". („Welt als Wille und Vorstellung", I, 193.) Da er aber gleich hinzufügt, daß die Vorstellung schon als solche eine Form voraussetzt, nämlich die Form des Bewußtseins, und er diese Form erst im Gehirn des Thieres eintreten läßt (vergl. in meinem Schopenhauer-Lexikon die Artikel Vorstellung und Bewußtsein); so ist klar, daß er die Vorstellung nicht in demselben Sinne generalisirt hat, wie den Willen. Er sagt zwar, daß die Welt Vorstellung, d. h. Object für das erkennende Subject ist, aber nicht, daß alle Wesen vorstellend, erkennende Subjecte sind, daß folglich das Vorstellen eben so allen Wesen zukommt, wie das Wollen.

Daß alle Wesen einerseits vorstellend, andererseits wollend sind, hat bereits ein früherer Philosoph gelehrt, nämlich Leibnitz, der seinen Monaden ebenso perceptio wie appetitus zuschreibt. Und im Anschluß an Leibnitz hat es neuerdings auch Maximilian Droßbach gelehrt, der diesen Gedanken besonders in seiner Schrift „Ueber die verschiedenen Grade der Intelligenz und der Sittlichkeit in der Natur" (Berlin, 1873, Verlag von F. Henschel) ausgeführt hat.

Aber, daß auch die Schopenhauer'sche Philosophie consequenter= weise dazu dränge, nicht blos das Wollen, sondern auch das Vor= stellen als eine allgemeine Eigenschaft zu betrachten, das will ich Ihnen jetzt zeigen.

Der gewöhnlichen Ansicht der Dinge gegenüber, welche zwei grund= verschiedene Principien der Bewegung annimmt, indem sie die Bewe= gung der Körper entweder von Innen, d. i. vom Willen ausgehen, oder von Außen, d. i. durch Ursachen hervorgebracht sein läßt, — dieser alten, noch jetzt verbreiteten Ansicht gegenüber lehrt Schopenhauer, daß es keinen solchen Dualismus der Principien der Bewegung gebe, son= dern daß vielmehr jede Bewegung sowohl von Innen aus dem Willen, als von Außen, aus wirkenden Ursachen, hervorgehe. Denn die ein= geständlich aus dem Willen hervorgehenden Bewegungen der anima= lischen Wesen setzen immer auch eine Ursache voraus, die hier eine als Motiv wirkende Vorstellung ist, und andererseits die eingeständ= lich durch äußere Ursachen bewirkten Bewegungen der Körper seien an sich doch Aeußerungen ihres Willens, welcher durch die äußern Ur= sachen blos hervorgerufen wird. „Es giebt demnach nur ein einziges, einförmiges, durchgängiges und ausnahmsloses Princip aller Bewegung: ihre innere Bedingung ist Wille, ihr äußerer Anlaß Ursache." („Ueber den Willen in der Natur", S. 84 fg.)

Nun theilt aber ferner Schopenhauer die willenbewegenden Ur= sachen in drei Classen. Die erste Classe bilden die im unorganischen Gebiete herrschenden Ursachen, die Schopenhauer Ursachen im engsten Sinne nennt; die zweite bilden die im vegetativen Gebiete herrschenden Ursachen, d. i. die Reize; die dritte die im animalischen Gebiete herrschenden, d. i. die Motive. (Vergl. Schopenhauer=Lexikon unter Ursache: Die drei Formen der Ursächlichkeit.)

Diese drei Formen von Ursachen wirken zwar, wie Schopenhauer zeigt, nach verschiedenen Gesetzen; aber das Identische in allen dreien ist, daß sie willenbewegende Ursachen sind. Ein Motiv wirkt nach Schopenhauer mit eben so strenger Nothwendigkeit, wie die handfesteste Ursache. Sie erinnern sich ja wohl an jenen Ausspruch, daß ein Motiv eben so mächtig sei, die Leute zum Hause hinauszuwerfen, wie die handfesteste mechanische Ursache. („Die beiden Grundprobleme der Ethik", S. 44 fg.)

Schopenhauer lehrt folglich nicht blos die Identität des Willens auf allen Stufen der Natur, sondern auch die Identität der Causa= lität. Wir erkennen, lehrt er, durch Vereinigung der äußern mit der innern Erkenntniß, trotz aller accidentellen Verschiedenheiten zwei Identitäten, nämlich die der Causalität auf allen Stufen und die des Willens auf allen. So wie die Naturkräfte außer uns und der Wille in uns an sich identisch sind, so sind auch die auf die Natur= kräfte wirkenden Ursachen und die auf unsern Willen wirkenden Ur= sachen (Motive, d. i. Vorstellungen) an sich identisch, d. h. gehören zu derselben Kategorie.

Wie wichtig nach Schopenhauer die Erkenntniß dieser beiden großen Identitäten ist, mögen Sie daraus entnehmen, daß er sie für das Fundament der wahren Philosophie erklärt; „und wenn es dieses Jahrhundert nicht einsieht, so werden es viele folgende. Wie wir einerseits das Wesen der Causalität, welches seine größte Deutlichkeit nur auf den niedrigsten Stufen der Natur hat, wiedererkennen auf allen Stufen, auch den höchsten; so erkennen wir auch an= dererseits das Wesen des Willens wieder auf allen Stufen, auch den tiefsten, obgleich wir nur auf der allerhöchsten diese Erkenntniß unmittelbar erhalten. Der alte Irrthum sagt: wo Wille ist, ist keine Causalität mehr, und wo Causalität, kein Wille. Wir aber sagen: überall, wo Causalität ist, ist Wille; und kein Wille agirt ohne Cau= salität." („Ueber den Willen in der Natur", S. 91—93.)

Entsprechend dieser Ansicht, die er für den Grundstein seiner Metaphysik erklärt („Ueber die vierfache Wurzel des Satzes vom zu= reichenden Grunde" §. 43), findet Schopenhauer sogar in der Analogie des Willens mit der Tangentialkraft und der Motive mit der Centri= petalkraft mehr als ein bloßes Gleichniß. Man kann, lehrt er, das Handeln des Menschen als das nothwendige Product des Charakters und der auf ihn wirkenden Motive sich veranschaulichen an dem Lauf eines Planeten, als welcher das Resultat der diesem beigegebenen Tangentialkraft und der von seiner Sonne aus wirkenden Centripetalkraft ist, wobei die erstere Kraft den Charakter (den Willen), die letztere den Einfluß der Motive darstellt. „Das ist fast mehr, als ein bloßes Gleichniß, sofern nämlich die Tangentialkraft, von welcher eigentlich die Bewegung ausgeht, während sie von der Gravitation beschränkt wird, metaphysisch genommen, der in einem solchen Körper sich darstellende Wille ist." („Parerga", II, 247.)

Da nun Schopenhauer von den beiden großen Identitäten, die er lehrt, die eine, die des innern Factors aller Bewegung, nach ihrer höchsten Stufe Wille benannt hat, so sehe ich nicht ein, warum wir nicht berechtigt sein sollten, auch die andere, die des äußern Factors, nach ihrer höchsten Stufe Vorstellung zu nennen. Die Billardkugel, die auf einen empfangenen Stoß in Bewegung geräth, stellt freilich den stoßenden Körper nicht vor, aber den Stoß selbst muß sie doch irgendwie inne werden, spüren, percipiren, und dieses ist ja schon ein, wenn auch der niedrigste und dumpfste Grad des Vorstellens. Die Pflanzen sehen zwar eigentlich Licht und Sonne nicht; aber sie spüren doch die Gegenwart derselben, da sie sich zu ihr hinneigen und wenden. (Vergl. „Ueber den Willen in der Natur" in dem Capitel: Pflanzenphysiologie.)

Schopenhauer selbst hat die Empfänglichkeit der Pflanzen für Reize als einen schwächeren Grad dessen, was in den Thieren die intellectuelle Empfänglichkeit für Motive ist, angesehen, indem er sagt: „Der Intellect ist in uns Das, was in der Pflanze die bloße Empfänglichkeit für äußere Einflüsse; nur daß in uns diese Empfänglichkeit so überaus hoch gestiegen ist, daß, vermöge ihrer, die ganze objective Welt, die Welt als Vorstellung, sich darstellt, folglich solchermaßen ihren Ursprung als Object nimmt. Um sich dies zu veranschaulichen, stelle man sich die Welt vor ohne alle animalischen Wesen. Da ist sie ohne Wahrnehmung, also eigentlich gar nicht objectiv vorhanden; indessen sei es so angenommen. Jetzt denke man sich eine Anzahl Pflanzen dicht neben einander aus dem Boden emporgeschossen. Auf diese wirkt nun mancherlei ein, wie Luft, Wind, Stoß einer Pflanze gegen die andere, Nässe, Kälte, Licht, Wärme, elektrische Spannung

u. s. w. Jetzt steigere man, in Gedanken, mehr und mehr, die Empfänglichkeit dieser Pflanzen für dergleichen Einwirkungen: da wird sie endlich zur Empfindung, begleitet von der Fähigkeit, diese auf ihre Ursache zu beziehen, und so am Ende zur Wahrnehmung; alsbald aber steht die Welt da, in Raum, Zeit und Causalität sich darstellend; bleibt aber dennoch ein bloßes Resultat der äußern Einflüsse auf die Empfäng= lichkeit der Pflanzen." („Parerga", II, § 33.)

Aus allem Angeführten können Sie ersehen, daß Schopenhauer das Vorstellen eben so generalisirt hat, wie das Wollen, blos daß er sich zur Bezeichnung der allen Wesen inwohnenden Empfäng= lichkeit für äußere Eindrücke nicht eben so des Wortes Vorstellen bedient hat, wie zur Bezeichnung des allen Wesen inwohnenden Stre= bens des Wortes Wille.

Will man nun das Vorstellen auf den niedrigern Stufen der Natur, also das bloße Innewerden, Spüren, Percipiren äußerer Ein= drücke ohne Beziehen derselben auf einen als ihre Ursache ange= schauten, also bewußten Gegenstand, ein unbewußtes nennen, so findet sich die unbewußte Vorstellung nicht erst bei E. von Hart= mann, sondern schon bei Schopenhauer. Nur freilich hat Schopen= hauer nicht den Fehler begangen, den E. von Hartmann begeht, die Vorstellung als gleichberechtigtes metaphysisches Princip dem Willen zu coordiniren, und zweitens nicht den Fehler, von einer absolut unbewußten Vorstellung zu reden. E. von Hartmann sagt nämlich: „Schopenhauer kennt als metaphysisches Princip nur den Willen, während ihm die Vorstellung in materialistischem Sinne Hirn= product ist ..... Der Wille, das einzige metaphysische Princip Schopenhauer's, ist hiernach selbstverständlich ein unbewußter Wille, die Vorstellung hingegen, die ihm nur das Phänomen eines Meta= physischen und daher als Vorstellung nicht selbst etwas Metaphysisches ist, kann auch da, wo sie unbewußt wird, niemals mit der unbewußten Vorstellung Schelling's vergleichbar sein, welche ich als gleichberech= tigtes metaphysisches Princip dem des unbewußten Willens co= ordinire. Aber auch abgesehen von diesem Unterschiede des Meta= physischen und des Phänomenalen bezieht sich die «unbewußte Rumi= nation», auf welche Schopenhauer in zwei übereinstimmenden Aperçûs zu sprechen kommt, und welche er ins Innere des Gehirns verlegt

(«Welt als Wille und Vorstellung», II, 148 und «Parerga» II, S. 59),
doch nur auf die dunklen und undeutlichen Vorstellungen des
Leibniz und Kant, welche vom Lichte des Bewußtseins zu schwach
beschienen sind, um klar hervorzutreten, welche also blos unterhalb
der Schwelle des deutlichen Bewußtseins gelegen sind, und sich von
den deutlich bewußten Vorstellungen nur graduell (nicht wesentlich)
unterscheiden. Schopenhauer erreicht also den wahren Begriff der
absolut unbewußten Vorstellung in diesen beiden, übrigens für
seine Philosophie ganz einflußlosen Aperçüs eben so wenig, wie in
einer andern Stelle, wo er von dem gesonderten Bewußtsein untergeordneter Nervencentra im Organismus spricht («Welt als Wille
und Vorstellung», II, 291)." («Philosophie des Unbewußten»,
3. Aufl., S. 23 fg.)

Daß Schopenhauer den Begriff der absolut unbewußten Vorstellung nicht erreicht hat, ist richtig. Aber ihm einen Vorwurf daraus
machen, heißt ihm vorwerfen, daß er einen Widersinn, eine contra-
dictio in adjecto, nicht erreicht hat. Wenn überhaupt mit der „unbewußten Vorstellung" ein Sinn verbunden werden, wenn diese Wort-
zusammenstellung nicht baarer Unsinn sein soll, so kann nur die
relativ unbewußte Vorstellung gemeint sein, die es allerdings giebt,
nicht aber die absolut unbewußte, die gar nicht denkbar ist. Denn
was heißt Vorstellung? Es heißt Object für ein Subject.
Ohne ein vorstellendes Subject ist eine Vorstellung eben so unmöglich,
wie ohne ein Etwas, das vorgestellt wird, bestehe nun das Vorstellen
im bloßen Spüren, Percipiren, oder im Anschauen, und sei Das, was
vorgestellt wird, eine blos mechanische Einwirkung, oder ein Reiz, oder
ein anschaulicher Gegenstand.

Dem jedesmaligen Subject nun, das ein Einwirkendes spürt, percipirt, oder anschaut, ist doch dieses eben dadurch bewußt. Aber
dasselbe Einwirkende kann einem andern für diese Art von Einwirkung
nicht empfänglichen Subject oder einer andern für sie nicht empfänglichen Function desselben Subjects unbewußt bleiben. Dieses Unbe-
wußtbleiben ist jedoch eben deshalb nur ein relatives; denn demjenigen Subjecte oder derjenigen Function des Subjects, welche das
Einwirkende percipirt, wird es ja dadurch bewußt.

Folglich ist es unlogisch, von absolut unbewußter Vorstellung zu reden, und E. von Hartmann ist um diese, über Schopenhauer hinausgehende Erfindung keineswegs zu beneiden. Aber eben so wenig um die andere, die Coordination von Wille und Vorstellung als zweier gleichberechtigter metaphysischer Principien. Doch hier= über Näheres in meinem folgenden Briefe.

Achter Brief.

Verhältniß zwischen Wille und Vorstellung bei Schopenhauer und von Hartmann. — Bahnsen's Kritik der von Hartmann'schen Lehre.

———

Die Verallgemeinerung des Vorstellens, welche, wie ich Ihnen gezeigt habe, bei Schopenhauer der Verallgemeinerung des Willens entspricht, ist keineswegs als eine Coordination dieser beiden großen „Identitäten" aufzufassen. Schopenhauer coordinirt nicht, wie E. von Hartmann, Wille und Vorstellung, sondern subordinirt — und darin wird er wohl der „Philosophie des Unbewußten" gegenüber Recht behalten — dem Willen die Vorstellung. Der Wille ist ihm das Primäre, die Vorstellung ist, obgleich auch ihm das Vorstellen im Wesentlichen eine allgemeine Function ist, wie das Wollen, doch secundär. Denn erstlich daß die Wesen überhaupt vorstellen, ist bedingt durch die Beziehung ihres Willens zu einem Andern, Aeußern, und zweitens was und wie sie vorstellen, ist bedingt durch die Stufe ihres Willens. Die Stufen des Vorstellens sind also bedingt durch die Stufen des Willens.

Diese durchgängige Abhängigkeit des Vorstellens vom Wollen hat Schopenhauer, obgleich er sich des Wortes Vorstellen nur für die höchste Stufe desselben, für das thierische Vorstellen bedient, besonders im „Willen in der Natur" dargelegt, wo er, von der Thierwelt anfangend, zu den Pflanzen und den unorganischen Körpern hinabsteigt.

Erinnern wir uns, sagt er, daß bei den Thieren das Erkenntnißvermögen, wie jedes andere Organ, nur zum Behuf ihrer Erhaltung eingetreten ist und daher in genauem und unzählige Stufen zulassendem Verhältniß zu den Bedürfnissen jeder Thierart steht; dann werden wir begreifen, daß die Pflanze, da sie so sehr viel weniger Bedürfnisse hat, als das Thier, endlich gar keiner Erkenntniß mehr bedarf. Dieserhalb eben ist das Erkennen, wegen der dadurch bedingten Bewegung auf Motive, der wahre und die wesentliche Gränze bezeichnende Charakter der Thierheit. Wo diese aufhört, verschwindet die eigentliche Erkenntniß, deren Wesen uns aus eigener Erfahrung so wohl bekannt ist, und wir können uns, von diesem Punkt an, das den Einfluß der Außenwelt auf die Bewegungen der Wesen Vermittelnde nur noch durch Analogie faßlich machen. Hingegen bleibt der Wille, den wir als die Basis und den Kern jedes Wesens erkannt haben, stets und überall, einer und derselbe. Auf der niedrigeren Stufe der Pflanzenwelt, wie auch des vegetativen Lebens im thierischen Organismus, vertritt nun, als Bestimmungsmittel der einzelnen Aeußerungen dieses überall vorhandenen Willens und als das Vermittelnde zwischen der Außenwelt und den Veränderungen eines solchen Wesens, Reiz und zuletzt im Unorganischen physische Einwirkung überhaupt, die Stelle der Erkenntniß, und stellt sich, wenn die Betrachtung, wie hier, von oben herabschreitet, als ein Surrogat der Erkenntniß, mithin als ein ihr blos Analoges dar. Wir können nicht sagen, daß die Pflanzen Licht und Sonne eigentlich wahrnehmen; allein wir sehen, daß sie die Gegenwart oder Abwesenheit derselben verschiedentlich spüren, daß sie sich nach ihnen neigen und wenden, und wenn freilich meistentheils diese Bewegung mit der ihres Wachsthums zusammenfällt, wie die Rotation des Mondes mit seinem Umlauf; so ist sie darum doch nicht weniger, als eben diese, vorhanden, und die Richtung jenes Wachsens wird durch das Licht eben so, wie eine Handlung durch ein Motiv, bestimmt und planmäßig modifizirt, desgleichen bei den rankenden, sich anklammernden Pflanzen durch die vorgefundene Stütze, deren Ort und Gestalt. Weil also die Pflanze doch überhaupt Bedürfnisse hat, wenn gleich nicht solche, die den Aufwand eines Sensoriums und Intellects erforderten, so muß etwas Analoges an die Stelle treten, um den Willen in den Stand zu setzen, wenigstens die sich ihm darbietende Befriedigung zu ergreifen, wenn auch nicht sie aufzusuchen. Dieses nun ist die Empfänglichkeit für Reiz, deren Unterschied von der Erkenntniß sich so bestimmen läßt, daß bei der Erkenntniß das als Vorstellung sich darstellende Motiv und der darauf erfolgende Willensact deutlich von einander gesondert bleiben, und zwar um so deutlicher, je vollkommener der Intellect ist; — bei der bloßen Empfänglichkeit für Reiz hingegen das Empfinden des Reizes von dem dadurch veranlaßten Wollen nicht mehr zu unterscheiden ist und beide in Eins verschmelzen. Endlich in der unorganischen Natur hört auch die Empfänglichkeit für Reiz auf, deren Analogie mit der Erkenntniß nicht zu verkennen ist; es bleibt jedoch verschiedenartige Reaction jedes Körpers auf verschiedenartige Einwirkung; diese stellt sich nun, für den von oben herabschreitenden Gang der Betrachtung, auch hier noch als Surrogat der Erkenntniß dar. Reagirt der Körper verschieden; so muß auch die Einwirkung verschieden sein und eine verschiedene Affektion in ihm hervorrufen, die, in aller ihrer Dumpfheit, doch noch entfernte Analogie mit der Erkenntniß hat. Wenn also z. B. eingeschlossenes Wasser endlich einen Durchbruch findet, den es begierig benutzt, tumultuarisch dahin sich drängend; so erkennt es ihn allerdings nicht, so wenig als die Säure das hinzugetretene Alkali, für welches sie das Metall fahren läßt, wahrnimmt, oder die Papierflocke den geriebenen Bernstein, zu welchem sie springt; aber dennoch müssen wir eingestehen, daß Das, was in allen diesen Körpern so plötzliche Veränderungen veranlaßt, noch immer eine gewisse Aehnlichkeit haben muß mit Dem, was in uns vorgeht, wenn ein unerwartetes Motiv eintritt. „Früher haben Betrachtungen dieser Art mir gedient, den Willen in allen Dingen nachzuweisen: jetzt aber stelle ich sie an, um zu zeigen, als zu welcher Sphäre gehörig die Erkenntniß sich darstellt, wenn man sie nicht, wie gewöhnlich, von Innen aus, sondern realistisch, von einem außer ihr selbst gelegenen Standpunkt, als ein Fremdes betrachtet, also den objectiven Gesichtspunkt für sie gewinnt, der zur Ergänzung des subjectiven von höchster Wichtigkeit ist." („Ueber den Willen in der Natur", S. 69 fg.)

Aus dieser Stelle können Sie ersehen, wie nach Schopenhauer in der ganzen Natur das Erkennen, d. h. das Vorstellen, von dem niedrigsten, dumpfsten Grade in den unorganischen Körpern an bis hinauf zu dem höchsten und deutlichsten im menschlichen Gehirn, sich stufenweise mit dem in der Natur sich objectivirenden Willen erhebt und diese Erhebung des Vorstellens eben bedingt ist durch das stufenweise Aufsteigen des Willens, das Vorstellen also trotz seiner Allgemeinheit

doch immer eine secundäre, dem Willen als dem Primären sub=
ordinirte Function bleibt.

Wie Schopenhauer in der angeführten Stelle die Abhängigkeit
des Vorstellens vom Willen im Allgemeinen nachgewiesen hat, so hat
er sie im Besondern, in Bezug auf die Thiere und den Menschen, an
einer andern Stelle nachgewiesen. In dem Capitel „Vergleichende
Anatomie" in der Schrift, „Ueber den Willen in der Natur" zeigt er,
wie der Grad der Intelligenz bei den Thieren überall bedingt ist durch
den Grad ihrer Bedürfnisse, ihrer Triebe, ihres Lebenswillens.
(Vergl. „Ueber den Willen in der Natur", S. 48—51.)

Speciell in Bezug auf den Menschen hat Schopenhauer, ge=
stützt auf Thatsachen des innern Lebens des Menschen, die Ab=
hängigkeit des Vorstellens vom Willen in dem Capitel vom „Primat
des Willens im Selbstbewußtsein" („Welt als Wille und Vorstellung",
II, Cap. 19) nachgewiesen.

Allen diesen Nachweisungen gegenüber kann ich in E. von Hart=
mann's Coordination von Wille und Vorstellung keinen Fort=
schritt und keine Verbesserung der Schopenhauer'schen Philosophie finden,
sondern nur einen Rückschritt und eine Verschlechterung. Uebrigens
hat auch schon Julius Bahnsen, der Verfasser der „Charak=
terologie", in seiner Schrift: „Zum Verhältniß zwischen Wille
und Motiv. Eine metaphysische Voruntersuchung zur Charaktero=
logie" (Stolp und Lauenburg i. P. bei Eschenhagen, 1870) die
Hartmann'sche Coordination von Wille und Vorstellung treffend kritisirt.
Ueber das Verhältniß von Wille und Motiv hat sich Schopenhauer
sehr klar ausgesprochen. Nach ihm bestimmen die Motive nie mehr
als das, was ich zu dieser Zeit, an diesem Orte, unter diesen Um=
ständen will; nicht aber, daß ich überhaupt will, noch was ich über=
haupt will, d. h. die Maxime, welche mein gesammtes Wollen charak=
terisirt. Daher ist mein Wollen nicht seinem ganzen Wesen nach aus
den Motiven zu erklären, sondern diese bestimmen blos seine Aeuße=
rung im gegebenen Zeitpunkt, sind blos der Anlaß, bei dem sich mein
Wille zeigt, dieser selbst hingegen liegt außerhalb des Gebietes des
Gesetzes der Motivation. Wie jede Aeußerung einer Naturkraft eine
Ursache hat, die Naturkraft selbst aber keine; so hat jeder einzelne
Willensact ein Motiv, der Wille überhaupt aber keins. („Welt als

Wille und Vorstellung", I, 127, 194; II, 407 fg.) Das Motiv wirkt nach Schopenhauer nur unter der Voraussetzung, daß es überhaupt ein Bestimmungsgrund des zu erregenden Willens sei, sowie auch die physikalischen und chemischen Ursachen, desgleichen die Reize ebenfalls nur wirken, sofern der zu afficirende Körper für sie empfänglich ist. Der Wille ist das, was eigentlich dem Motiv die Kraft zu wirken ertheilt, die geheime Sprungfeder der durch dasselbe hervorgerufenen Bewegung. („Die beiden Grundprobleme der Ethik", 33.) Das Motiv wirkt nur unter Voraussetzung eines innern Triebes, d. h. einer bestimmten Beschaffenheit des Willens, welche den Charakter desselben bildet; diesem giebt das jedesmalige Motiv nur eine entschiedene Richtung, individualisirt ihn für den concreten Fall. („Welt als Wille und Vorstellung", II, 391; „Die beiden Grundprobleme der Ethik", 92.)

Nach Schopenhauer bringt also der Wille seinen Inhalt zu den Motiven schon mit, empfängt ihn nicht erst aus diesen. Der Wille ist nicht an sich leer und bekommt erst durch Vorstellungen (Motive) einen Inhalt, sondern nur auf einen an sich schon bestimmten Willen können Vorstellungen als Motive wirken. Dasselbe nun lehrt, Hartmann gegenüber, auch Bahnsen, und die Bahnsen'sche Abhandlung ist dadurch eine treffende Kritik der Hartmann'schen „Philosophie des Unbewußten" geworden. Bahnsen sucht, der „Philosophie des Unbewußten" gegenüber, darzuthun, daß nicht ein ursprünglich leerer Wille an dem „Logischen" seine Erfüllung erst „an sich reißt", sondern daß die nachträgliche Beleuchtung seines Inhalts durch die Vernunft erst die Vernunftwidrigkeit seines Inhalts darthut und es rathsam macht, diesen Inhalt mit seinem reinen Gegentheil, mit der Selbstnegation, zu vertauschen; — also müsse der Wille bereits vor aller Vernunft und Logik vermöge seines eigenen Wesens einen Inhalt an sich gehabt haben, und die Streitfrage formulire sich nunmehr dahin, ob dieser Inhalt noch als „Vorstellung" dürfe bezeichnet werden.

Der Hartmann'schen Betonung des Satzes gegenüber, daß ohne Vorstellung ein wirkliches Wollen nicht möglich sei, macht Bahnsen geltend, daß durch das Motiv nichts in den Willen hineinkomme, was nicht bereits, nur in anderer, nämlich noch nicht vorgestellter — man möchte am liebsten sagen: in unvorgestellter — Form vorher in ihm selber vorhanden gewesen.

Bahnsen wirft gewissen Partien des von Hartmann'schen Werks eine gegen die sonstige Klarheit und Bestimmtheit seiner Darlegungen aufs unvortheilhafteste abstechende „verschwommene Nebelhaftigkeit" vor. Er sei insbesondere nicht zu einer durchsichtigen Unterscheidung zwischen Inhalt und Object des Willens gelangt, ohne welche doch die Frage gar nicht zum Austrag gebracht werden könne, ob die Qualität „Vorstellung sein" dem Willensinhalt als solchem oder nur in seiner Veräußerlichung als Motiv beizulegen sei.

Bahnsen macht es Hartmann zum Vorwurf, daß er die Ausdrücke „Ziel, Object und Inhalt" des Willens confundire.

„Was aber das Motiv eigentlich sei — nämlich das in die Vor= stellungswelt projicirte Correlat des unabhängig von dieser Projection vorhandenen Willensinhalts, das wissen wir nicht durch dieses Hin= und Herschwanken zwischen halb, ganz oder gar nicht synonymen Be= griffen, sondern aus eigenem Besinnen über die vis essendi als die Bedingung für irgendwelche potentia existendi. Weil es uns ein Satz von apriorischer Gewißheit ist, daß alles wahrhaft Seiende Was und Daß zumal, untrennbare Einheit von Essenz und Existenz ist, ein in sich selbst Bestimmtes, nur sich selbst Gleiches, da es ja sein Sein in sich, nicht von einem andern, als bloße Erscheinung, zu Lehen hat, weil seine Bestimmtheit die des ein für allemal durch sich selber Bestimmtseins ist: deshalb ist es uns unmöglich, uns einen Willen zu denken, der, in total bestimmungsloser Indifferenz, durch einen Erregungsgrund von jedesmal ganz bestimmter Beschaffenheit sich sollte erregen lassen, ohne in sich selber als unveräußerliche Essentia eine Erregbarkeit von correspondirender Bestimmtheit zu besitzen."

Nur die unkritische Betrachtungsweise verwechselt nach Bahnsen fortwährend den wahren Inhalt des Willens mit den Objecten, in deren Vorstellung dieser Inhalt sich, den Umständen nachgebend, kleidet. Das unkritische Urtheil vergesse, daß für das wahrhaft Seiende das Vorgestelltwerden etwas ganz Unwesentliches ist. „Ausgangspunkt, Straße und Ziel bleiben dieselben auch im Dunkeln, wenn nachts keine am Wege aufgestellte und angezündete Laternen sie beleuchten."

Das Motiv ist nach Bahnsen nur das Erregende, das aus dem Schlummer der Latenz Hervorrufende, „schöpferisch nur wie der Eimer, mit welchem man aus dem Brunnen Wasser schöpft, aber nicht wie ein creator omnipotens, welcher etwas hineinbringt, das nicht schon von selber, spontan und vermöge seiner Aseität da war".

Das Motiv locke den Willensinhalt in die Außenwelt, vermöge dies aber nur kraft der eigenen nach außen gerichteten Tendenz des Willens selber.

Ich stimme dieser Kritik in ihrem Grundgedanken, daß die Wirksamkeit der Motive auf den Willen durch den eigenthümlichen Inhalt oder die Tendenz des Willens bedingt sei, daß also nicht, wie bei E. von Hartmann, einem leeren Willen eine inhaltgebende Vorstellung gegenüberstehe, völlig bei, dehne aber dieses Verhältniß von Wille und Vorstellung auf alle Stufen der Vorstellung aus, halte also auch da, wo die Vorstellung nicht die Form des Motivs, sondern nur die des percipirten Reizes hat, wie im vegetativen, oder auch nur die der innegewordenen mechanischen Einwirkung, wie im unorganischen Gebiete, ihre Wirksamkeit ebenfalls für bedingt durch die Tendenz des daselbst herrschenden Willens. So wie ich den Begriff der Vorstellung im Schopenhauer'schen Sinne generalisire, so generalisire ich natürlich auch das Verhältniß von Wille und Vorstellung und finde also nicht blos die Wirksamkeit des Motivs, sondern auch die der beiden andern Classen von Ursachen bedingt durch die Tendenz des Willens der Körper, auf die sie wirken. Warum kann ein Stein nicht durch Motive bewegt werden, wie ein Thier, wohl aber durch Stoß? Weil der Wille des Steines ein anderer ist, als der thierische Wille. Man gebe dem Stein einen thierischen Willen und man wird ihn eben dadurch auch für Motive empfänglich machen.

Die Schopenhauersche Philosophie ist durch die Subordination der Vorstellung unter den Willen weit monistischer, als die Hartmann'sche, die durch die Coordination Beider in einen Dualismus zurückfällt. Diesen Dualismus hat übrigens auch ein anderer Kritiker der „Philosophie des Unbewußten", Johannes Volkelt, obwohl von einem falschen monistischen Standpunkt aus, nämlich vom Hegel'schen, scharf bekämpft. (Vergl. „Das Unbewußte und der Pessimismus. Studien zur modernen Geistesbewegung von Dr. Johannes Volkelt", Berlin 1873, Verlag von F. Henschel.) Der zweite Theil dieser Schrift enthält eine ausführliche Kritik der Hartmann'schen Metaphysik und ihres Dualismus von Willen und Vorstellung.

———

Neunter Brief.

Bedeutung des willensfreien und des willenverneinenden Erkennens bei Schopenhauer. — Widerlegung Thilo's.

———

Sie geben, verehrter Freund, zwar zu, daß die Schopenhauer'sche
Subordination der Vorstellung unter den Willen, welche überall
durch die Erfahrung bestätigt werde, der Hartmann'schen Coordination
Beider vorzuziehen sei. Aber, ist es denn, fragen Sie, consequent, daß
Schopenhauer, nachdem er im zweiten Buche der „Welt als Wille und
Vorstellung" ausführlich vom Primat des Willens über die Vorstellung gesprochen und den Intellect überall als den Diener des
Willens dargestellt hat, — daß er im dritten und vierten Buche, in
der Aesthetik und Ethik, der Vorstellung auf einmal eine Superio-
rität über den Willen beilegt, derzufolge sie nicht blos sich völlig
unabhängig vom Willen macht, sondern denselben sogar verneint? Wie
kann, fragen Sie, die ihrer Natur nach zum Dienste des Willens
geschaffene Vorstellung zu solcher Herrschaft gelangen? Hebt diese
nicht wieder die früher behauptete Subordination auf und kehrt das
Verhältniß um?

Ich will nun nicht leugnen, daß das willensfreie Erkennen des
Genies, von dem Schopenhauer im dritten Buche bei Betrachtung
der Kunst spricht, und das willenüberwindende Erkennen des Heiligen,
von dem er im vierten Buche bei Betrachtung der Verneinung des
Willens spricht, seiner Lehre vom Primat des Willens zu widersprechen scheint. Ich kann aber auch nur zugeben, daß es ihr zu
widersprechen scheint, nicht aber, daß es ihr wirklich widerspricht.

Was zunächst das willensfreie Erkennen des Genies in der ästhetischen Contemplation betrifft, so habe ich schon anderwärts gezeigt, daß das ästhetische Erkennen nur relativ willensfrei ist, nicht absolut; da es auch noch einen Willen zur Voraussetzung hat, wenngleich einen höhern, als der gemeine, unästhetische Wille ist. Der Herbartianer Thilo hatte nämlich gegen das willensfreie Erkennen eingewendet:

„Wie soll es denn das erkennende Subject machen, sich von seinem Willen loszureißen? Es ist ja weiter nichts, als ein auf besondere Weise geformter Wille! Alle Vorgänge in ihm können ihren Grund nur in diesem besondern Wollen haben, alles Vorstellen kann nur im Dienste dieses Wollens stehen, d. h. nur ein Werkzeug desselben, also auch weiter nichts sein, als ein auf besondere Weise geformtes Wollen. Ein reines, von seinem Wollen losgerissenes Subject des Erkennens ist nach Schopenhauer's Principien eine baare Unmöglichkeit." (Vergl. Zeitschrift für exacte Philosophie VIII, 4., 353—355.) Hiergegen nun sagte ich:

„Ja, wenn man nicht in den Geist der Schopenhauer'schen Lehre eindringt, sondern am Buchstaben kleben bleibt, so ist das vom Wollen losgerissene Erkennen allerdings eine baare Unmöglichkeit. Der Wille ist ja Alles in Allem nach Schopenhauer, wie sollte es also etwas geben können, was ihm entwischt? Dieser Einwand liegt ja zu sehr auf der Hand, als daß er nicht Jedem sofort einfallen sollte. Aber eben, weil er so auf der Hand liegt, darum ist ihm nicht zu trauen. Sieht man näher zu, so findet man, daß die Losreißung des Erkennens vom Wollen in der ästhetischen, auf die Ideen gerichteten Contemplation nach Schopenhauer keine absolute, sondern nur eine relative ist, nur eine Losreißung von den Zwecken des individuellen Willens, nicht aber von dem Willen zum Leben überhaupt; denn auch das ästhetisch contemplirende Subject bejaht noch den Willen zum Leben, da es ja Freude findet am Anschauen der Ideen oder Stufen dieses Willens. Freude ist ja, wie überhaupt Gefühl nach Schopenhauer, ohne Willen nicht möglich. Aber der Wille, welcher der ästhetischen Freude zu Grunde liegt, ist nicht mehr der enge, auf die individuellen Zwecke der unter bestimmten räumlich-zeitlichen Verhältnissen lebenden Person, sondern der erweiterte, auf die Ideen gerichtete Wille, welcher will, daß die einzelnen Dinge ihren eigenen Ideen adäquat seien, und der

daher an dem Anblicke adäquater Abbilder der Ideen, sei es in der
Natur oder in der Kunst, seine Freude findet. Dem objectiven Er=
kennen in der ästhetischen Contemplation liegt also ein objectiver Wille
zum Grunde, und folglich ist die von Schopenhauer behauptete Los=
reißung des Erkennens vom Wollen keine absolute, sondern nur eine
relative. In der ästhetischen Contemplation entwischt das Erkennen
dem Wollen nicht schlechthin, sondern es entwischt nur dem Dienste des
persönlichen Willens und tritt dafür in den Dienst des die Ideen be=
jahenden Willens."

Daß dieses der Sinn des willensfreien Erkennens bei Schopen=
hauer sei, dafür will ich Sie noch besonders auf eine Stelle aufmerk=
sam machen, aus der deutlich genug hervorgeht, daß Schopenhauer
auch dem willensfreien Erkennen noch einen Willen zum Grunde legt,
nur einen Willen höherer Art als den, wovon er es für frei erklärt.
Schopenhauer leugnet nämlich, daß der Künstler, um eine schöne mensch=
liche Gestalt zu bilden, die an viele Menschen einzeln vertheilten schönen
Theile empirisch zusammensuche und zusammensetze. Er erklärt dies
für eine besinnungslose Meinung; denn es frage sich, woran der Künst=
ler erkennen soll, daß gerade diese Formen die schönen sind und jene
nicht? Nein a posteriori sei überhaupt keine Erkenntniß des Schönen
möglich. Welches ist denn nun aber die apriorische Quelle derselben?
Schopenhauer antwortet: „Daß wir Alle die menschliche Schönheit
erkennen, wenn wir sie sehen, im ächten Künstler aber dies mit solcher
Klarheit geschieht, daß er sie zeigt, wie er sie nie gesehen hat, und die
Natur in seiner Darstellung übertrifft; dies ist nur dadurch möglich,
daß der Wille, dessen adäquate Objectivation auf ihrer höchsten Stufe
hier beurtheilt und gefunden werden soll, ja wir selbst sind. Dadurch
allein haben wir in der That eine Anticipation dessen, was die Natur
(die ja eben der Wille ist, der unser eigenes Wesen ausmacht) dar=
zustellen sich bemüht; welche Anticipation im ächten Genius von dem
Grade der Besonnenheit begleitet ist, daß er, indem er im einzelnen
Dinge dessen Idee erkennt, gleichsam die Natur auf halbem Worte
versteht und nun rein ausspricht, was sie nur stammelt, ihr gleichsam
zurufend: «Das war es, was du sagen wolltest!» «Ja das war es!»
hallt es aus dem Kenner wieder.... Die Möglichkeit solcher Antici=
pation des Schönen a priori im Künstler, wie seiner Anerkennung a

posteriori im Kenner, liegt darin, daß Künstler und Kenner das Ansich der Natur, der sich objectivirende Wille selbst sind. Denn nur
vom Gleichen, wie Empedokles sagte, wird das Gleiche erkannt: nur
Natur wird sich selbst ergründen: aber auch nur vom Geist wird der
Geist vernommen." (Vergl. „Welt als Wille und Vorstellung", I,
261—263.)

Aus dieser Stelle geht deutlich hervor, daß Schopenhauer das
willensfreie ästhetische Erkennen so wenig für ein absolut willenloses
hält, daß er es sogar aus dem mit dem Naturwillen identischen Willen
des Künstlers und Kenners ableitet. Also hat die Willensfreiheit des
ästhetischen Erkennens nur eine relative Bedeutung. (Vergl. Einleitung zur Gesammtausgabe der Werke Schopenhauer's, S. LXXVI—
LXXVIII.)

Aber eben so wenig, als das ästhetische, ist das ethische Erkennen, das Durchschauen des principii individuationis, welches zunächst zur Tugend und weiterhin zur gänzlichen Verneinung des
Willens zum Leben führt, ein absolut, sondern ebenfalls nur ein
relativ willenloses. Denn der Tugendhafte und der Heilige wollen
etwas; nur ist Das, was sie wollen, das Entgegengesetzte von Dem,
was der Egoist und Lebenslustige will. Ohne diesen entgegengesetzten,
antiegoistischen und antiweltlichen Willen käme es gar nicht zu jenem
Erkennen, welches den Egoismus und den Weltsinn überwindet. Das
ethische Erkennen hat also den ethischen Willen zur Voraussetzung,
und also auch hier findet dasselbe Verhältniß des Erkennens zum
Wollen, dieselbe Subordination der Vorstellung unter den Willen statt,
wie auf allen übrigen Stufen der Welt. Wie das Motiv nur auf
einen für es empfänglichen Willen wirkt, also diesen zur Voraussetzung
hat (vergl. Schopenhauer-Lexikon: Motiv); ebenso kann auch jene
Erkenntniß, die Schopenhauer im Gegensatz zum Motiv Quietiv
nennt, nur unter Voraussetzung eines Willens, der für sie empfänglich ist, wirken. (Vergl. Schopenhauer-Lexikon: Quietiv.) Das Quietiv hat eben so wenig eine zwingende Macht über den Willen, als
das Motiv. Deßhalb spricht Schopenhauer von dem innern Kampfe,
den auch die Heiligen noch immer zu bestehen haben, von der Willens-
anstrengung, deren sie bedürfen, um die ihnen aufgegangene Erkenntniß
wirksam zu erhalten, indem er sagt: „Indessen dürfen wir doch nicht

4*

meinen, daß, nachdem durch die zum Quietiv gewordene Erkenntniß die Verneinung des Willens zum Leben einmal eingetreten ist, sie nun nicht mehr wanke, und man auf ihr rasten könne, wie auf einem erworbenen Eigenthum. Vielmehr muß sie durch steten Kampf immer aufs Neue errungen werden...... Daher finden wir im Leben heiliger Menschen jene geschilderte Ruhe und Seeligkeit nur als die Blüte, welche hervorgeht aus der steten Ueberwindung des Willens, und sehen, als den Boden, welchem sie entsprießt, den beständigen Kampf mit dem Willen zum Leben: denn dauernde Ruhe kann auf Erden Keiner haben." („Welt als Wille und Vorstellung", I, 462 fg.)

Also auch die Heiligkeit, die in der Verneinung des Willens zum Leben besteht, ist nach Schopenhauer nichts absolut willenloses, sondern ist Product der Ueberwindung des weltbejahenden Willens durch den weltverneinenden Willen, wobei jene Erkenntniß, welche als Quietiv wirkt, nur Dienste leistet.

Folglich behauptet auch hier der Wille den Primat über den Intellect, und der Intellect steht auch hier nur im Dienste des Willens. Sei der Wille ein weltbejahender, oder ein weltverneinender, immer kann ihm der Intellect nur die Wege zeigen, die am besten und sichersten zu seinem Ziele führen; aber über das Ziel selbst entscheidet nur der Wille. Es bleibt also bei Dem, was Schopenhauer sagt: „Ueber das Wollen selbst, über die Hauptrichtung, oder die Grundmaxime desselben hat der Intellect keine Macht. Zu glauben, daß die Erkenntniß wirklich und von Grund aus den Willen bestimme, ist wie glauben, daß die Laterne, die Einer bei Nacht trägt, das primum mobile seiner Schritte sei." („Welt als Wille und Vorstellung", II, 251.)

Zehnter Brief.

Vertheidigung der Schopenhauer'schen Lehre vom Primat des Willens gegen Professor Jürgen Bona Meyer und gegen Dr. E. M. Friedrich Zange.

***

Einige Gegner Schopenhauer's haben seiner Lehre vom Verhältniß des Intellects zum Willen, daß nämlich dieser das Primäre, jener secundär, dieser der Herr, jener der Diener sei, wie er es besonders in dem Capitel „Vom Primat des Willens im Selbstbewußtsein" („Welt als Wille und Vorstellung", II, Cap. 19) dargestellt hat, den Vorwurf gemacht, daß sie die Macht des Intellects unterschätze, indem sie ihn dem Willen gegenüber für machtlos erklärt, und daß sie dadurch mit den Thatsachen in Widerspruch gerathe. Diese Gegner halten sich hierbei besonders an folgende Stellen: „Hält der Intellect dem Willen ein einfaches Anschauliches vor; so spricht dieser sofort sein Genehm oder Nichtgenehm darüber aus: und ebenso, wenn der Intellect mühsam gegrübelt und abgewogen hat, um aus zahlreichen Datis, mittelst schwieriger Kombinationen, endlich das Resultat herauszubringen, welches dem Interesse des Willens am meisten gemäß scheint; da hat dieser unterdessen müßig geruht und tritt, nach erlangtem Resultat, herein, wie der Sultan in den Divan, um wieder nur sein eintöniges Genehm oder Nichtgenehm auszusprechen, welches zwar dem Grade nach verschieden ausfallen kann, dem Wesen nach stets dasselbe bleibt." („Welt als Wille und Vorstellung", II, 231.) „Der Herr ist der Wille, der Diener der Intellect; da jener in letzter Instanz stets das Regiment behält, mithin den eigentlichen Kern, das Wesen an sich des Menschen ausmacht. In dieser Hinsicht würde der

Titel Hegemonikon dem Willen gebüren: jedoch scheint derselbe wiederum dem Intellect zuzukommen, sofern dieser der Leiter und Führer
ist, wie der Lohnbediente, der vor dem Fremden hergeht. In Wahrheit
aber ist das treffendste Gleichniß für das Verhältniß Beider der starke
Blinde, der den sehenden Gelähmten auf den Schultern trägt." (Daselbst
S. 233.) — Gegen diese Darstellung des Verhältnisses des Intellects
zum Willen sagt Professor Jürgen Bona Meyer in Bonn: „Alle
diese Bilder verdecken nur den wahren Sachverhalt und lassen sich zum
Theil selbst gegen Schopenhauer kehren. In einer fremden Stadt
mag der Herr das Ziel bestimmen, wohin er will, aber der Lohn=
bediente, der ihn führt, bestimmt die einzuschlagenden Wege, um zum
Ziele zu kommen, und der Herr folgt." („Arthur Schopenhauer als
Mensch und Denker", Heft 145 der Sammlung gemeinverständlicher
Vorträge, herausgegeben von Birchow und v. Holtzendorff, S. 35.)
Ein anderer Gegner Schopenhauer's, Dr. E. M. Friedrich
Zange, polemisirt gegen die Schopenhauer'sche „Macht= und Willen=
losigkeit des Intellects" in folgender Weise: „Nach Schopenhauer's
Ansicht hat sich wohl der Wille «zur Erreichung seiner Zwecke»,
«um seine Bedürfnisse zu befriedigen», «sich selbst als In=
dividuum zu erhalten» u. s. w. den Intellect geschaffen, aber dieser
selbst ist durchaus willenlos, keine Erscheinung des Willens.
..... Wie kommt Schopenhauer dazu, das Gehirn nicht als unmittel=
bar zum Organismus gehörig zu betrachten? Nur eine ganz äußer=
liche, materialistisch=naturwissenschaftliche Betrachtung, in welcher
Alles nur auf Erhaltung und Wohlbefinden des Individuums und der
Gattung ankommt, konnte ihn dazu verführen, nicht eine solche Be=
trachtung, welche den Menschen auch als Organ zur Erreichung höherer
Zwecke auffaßt. Und doch hätte sich Schopenhauer sagen müssen, daß
der Wille gerade da, wo er sich die leichtesten, feinsten und beweglich=
sten Organe geschaffen, im Gehirn, in jenen «Gehirnkräften», sich am
allerdeutlichsten offenbaren müsse, weil er da am wenigsten durch eine
erst schwer zu überwindende Materie gehemmt und verdunkelt wird;
daß also gerade in jenen ewigen Gesetzen des Denkens, Urtheilens und
sittlichen Wollens der das Ding an sich verdeckende Schleier am meisten
gelüftet sei. Daraus würde dann freilich gerade eine Macht des
Intellects über den Willen, als natürliches Begehren,

nicht nur erklärlich sein, sondern nothwendig folgen. Und die ganze Weltanschauung würde ins Gegentheil umschlagen, erkennend, daß gerade der Geist durchaus nicht dazu da sei, dem Willen, dem Begehren, der Erhaltung des Individuums zu dienen, sondern daß er vielmehr berufen sei, über den Willen zu herrschen, daß er hohe Ziele und Ideale vorzeichne und sie anzustreben fordere, so daß dann also umgekehrt das Individuum und sein Organismus nur dazu da wäre, um diesen Geist sowohl, als das Streben nach seinen Idealen möglich zu machen." Weiter sagt Dr. Zange: „Eben so wenig wie principiell kann Schopenhauer seinen Satz von der Macht- und Willenlosigkeit des Intellects gegenüber den Thatsachen des Lebens aufrecht erhalten. Er muß zugeben, daß «Hoffen und Fürchten Affectionen sind, welche nur der Mensch eben in Folge seines in die Ferne schauenden Intellects kennt», und doch sind sie nichts als «Affectionen des Willens». Sie setzen also mindestens einen sehr starken Einfluß des Intellects auf den Willen voraus." (Ueber das Fundament der Ethik. Eine kritische Untersuchung über Kant's und Schopenhauer's Moralprincip von Dr. E. M. Friedrich Zange. Gekrönte Preisschrift." Leipzig 1872, Verlag von Breitkopf und Härtel. Seite 191—194.)

Diese ganze Polemik des Gekrönten halte ich für verfehlt. Erstens ist es nicht wahr, daß nach Schopenhauer der Intellect „durchaus willenlos, keine Erscheinung des Willens" sei. Denn der Intellect als Gehirnfunction ist nach Schopenhauer ein Organ des Leibes, der ganze Leib aber ist Erscheinung des Willens, folglich ist der Intellect so gut wie Hand und Fuß, Lunge und Magen, u. s. w., eine Willenserscheinung; in ihm objectivirt sich nämlich der Wille zu erkennen, wie in der Hand der Wille zu greifen, im Fuß der Wille zu gehen u. s. w. Schopenhauer sagt ausdrücklich, daß das Gehirn und dessen Function, das Erkennen, also der Intellect, mittelbar und secundär zur Erscheinung des Willens gehöre. „Auch in ihm objectivirt sich der Wille und zwar als Wille zur Wahrnehmung der Außenwelt, also als ein Erkennenwollen. So groß und fundamental daher auch der Unterschied des Wollens vom Erkennen in uns ist; so bleibt dennoch das letzte Substrat Beider das selbe, nämlich der Wille, als das Wesen an sich der ganzen Erscheinung: das Erkennen aber, der Intellect, welcher im Selbstbewußtsein sich durchaus als das Secundäre darstellt, ist nicht nur als sein Accidenz, sondern auch als sein Werk anzusehen und also durch einen Umweg, doch wieder auf ihn zurückzuführen. Wie der Intellect physiologisch sich ergiebt als die Function eines Organs des Leibes; so ist er metaphysisch anzusehen als ein Werk des Willens, dessen Objectivation, oder Sichtbarkeit, der ganze Leib ist. Also der Wille zu erkennen, objectiv angeschaut, ist das Gehirn; wie der Wille zu gehen, objectiv angeschaut, der Fuß ist; der Wille zu greifen, die Hand; der Wille zu verdauen, der Magen; zu zeugen, die Genitalien u. s. f." („Welt als Wille und Vorstellung", II, 293.)

Der Intellect ist also nach Schopenhauer zwar nicht Erscheinung des ganzen Willens, so wenig als Hand, Fuß, Magen und Genitalien; aber er ist doch Erscheinung einer besondern Bestrebung des Willens, so gut wie Hand, Fuß, Magen, Genitalien. Und deshalb ist es falsch, wenn der gekrönte Preisschriftsteller Schopenhauern vorwirft, bei ihm sei der Intellect „durchaus willenlos, keine Erscheinung des Willens".

Eben so falsch ist aber zweitens der Vorwurf der „Machtlosigkeit des Intellects über den Willen" bei Schopenhauer. Der Intellect ist ja nach ihm das Medium der Motive, die Motive aber sind willenbewegende Ursachen, ja sogar trotz ihrer Geistigkeit (Idealität) nicht minder stark wirkende Ursachen, als die plumpsten materiellen Ursachen, da „ein Motiv eben so mächtig ist, die Leute zum Hause hinaus zu werfen, wie die handfesteste mechanische Ursache". („Die beiden Grundprobleme der Ethik", S. 44 fg.) „Der Unterschied zwischen Ursache, Reiz und Motiv ist offenbar blos die Folge des Grades der Empfänglichkeit der Wesen: je größer diese, desto leichterer Art kann die Einwirkung sein: der Stein muß gestoßen werden; der Mensch gehorcht einem Blick. Beide aber werden durch eine zureichende Ursache, also mit gleicher Nothwendigkeit, bewegt. Denn die Motivation ist blos die durch das Erkennen hindurchgehende Kausalität: der Intellect ist das Medium der Motive, weil er die höchste Steigerung der Empfänglichkeit ist. Allein hierdurch verliert das Gesetz der Kausalität schlechterdings nichts an seiner Sicherheit und Strenge. Das Motiv ist eine Ursache und wirkt mit der Nothwendigkeit, die alle Ursachen herbeiführen. Beim Thier, dessen Intellect ein einfacher, daher nur die Erkenntniß der Gegenwart liefernder ist, fällt jene Nothwendigkeit leicht in die Augen. Der Intellect des Menschen ist doppelt: er hat, zur anschaulichen, auch noch die abstracte Erkennt= niß, welche nicht an die Gegenwart gebunden ist: d. h. er hat Vernunft. Daher hat er eine Wahlentscheidung, mit deutlichem Bewußtsein: näm= lich er kann die einander ausschließenden Motive als solche gegen einander abwägen, d. h. sie ihre Macht auf seinen Willen versuchen lassen; wonach sodann das stärkere ihn bestimmt und sein Thun mit eben der Nothwendigkeit erfolgt, wie das Rollen der gestoßenen Kugel." („Ueber die vierfache Wurzel des Satzes vom zureichenden Grunde", S. 48.)

Dieser Darstellung gegenüber nimmt sich der Vorwurf, daß bei Schopenhauer der Intellect machtlos sei, sonderbar aus. Die Mo= tive, die der Intellect liefert, sind ja nach Schopenhauer nicht blos, gleich den mechanischen Ursachen und den Reizen, auf den Willen wir= kende Ursachen, die sein Thun mit Nothwendigkeit bestimmen; son= dern sie bilden auch innerhalb ihrer selbst eine Rangordnung, in der die vernünftigen Motive größere Macht über den Willen haben, als die sinnlichen, da die Vernunft nach Schopenhauer im Stande ist, mittelst der von ihr gelieferten begrifflichen, an die Gegenwart nicht gebundenen Vorstellungen die sinnlichen oder anschaulichen Motive, denen das Thier noch unterliegt, zu besiegen.

Diesen Vorzug des Menschen, mittelst der Vernunft der thieri= schen Triebe Herr zu werden, hat Schopenhauer wiederholt und sehr scharf hervorgehoben. Er hat deutlicher, als irgend Einer, gezeigt, worin die eigentlich praktische Macht der Vernunft besteht. Der ganze Unterschied des Thuns und Wandelns des Menschen von dem der Thiere beruht nach ihm auf den abstracten Begriffen der Ver= nunft. „Der Einfluß dieser auf unser ganzes Dasein ist so durch= greifend und bedeutend, daß er uns zu den Thieren gewissermaaßen in das Verhältniß setzt, welches die sehenden Thiere zu den augenlosen (gewissen Larven, Würmern, Zoophyten) haben: letztere erkennen durch das Getast allein das ihnen im Raum unmittelbar Gegenwärtige, sie Berührende; die sehenden dagegen einen weiten Kreis von Nahem und Fernem. Ebenso nun beschränkt die Abwesenheit der Vernunft

die Thiere auf die ihnen in der Zeit unmittelbar gegenwärtigen anschaulichen Vorstellungen, d. i. realen Objecte: wir hingegen, vermöge
der Erkenntniß in abstracto, umfassen, neben der engen wirklichen
Gegenwart, noch die ganze Vergangenheit und Zukunft, nebst dem
weiten Reiche der Möglichkeit: wir übersehen das Leben frei nach allen
Seiten, weit hinaus über die Gegenwart und Wirklichkeit....... Die
allseitige Uebersicht des Lebens im Ganzen, welche der Mensch durch
die Vernunft vor dem Thier voraus hat, ist auch zu vergleichen mit
einem geometrischen, farblosen, abstracten, verkleinerten Grundriß seines
Lebensweges. Er verhält sich damit zum Thiere, wie der Schiffer,
welcher mittelst Seekarte, Kompaß und Quadrant seine Fahrt und
jedesmalige Stelle auf dem Meer genau weiß, zum unkundigen Schiffs-
voll, das nur die Wellen und den Himmel sieht. Daher ist es be-
trachtungswerth, ja wunderbar, wie der Mensch, neben seinem Leben
in concreto, immer noch ein zweites in abstracto führt. Im ersten
ist er allen Stürmen der Wirklichkeit und dem Einfluß der Gegenwart
Preis gegeben, muß streben, leiden, sterben, wie das Thier. Sein
Leben in abstracto aber, wie es vor seinem vernünftigen Besinnen
steht, ist die stille Abspiegelung des ersten und der Welt, worin er
lebt, ist jener eben erwähnte verkleinerte Grundriß. Hier im Gebiet
der ruhigen Ueberlegung erscheint ihm kalt, farblos und für den Augenblick fremd, was ihn dort ganz besitzt und heftig bewegt...... Aus
diesem doppelten Leben geht jene von der thierischen Gedankenlosigkeit
sich so sehr unterscheidende menschliche Gelassenheit hervor, mit welcher
Einer, nach vorhergegangener Ueberlegung, gefaßtem Entschluß oder erkannter Nothwendigkeit, das für ihn Wichtigste, oft Schrecklichste kalt-
blütig über sich ergehen läßt, oder vollzieht: Selbstmord, Hinrichtung,
Zweikampf, lebensgefährliche Wagstücke jeder Art und überhaupt Dinge,
gegen welche seine ganze thierische Natur sich empört. Da sieht
man dann, in welchem Maaße die Vernunft der thierischen
Natur Herr wird. Hier, kann man wirklich sagen, äußert
sich die Vernunft praktisch." ("Welt als Wille und Vorstellung",
I, 100—102.)

Die vollkommenste Entwickelung der praktischen Vernunft, im
wahren und ächten Sinne des Worts, der höchste Gipfel, zu dem der
Mensch durch den bloßen Gebrauch seiner Vernunft gelangen kann,

und auf welchem sein Unterschied vom Thiere sich am deutlichsten zeigt, ist nach Schopenhauer als Ideal dargestellt im Stoischen Weisen. (Daselbst S. 103 fg.)

An einer andern Stelle sagt Schopenhauer: „Was für ein unbändiges Roß Zügel und Gebiß ist, das ist für den Willen im Menschen der Intellect: an diesem Zügel muß er gelenkt werden, mittelst Belehrung, Ermahnung, Bildung u. s. w.; da er an sich selbst ein so wilder, ungestümer Drang ist, wie die Kraft, die im herabstürzenden Wasserfall erscheint, — ja, wie wir wissen, im tiefsten Grunde identisch mit dieser." („Welt als Wille und Vorstellung", II, 238.) Schopenhauer schreibt also doch dem Intellect die Macht zu, den wilden, ungestümen Willen zu bändigen, zu zügeln, zu lenken. Mit welchem Rechte daher macht ihm der oben erwähnte Preisgekrönte den Vorwurf, daß er sich durch die behauptete Machtlosigkeit des Intellects mit den Thatsachen des Lebens in Widerspruch gesetzt habe? — Der Preisgekrönte führt ja sogar selbst Stellen aus Schopenhauer's Werken an, die seinen Vorwurf widerlegen, indem er sagt: „Ja Schopenhauer erkennt dem Intellect noch eine viel größere Macht über den Willen zu, wenn er Hauptw. I, S. 334, sagt: «Die Vernunft könne die widrigen Eindrücke des Todes, die Todesfurcht überwinden, indem sie uns auf einen höhern Standpunkt stelle, wo wir statt des Einzelnen nunmehr das Ganze im Auge haben.» Und im II. Bande, S. 530 sagt er sogar, nachdem er S. 529 erklärt hat, die Todesfurcht sei von aller Erkenntniß unabhängig, weil sie die Kehrseite unsers Willens zum Leben sei: «wir feiern daher, wenn die Todesfurcht besiegt wird, den Triumph der Erkenntniß über den blinden Willen zum Leben, der doch der Kern unsers eigenen Wesens ist.» — So viel vermag also der Intellect über den Willen! — Ja, er vermag noch mehr. Durch ihn allein ist ja «die Verneinung des Willens zum Leben» möglich (I, § 69), «der Wille kann durch Nichts aufgehoben werden, als durch Erkenntniß. Die Natur führt den Willen zum Lichte, weil er nur am Lichte seine Erlösung finden kann.» Der Intellect ist — «das erlösende Princip in der Sanhara des Irrthums und der Sünde, welches zum Durchbruch kommen und das Ganze befreien kann»!!" (S. 194 der gekrönten Preisschrift Zange's.)

Von Machtlosigkeit des Intellects über den Willen bei Schopen=
hauer kann also nicht mehr die Rede sein. Aber eine andere Frage
freilich ist es, ob nicht Schopenhauer durch die Anerkennung der Macht
des Intellects über den Willen sich in Widerspruch gesetzt habe gegen
die von ihm behauptete secundäre Natur des Intellects, derzufolge
die Stellung desselben zum Willen eine dienende und der eigentliche
Herr der Wille ist. Die Gegner Schopenhauer's halten dieses aller=
dings für einen Widerspruch, ich aber nicht. Professor Jürgen
Bona Meyer z. B. in der oben angeführten Stelle wendet das Bei=
spiel vom „Lohnbedienten" gegen Schopenhauer an, indem er sagt:
„In einer fremden Stadt mag der Herr das Ziel bestimmen, wohin
er will, aber der Lohnbediente, der ihn führt, bestimmt die einzuschla=
genden Wege, um zum Ziele zu kommen, und der Herr folgt." Als
ob damit der von Schopenhauer behauptete Primat des Willens über
den Intellect widerlegt wäre. Als ob dadurch, daß der Herr dem
Diener folgt, das Verhältniß beider sich umkehrte und der Diener zum
Herrn würde! So hat Schopenhauer nicht gefolgert, diese Folgerung
hat er vielmehr seinen sich scharfsinnig dünkenden Gegnern überlassen.
Er wußte, daß der Herr, der Wille, obgleich er seinem Diener, dem
Intellect, folgt, doch der Herr bleibt, weil er es ist, der das Ziel
bestimmt, wohin ihn der Diener führen soll, und weil nicht Der,
welcher die Wege zum Ziele weist, der Herr ist, sondern Der, welcher
das Ziel vorschreibt.

Auf allen Stufen des Willens in der Welt haben die ihn bewe=
genden und sein Thun bestimmenden Ursachen zwar Macht über ihn,
aber diese Macht ist überall eine secundäre, vom Willen selbst ent=
lehnte, weil sie nur auf einen für sie empfänglichen Willen wirken,
einem unempfänglichen gegenüber hingegen machtlos sind. Die willen=
bewegenden Ursachen setzen ja überall den Willen, auf den sie wirken
sollen, schon voraus, schaffen ihn aber nicht; ihre Macht kann also
nur so weit gehen, einen schon vorhandenen, seiner Qualität nach ihnen
entsprechenden Willen zur Action zu bestimmen, aber nicht so weit, einen
ihnen entsprechenden Willen, wo er fehlt, ins Dasein zu rufen. Der
Intellect mit seinen Motiven ist daher, je nach den Umständen, bald
ohnmächtig, bald sehr mächtig. Einem Stein, einer Pflanze, einem
Thier gegenüber ist die Vernunft mit ihren begrifflichen Motiven ohn=

mächtig, auf einen Menschen hat sie große Macht. Warum? Weil jene keinen für Vernunftmotive empfänglichen Willen haben, dieser aber ja. Auch im Menschen ist die Macht des Intellects eine beschränkte. Auf die rein vegetativen Functionen seines Leibes üben intellectuelle Motive keine Macht aus. Die Wirksamkeit jeder Classe von Ursachen ist überhaupt nicht blos durch ihre eigene Beschaffenheit bedingt, sondern auch durch die Beschaffenheit dessen, worauf sie wirken. Und die Motive des Intellects, als eine besondere Classe von Ursachen, machen von diesem Gesetze keine Ausnahme. Ein blinder Wille, wie der des fallenden Steines, kann durch vernünftige Vorstellungen nicht in seinem Fall aufgehalten werden; eben so wenig aber ein Mensch, der, von blinder Leidenschaft fortgerissen, sich in einem Zustande befindet, in welchem er für vernünftige Motive gar nicht empfänglich ist.

Die Schopenhauer'sche Lehre vom Primat des Willens bleibt also bestehen, trotzdem daß zuzugeben ist und von Schopenhauer selbst zugegeben wird, daß der Intellect da, wo er mit seinen Motiven auf einen für dieselben empfänglichen Willen trifft, große Macht über diesen hat. Die Macht des Intellects über den Willen steht mit seiner secundären Natur durchaus nicht in Widerspruch; denn sie ist selbst nur eine secundäre, durch den Willen bedingte Macht.

Elfter Brief.

Auflösung des Gegensatzes zwischen Wille und Intellect. — Erweiterung des Begriffs vom „Willen zum Leben". — Erhebung des menschlichen Willens über den thierischen Willen.

Der Gegensatz, den Schopenhauer zwischen Wille und Intellect macht, daß jener nämlich das Primäre, Herrschende, dieser das Secundäre, Dienende sei, löst sich, im Grunde genommen, in einen Gegensatz innerhalb des Willens auf, in den Gegensatz nämlich des primären, herrschenden und des secundären dienenden Willens. Denn obgleich der Intellect nach Schopenhauer als Function des Organismus zur Erscheinung gehört, so ist er doch, wie der ganze Organismus, Erscheinung des Dinges an sich, d. i. des Willens; auch in ihm objectivirt sich der Wille, und zwar als Wille zur Wahrnehmung, als ein Erkennenwollen. „So groß und fundamental daher auch der Unterschied des Wollens vom Erkennen ist, so bleibt dennoch das letzte Substrat Beider das Selbe, nämlich der Wille, als das Wesen an sich der ganzen Erscheinung." Physiologisch angesehen, ist der Intellect eine Function eines Organs des Leibes, des Gehirns, metaphysisch angesehen hingegen ist er Objectivation des Willens und zwar des Willens zu erkennen. (Vergl. Schopenhauer-Lexikon: Erkenntniß.)

Das Verhältniß des Intellects zum Willen ist also, im Grunde genommen, nur das Verhältniß eines besondern Willens des Organismus, nämlich des Erkenntnißwillens, zum allgemeinen Willen desselben. Welches ist nun aber dieser letztere? Schopenhauer hat ihn als Lebenswillen oder Wille zum Leben bestimmt. Folglich ist,

indem er den Intellect, die Erkenntnißfunction, für den Diener des
Willens erklärt, damit weiter nichts gesagt, als daß der Erkenntniß=
wille im Dienste des Lebenswillens steht, daß es mithin zweierlei
Willen giebt: primären und secundären, herrschenden und die=
nenden Willen.

Jedes besondere Wollen des Organismus ist ein dienendes, der
Gesammtwille desselben hingegen ist das Herrschende. Der Wille zu
gehen, zu greifen, zu erkennen, u. s. w., sie alle stehen nur im Dienste
des Lebenswillens.

Aber ist nicht eben Dieses bestreitbar, daß der herrschende Wille,
wie Schopenhauer behauptet, „Wille zum Leben" sei? Schopen=
hauer mag sich zwar wohl mit Recht rühmen, daß Wille zum Leben
keine bloße Hypostase, kein leeres Wort, kein leerer Wortschall, wie
das Absolutum, das Unendliche, u. s. w., sondern ein Reales sei;
aber hat er auch Recht zu behaupten, daß Wille zum Leben „das in=
nerste Wesen der Welt, das Allerrealste, was wir kennen, ja, der
Kern der Realität selbst" sei? („Welt als Wille und Vorstellung", II,
400 fg.) Wird diese Behauptung nicht durch jene Thatsachen wider=
legt, in denen der Mensch das Leben für höhere, für geistige und sitt=
liche Zwecke aufopfert und dadurch beweist, daß ihm das Leben keines=
wegs der Güter höchstes, keineswegs das „Allerrealste" ist? Giebt es
nicht Unzählige, denen Ehre, Tugend, Recht höher steht, als das Leben,
die für das Wohl der Familie oder des Vaterlandes bereit sind, ihr
Leben zum Opfer zu bringen? Besiegt nicht sogar schon bei den Thie=
ren die aufopfernde Sorge für die Brut und die tapfere Vertheidigung
der Heerde den individuellen Lebenstrieb?

Im Hinblick auf diese Thatsachen scheint mir die Bezeichnung des
den Kern der Welt bildenden Willens als „Wille zum Leben"
allerdings anfechtbar, wenn man unter Leben nur das animalische
und nur das individuelle Leben versteht. Wohl aber kann der Aus=
druck stehen bleiben, wenn man ihn in weiterem Sinne nimmt und
folglich darin, gemäß dem von Schopenhauer selbst neben dem Gesetze
der „Homogeneität" zur Geltung gebrachten Gesetze der „Specification"
alle Arten oder Stufen des Lebenswillens inbegriffen denkt. Dann
wird man ihm zwar zugeben: „Alles drängt und treibt zum Dasein,
wo möglich zum organischen, d. i. zum Leben" („Welt als Wille

und Vorstellung, II, 400); man wird aber auch sich deffen erinnern, was Schopenhauer diesen Worten gleich hinzufügt: „und danach zur möglichsten Steigerung deffelben." Diese Steigerung hat zur Folge, daß, ob zwar Alles zum Dasein und zum Leben drängt, doch nicht Alles auf dieselbe Weise dasein und leben will, sondern die Wesen höherer Stufen auf eine höhere Weise, als die der niedern. Anders will die Pflanze dasein, als der Stein, anders will das Thier leben, als die Pflanze, und wieder anders der Mensch als das Thier. Der Pflanze genügt das ernährungs= und fortpflanzungslose Dasein des Steines nicht, dem Thiere das blos vegetative Leben der Pflanze nicht, dem Menschen das bloße animalische Leben des Thieres nicht. Der Mensch will über dem animalischen ein humanes, d. i. ein ver= nünftiges und gesittetes Leben führen. Der Mensch hat nicht blos, wie Schopenhauer hervorhebt, einen zweifachen Intellect, einen an= schauenden und einen reflectirenden, sondern dem entsprechend auch einen zweifachen Willen, einen thierischen und einen vernünftigen, und wie der reflectirende Intellect mit seinem Blick über das Ganze des Lebens, über Vergangenheit, Gegenwart und Zukunft, den anschauenden, auf das jedesmal Gegenwärtige beschränkten Intellect übersteigt, so auch der vernünftige, humane Wille den thierischen.

Schopenhauer hat den Fehler begangen, zwar die höhere Stufe des Intellects anzuerkennen und hervorzuheben, durch die der Charakter des Menschen sich von dem des Thieres so scharf unterscheidet, aber dabei doch von dem Willen des Menschen so zu sprechen, als wäre er von dem des Thieres nicht specifisch verschieden, wäre auch nur, wie dieser, auf Befriedigung des Nahrungs= und Geschlechtstriebes ge= richtet; während doch in Wahrheit dem menschlichen, über den thieri= schen hinausgehenden Intellect ein menschlicher, über den thierischen hinausgehender Wille entspricht, da ja sonst der vernünftige Intellect ganz zwecklos wäre. Würde der Mensch blos, wie das Thier, vom augenblicklichen physischen Bedürfniß getrieben, was nützte ihm da die Vernunft und woher hätte er die Fähigkeit, den physischen Lebenstrieb durch Aufopferung des physischen Lebens zu besiegen? Beweist nicht seine Empfänglichkeit für Vernunftmotive, daß er über dem thierischen einen vernünftigen Willen hat?

Schopenhauer nennt die Steigerung vom dumpfsten thierischen

Bewußtsein bis zu dem des Menschen eine fortschreitende „Ablösung des Intellects vom Willen", welche vollkommen, wiewohl nur ausnahmsweise, im Genie eintrete; daher könne man dieses als den höchsten Grad der Objectivität des Erkennens definiren. („Welt als Wille und Vorstellung", II, 331.) Aber was Schopenhauer Sonderung oder Ablösung des Intellects vom Willen nennt (vergl. auch „Ueber den Willen in der Natur", S. 74—78) — das ist nur möglich durch eine Erhebung des menschlichen Willens über den thierischen. Der Objectivität des Erkennens beim Genie entspricht, wie ich (in dem 9. Briefe über das willensfreie Erkennen) nachgewiesen, eine gleiche Objectivität des Willens, und dasselbe gilt von der ethischen Objectivität des Gerechten und Tugendhaften; sie ist keine bloße Objectivität des Erkennens, sondern auch eine des Wollens. Die Ablösung des Intellects vom Willen ist also keine absolute, sondern nur eine relative; sie bedeutet nur Ablösung vom thierischen, auf blos egoistische Befriedigung gerichteten Willen.

Uebrigens habe ich die hier berührte schwache Seite der Schopenhauer'schen Philosophie, einen specifischen Unterschied des menschlichen vom thierischen Intellect, bei Gleichheit des Willens Beider, anzunehmen, schon in dem Werke „Arthur Schopenhauer, von ihm, über ihn. Memorabilien, Briefe und Nachlaßstücke", Berlin, 1863, S. 352 fg. aufgedeckt und widerlegt. Schon das metaphysische Bedürfniß, das Schopenhauer dem Menschen im Unterschiede vom Thiere beilegt und wegen dessen er ihn ein animal metaphysicum nennt, beweist zur Genüge, daß der menschliche Wille über ren thierischen hinausgeht. Wie käme der Mensch, wenn sein Wille „genau denselben Zweck, wie der Wille im Thier: sich nähren und Kinder zeugen" hätte, wie Schopenhauer in einer von mir in dem obigen Memorabilienwerk (S. 352) mitgetheilten Stelle seines Nachlasses sagt, — wie käme er dazu, sich zur Befriedigung des metaphysischen Bedürfnisses religiöse und philosophische Systeme zu bilden, der Vertheidigung und Ausbreitung derselben alle seine Kräfte zu widmen, sein ganzes, sowohl individuelles als gesellschaftliches Leben nach ihnen einzurichten und sogar für das von ihnen verheißene Jenseits das Diesseits zum Opfer zu bringen? Setzt dies nicht einen über das Diesseits hinausgehenden Willen voraus?

Allem Gesagten zufolge ist der Satz Schopenhauer's, daß das Wesentliche und Hauptsächliche im Thier und im Menschen das Selbe ist, und daß, was Beide unterscheidet, nicht im Primären, im Principe, im innersten Wesen und Kern beider Erscheinungen liegt, als welcher in der einen wie in der andern der Wille ist, sondern allein im Se= cundären, im Intellect, im Grade der Erkenntnißkraft (vergl. „Die beiden Grundprobleme der Ethik", S. 240 fg.) — dieser Satz ist, sage ich, dahin zu corrigiren, daß der Unterschied zwischen Mensch und Thier im Secundären (Intellect) eine Folge des Unterschiedes Bei= der im Primären (Wille) sei. Denn, wenngleich den Erscheinungen Beider Wille zum Grunde liegt, so folgt doch daraus noch nicht, daß der Wille in Beiden auch identisch ist, d. h. daß er in Beiden genau Dasselbe will, in Beiden das gleiche Ziel, den gleichen Endzweck verfolgt.

Im bloßen Wollen als solchem sind freilich alle Wesen gleich, nicht blos Mensch und Thier, sondern auch Mensch und Pflanze, Mensch und Stein. Aber nicht der leere Wille macht das eigentliche Wesen einer Erscheinung aus; — denn einen leeren Willen giebt es ja gar nicht; — sondern die specifische Qualität des Willens, die eigenthümliche Richtung und das Ziel seines Strebens. Dieses ist beim Menschen als solchem verschieden von dem des Thieres.

Zwölfter Brief.

Prüfung der Schopenhauer'schen Lehre vom Ich als dem „Wunder κατ' ἐξοχην." — Widerlegung des dualistischen Gegensatzes zwischen Erkennen und Wollen aus dem Schopenhauer'schen Monismus heraus. — Consequenz für die Unsterblichkeitsfrage.

———

Nachdem ich Ihnen, verehrter Freund, in meinem vorigen Briefe gezeigt habe, daß das Verhältniß des Intellects zum Willen bei Schopenhauer im Grunde genommen nur das Verhältniß eines besondern Organwillens zum Willen des Gesammtorganismus, also das Verhältniß eines secundären, dienenden Willens zum primären, herrschenden, eines auf die Mittel gerichteten Willens zum zwecksetzenden Willen, ist; so will ich Ihnen jetzt nicht verheimlichen, daß daneben noch eine andere Ansicht Schopenhauer's vom Verhältniß des Intellects zum Willen hergeht, die aber zu jener ersteren nicht paßt und die daher, weil jene erstere nicht blos die eigentliche Ansicht Schopenhauer's, sondern auch die wahre ist, verworfen werden muß. In der „Vierfachen Wurzel des Satzes vom zu reichenden Grunde" §. 42 stellt nämlich Schopenhauer das Subject des Erkennens und das Subject des Wollens wie zwei fremde coordinirte Subjecte einander gegenüber und nennt die Verbindung Beider im Ich das Wunder κατ' ἐξοχην. „Die Identität des Subjects des Wollens mit dem erkennenden Subject, vermöge welcher (und zwar nothwendig) das Wort «Ich» beide einschließt und bezeichnet, ist der Weltknoten und daher unerklärlich. Denn nur die Verhältnisse der Objecte sind uns begreiflich: unter diesen aber können zwei nur in sofern Eins sein, als sie Theile eines Ganzen sind. Hier

5*

hingegen, wo vom Subject die Rede ist, gelten die Regeln für das Erkennen der Objecte nicht mehr, und eine wirkliche Identität des Erkennenden mit dem als wollend Erkannten, also des Subjects mit dem Object ist unmittelbar gegeben. Wer aber das Unerklärliche dieser Identität sich recht vergegenwärtigt, wird sie mit mir das Wunder κατ' ἐξοχήν nennen."

Auf diese seine Lehre beruft sich Schopenhauer auch noch später in der „Welt als Wille und Vorstellung" (I, 121, 296 und II, 226). Sie ist aber unhaltbar gegenüber der andern, daß der Intellect, also das Subject des Erkennens, dem Willen nicht als ein selbstständiges Wesen coordinirt, sondern als ein dienendes subordinirt ist. Hat der Wille, wie Schopenhauer („Ueber den Willen in der Natur", S. 48— 51) lehrt, sich wie mit jedem Organ und jeder Waffe, zur Offensive oder Defensive, auch mit einem Intellect, als einem Mittel zur Erhaltung des Individuums und der Art ausgerüstet; so kann die Verbindung des Intellects (des Subjects des Erkennens) mit dem Willen zur Einheit im Ich nicht wunderbarer, nicht unbegreiflicher sein, als die Verbindung jedes andern Organs mit demselben. Warum, könnte man fragen, soll gerade nur die Verbindung des Erkennens mit dem Wollen im Ich der „Weltknoten", das „Wunder κατ' ἐξοχήν" sein, warum nicht auch die Verbindung des Athmens, des Verdauens, Zeugens u. s. w. mit demselben? Das Erkennen als Function des Gehirns steht ja nach Schopenhauer in demselben untergeordneten Verhältniß zum Princip des Gesammtorganismus, dem Willen zum Leben, wie die Functionen der andern Organe.

Das Schopenhauer'sche „Wunder κατ' ἐξοχήν" beruht nur auf der dualistischen Voraussetzung, daß Erkennen und Wollen einander coordinirt sind, einander wildfremd gegenüberstehen. Da muß er sich denn freilich wundern, wie sie im Ich zur Einheit zusammenkommen. Mit seiner andern monistischen Lehre hingegen von der Subordination des Erkennens unter das Wollen ist jene Voraussetzung aufgegeben, und damit verschwindet denn auch das „Wunder κατ' ἐξοχήν". Es kann nicht mehr davon die Rede sein, daß das Ich, indem es Erkennen und Wollen in sich vereinigt, „aus zwei heterogenen Bestandtheilen zusammengesetzt ist, deren Scheidung im Tode vor sich geht" (vergl. Schopenhauer-Lexikon: Ich); denn das Erkennen ist ja dem Willen nicht fremd, vielmehr ist es an sich Erkenntnißwille, und wenngleich das physische Organ des Erkennens, das Gehirn, durch den Tod zerstört wird, so folgt doch daraus nicht, daß das metaphy=sische Substrat desselben, der Erkenntnißwille, mit zerstört wird.

Alles Metaphysische ist ja nach Schopenhauer unzerstörbar. Nun hat aber das Erkennen, die Gehirnfunction, doch auch eine metaphy=sische Seite; denn es ist an sich Erkenntnißwille. Folglich durfte Schopenhauer consequenterweise nicht lehren, daß zwar der Intellect, als bloße Function des Gehirns, vom Untergange des Leibes mit=getroffen werde, keineswegs hingegen der Wille, das Prius des Leibes (vergl. „Ueber den Willen in der Natur", S. 20; „Welt als Wille und Vorstellung", II, 305 fg.), sondern er mußte lehren: so wenig, als der Lebenswille, das Prius des ganzen Leibes, durch den Unter=gang desselben mitgetroffen wird, eben so wenig wird der Erkennt=wille, das Prius des Gehirns, durch den Untergang des Gehirns mitgetroffen.

Es ergiebt sich für die Unsterblichkeitsfrage als Consequenz der Schopenhauer'schen Lehre vom Verhältniß des Metaphysischen zum Physischen dieses, daß nicht blos der Wille unsterblich ist, sondern auch der Intellect, zwar nicht der individuelle, hier in diesem be=stimmten Leibe, diesem bestimmten Gehirne erscheinende, wohl aber der allgemeine, der Intellect überhaupt. Dies hat denn auch Schopen=hauer selbst ausgesprochen, indem er gesagt: „daß weder der Wille, das Ding an sich in allen Erscheinungen, noch das Subject des Er=kennens, der Zuschauer aller Erscheinungen, von Geburt und Tod irgend berührt werden" („Welt als Wille und Vorstellung", I, 324); ferner, „daß, wiewohl die einzelne Erscheinung des Willens zeitlich an=fängt und zeitlich endet, der Wille selbst, als Ding an sich, hiervon nicht getroffen wird, noch auch das Korrelat alles Objects, das erkennende, nie erkannte Subject." (Daselbst 332 fg.)

Das Erkennen, der Intellect, macht nach Schopenhauer den eigentlichen Charakter der Idee der Thierheit aus. (Vergl. Schopen=hauer-Lexikon: Thier.) Da nun aber ferner nach Schopenhauer die Ideen, im Gegensatz zu den vergänglichen Individuen, von Geburt und Tod nicht berührt werden; so ist klar, daß nach ihm auch das

Erkennen, als der wesentliche Charakter einer bestimmten Idee, von ihnen nicht berührt wird.

Nach Schopenhauer ist also consequenterweise nicht blos der Wille, sondern auch der Intellect unsterblich, wenngleich er, als secundär, in demselben Subordinationsverhältniß zum Willen fortbestehend gedacht werden muß, das er von Haus aus hat.

Dreizehnter Brief.

Prüfung der Schopenhauer'schen Lehre von der Unveränderlichkeit des Willens und der Veränderlichkeit des Intellects. — Nachweis des constanten Elements im Intellect und des variabeln Elements im Willen.

In dem Gegensatze, den Schopenhauer zwischen Wille und In=tellect macht, ist außer dem bereits Besprochenen noch einiges Andere, das theils der Erläuterung, theils der Berichtigung bedarf. Zuerst dieses, daß der Intellect höchst bedeutende Veränderungen durch die Zeit erleide, der Wille hingegen unverändert bleibe. Schopenhauer geht die Veränderungen, die der Intellect von der Kindheit an bis zum Greisenalter erleidet, durch und sagt dann: „Der Wille hingegen wird von allem diesen Werden, Wechsel und Wandel nicht mitgetroffen, sondern ist, vom Anfang bis zum Ende, unverändert derselbe. Das Wollen braucht nicht, wie das Erkennen, erlernt zu werden, sondern geht sogleich vollkommen von Statten...... Wie nun also der Cha=rakter sich fertig einstellt, so bleibt er auch bis ins späte Alter unver=ändert. Der Angriff des Alters, welcher die intellectuellen Kräfte allmälig verzehrt, läßt die moralischen Eigenschaften unberührt....... Die einzigen Veränderungen, welche in unsern Neigungen vorgehen, sind solche, welche unmittelbare Folgen der Abnahme unserer Körper=kräfte und damit der Fähigkeiten zum Genießen sind. Während alle organischen Kräfte, die Muskelstärke, die Sinne, das Gedächtniß, Witz, Verstand, Genie sich abnutzen und im Alter stumpf werden, bleibt der Wille allein unversehrt und unverändert: der Drang und die Richtung des Willens bleibt dieselbe...... Aus allen diesen Betrachtungen wird es dem tiefern Blick unverkennbar, daß, während der Intellect eine lange Reihe allmäliger Entwickelungen zu durchlaufen hat, dann aber, wie alles Physische, dem Verfall entgegengeht, der Wille hieran keinen Theil nimmt, als nur sofern er Anfangs mit der Unvollkommenheit seines Werkzeuges, des Intellects, und zuletzt wieder mit dessen Abgenutztheit zu kämpfen hat, selbst aber als ein Fertiges auftritt und unverändert bleibt, den Gesetzen der Zeit und des Werdens und Vergehens in ihr nicht unterworfen. Hiedurch also giebt er sich als das Metaphysische, nicht selbst der Erscheinungswelt Angehörige, zu erkennen." ("Welt als Wille und Vorstellung", II, 263—267.)

Ich will hier nicht die Frage aufwerfen: Wie kommt es, daß der unveränderliche Herr, der Wille, sich einen so veränderlichen Diener, ein Anfangs so unvollkommenes und zuletzt so abgenutztes Werkzeug schafft? Müßte nicht, da alles Physische die Erscheinung des Metaphysischen ist, auch der von Haus aus fertige, unveränderliche, unermüdliche metaphysische Wille mit einem ihm entsprechenden, also ebenfalls von Haus aus fertigen, unveränderlichen und unermüdlichen physischen Intellect versehen auftreten? Woher kommt es, daß hier die Erscheinung so wenig dem Wesen an sich entspricht? Das Wesen an sich ist fertig und unveränderlich, die Erscheinung werdend und veränderlich. Ist dies nicht Dualismus zwischen Wesen und Erscheinung?

Thatsächlich besteht ein solcher Dualismus nicht. Wille und Intellect stehen keineswegs in dem Verhältniß des Constanten zum Variablen; sondern in jedem von Beiden läßt sich ein constantes und ein variables Element nachweisen. Der Wille ist in bestimmter Beziehung nicht minder variabel, als der Intellect, und der Intellect in bestimmter Beziehung nicht minder constant, als der Wille. Das Constante in Beiden ist das Wesentliche, das ihre Natur Ausmachende, Angeborene, das Variable in Beiden ist das Zufällige, das durch äußere Einflüsse Entstandene, das Erworbene.

Was zunächst den Intellect betrifft, so ändert sich zwar im Laufe des Lebens der Umfang und Inhalt seiner empirischen Begriffe, Urtheile und Schlüsse, aber sein apriorisches Vermögen, überhaupt Begriffe, Urtheile und Schlüsse zu bilden, so wie die wesentlichen Formen und Gesetze derselben, bleiben stets dieselben. Und nicht blos diese all-

gemeinen Anlagen des Intellects sind constant; sondern auch die be=
sondere Begabung eines bestimmten individuellen Intellects, z. B. für
Mathematik, oder Philosophie, oder Poesie, oder Musik, oder sonst
eine geistige Virtuosität, bleibt, trotz aller Veränderungen, die das
Alter mit sich bringt, im Wesentlichen dieselbe. Goethe's Intellect
z. B. war von der Kindheit bis zum Greisenalter ein eigenthümlich
poetischer, obgleich derselbe verschiedene Entwickelungsstufen durchmachte,
und der Greis nicht mehr so frisch und naiv dichtete, wie der
Jüngling.

Andererseits, was den Willen betrifft, so bleibt zwar das all=
gemeine Wesen des Willens und der bestimmte Charakter eines be=
sondern Willens das ganze Leben hindurch constant; aber die
Aeußerungs= und Erscheinungsweise desselben, so weit sie durch äußere
Einflüsse bedingt ist, so wie der Grad seiner Energie, variirt doch sehr.
Der Wille macht so gut eine Entwickelung durch, wie der Intellect.
Er ist nur in demselben Sinne von Haus aus fertig, wie der In=
tellect, nämlich seiner wesentlichen Beschaffenheit, seiner angeborenen
Grundthätigkeit und Grundrichtung nach. Hingegen in Hinsicht auf
Umfang und Inhalt der Gegenstände, die er will, ist er veränderlich,
wie der Intellect in Hinsicht auf Umfang und Inhalt der Begriffe
und Urtheile. Es giebt eine Bildung und Steigerung des Willens,
so gut wie es eine Bildung und Steigerung des Intellects giebt.
Das Wollen selbst, seiner Natur nach, braucht freilich nicht gelernt
zu werden; aber eben so wenig braucht das Vorstellen, seiner Natur
nach, gelernt zu werden.

Die Schopenhauer'sche Vertheilung von Constanz und Varia=
bilität auf Wille und Intellect ist also hinfällig. Es läßt sich an
Allem und Jedem ebenso ein constantes, als ein variables Element
nachweisen. Das eigentliche Wesen jeder Sache ist constant, die Aeuße=
rungs= und Erscheinungsweise desselben variabel. Der Unfertigkeit und
Abstumpfung des Intellects in Kindheit und Alter entspricht eine gleiche
Unfertigkeit und Abstumpfung des Willens, wie die Erfahrung lehrt.

———————

Vierzehnter Brief.

Prüfung des Schopenhauer'schen Gegensatzes zwischen der Ermüdlichkeit des Intellects und der Unermüdlichkeit des Willens. — Prof. Jürgen Bona Meyer's Polemik gegen diese Lehre.

———

Ich schließe, verehrter Freund, an das in meinem vorigen Briefe Auseinandergesetzte gleich Das an, was ich noch besonders über den Gegensatz der Ermüdlichkeit des Intellects und der Unermüdlichkeit des Willens bei Schopenhauer zu sagen habe. „Der Intellect ermüdet; der Wille ist unermüdlich. — Alles Erkennen ist mit Anstrengung verknüpft; Wollen hingegen ist unser selbsteigenes Wesen, dessen Aeußerungen ohne alle Mühe und völlig von selbst vor sich gehen....... Als ein Secundäres und Physisches ist der Intellect, wie alles Physische, der Vis inertiae unterworfen, mithin erst thätig, wenn er getrieben wird von einem Andern, vom Willen, der ihn beherrscht, lenkt, zur Anstrengung aufmuntert, kurz, ihm die Thätigkeit verleiht, die ihm ursprünglich nicht einwohnt..... Der Wille hingegen, als das Ding an sich, ist nie träge, absolut unermüdlich, seine Thätigkeit ist seine Essenz, er hört nie auf zu wollen, und wenn er, während des tiefen Schlafs, vom Intellect verlassen ist und daher nicht, auf Motive, nach außen wirken kann, ist er als Lebenskraft thätig, besorgt desto ungestörter die innere Oekonomie des Organismus und bringt auch, als vis naturae medicatrix, die eingeschlichenen Unregelmäßigkeiten desselben wieder in Ordnung. Denn er ist nicht, wie der Intellect, eine Function des Leibes; sondern der Leib ist seine Function." („Welt als Wille und Vorstellung", II, 236 fg.)

Gegen die hier behauptete Unermüdlichkeit des Willens im Gegen-

satze zur Ermüdlichkeit des Intellects polemisirt Prof. Jürgen Bona
Meyer in Bonn folgender Weise: „Der Wille hat auch mehr zu
thun, als wie der Sultan in den Diwan zu treten, um sein Genehm
oder Nichtgenehm zu sprechen; er hat auch dafür zu sorgen, daß die
Kraft zur Ausführung seines Wollens nicht fehlt. Und diese an=
dauernde Kraftanstrengung des Wollens ist eben so wenig mühelos,
wie das Ringen nach Erkenntniß, wie auch umgekehrt die bloße logische
Bejahung oder Verneinung dem Verstande eben so wenig Mühe macht,
wie das eintönige Genehm oder Nichtgenehm dem Willen. In Anbe=
tracht dieses allein richtigen Sachverhalts hat es auch gar keinen Sinn,
mit Schopenhauer zu behaupten, der Wille beweise auch dadurch
seinen Vorrang vor dem Intellect, daß er nicht wie dieser ermüde.
Wollen sei eben unser selbsteigenes Wesen, gehe daher leicht von statten,
sogar zu leicht, wie die häufige Voreiligkeit des Willens zeige, eben
deshalb ermüde der Wille nicht, wie der Intellect, den anstrengende
Kopfarbeit erschlaffe. Gerade umgekehrt verhält es sich in Wahrheit,
nichts hält den Geist besser wach, als geistige Arbeit, nichts spannt
seine Kraft rascher ab, als Wünschen und Wollen. Giebt dies doch
Schopenhauer selbst zu, wenn er aus dem Wollen die Pein des
Lebens ableitet, die zur lebensmüden Weltverneinung führen soll."
(„Arthur Schopenhauer als Mensch und Denker", Berlin, 1872,
Lüderitz'sche Buchhandlung, S. 35 fg.)

Bei derartiger, leichtfertiger Polemik gegen Schopenhauer braucht
freilich der Intellect nicht zu ermüden. Schopenhauer spricht von der
erschlaffenden Wirkung anstrengender Kopfarbeit. „Gerade umge=
kehrt", erwidert Prof. Meyer, „verhält es sich in Wahrheit, nichts
hält den Geist besser wach, als geistige Arbeit." Als ob damit die
erschlaffende Wirkung anstrengender Kopfarbeit widerlegt wäre!
Daß geistige Arbeit den Geist wach erhält, wird Niemand bestreiten;
aber auch Keiner, ausgenommen der, der sich die geistige Arbeit leicht
macht, wird darin ein Argument gegen die von Schopenhauer be=
hauptete Ermüdlichkeit des Intellects sehen.

Gegen die Ermüdlichkeit des Intellects läßt sich mit Grund nichts
einwenden; denn sie wird nur allzu sehr durch die Erfahrung bestä=
tigt. Aber nicht blos der Intellect ermüdet durch dauernde An=
strengung, sondern überhaupt jede besondere Function des Organismus,

also jede besondere Willensfunction; denn jede findet einen Wider=
stand zu überwinden, und der Widerstand eben ist es, der die Ermü=
dung herbeiführt. Also kann die Unermüdlichkeit des Willens nicht
von einem besondern Leibeswillen, sei es dem des Gehirns, oder
dem der Athmungs=, oder dem der Verdauungsorgane, u. s. w., gelten,
sondern nur von dem dem ganzen Leibe zum Grunde liegenden Lebens=
willen. Dieser ist während des ganzen Lebens unermüdlich thätig, in
jeder seiner besondern Functionen hingegen ermüdet er; denn es findet
ja ein Wechsel der Functionen statt. Im Wachen sind andere Func=
tionen überwiegend thätig, als im Schlaf. Die Lebenskraft kann über=
haupt, wie Schopenhauer selbst lehrt, nicht gleichzeitig unter ihren drei
Formen: Reproductionskraft, Irritabilität und Sensibilität, sondern
immer nur unter einer ganz und ungetheilt, also mit voller Kraft,
wirken. („Parerga", II, 175.) An sich zwar ist die Lebenskraft nur
eine und wirkt, als Urkraft des Organismus, als principieller Lebens=
wille, unermüdlich, bedarf also keiner Ruhe. Jedoch ihre drei Erschei=
nungsformen, Irritabilität, Sensibilität und Reproduction, ermüden
allerdings und bedürfen der Ruhe, weil sie allererst mittelst der Ueber=
windung der Willenserscheinungen niedrigerer Stufen den Organismus
hervorbringen, erhalten und beherrschen. („Welt als Wille und Vorstel=
lung", I, 174. „Parerga", II, 174—177. — Vergl. auch Schopen=
hauer=Lexikon: Lebenskraft.)

Also hat die von Schopenhauer behauptete Unermüdlichkeit des
Willens nur den Sinn, daß, gegenüber der Ermüdlichkeit der beson=
dern Functionen des Leibes, der dem gesammten Leibe zu Grunde
liegende Lebenswille unermüdlich thätig ist, da er, wenn er in der
einen Function pausirt, dafür in einer andern desto ungetheilter und
intensiver thätig ist.

Diese Unermüdlichkeit ist also nur eine relative. Daß sie keine
absolute sei, das beweist der Tod, den Schopenhauer selbst für einen
Beweis der Ermüdung der individuellen Lebenskraft oder des indivi=
duellen Lebenswillens ansieht, indem er da, wo er von dem bestän=
digen Kampf, den die organischen Naturwesen gegen die Kräfte der
unorganischen Natur zu unterhalten haben, sagt: „Daher ist das be=
hagliche Gefühl der Gesundheit, welches den Sieg der Idee des sich
seiner bewußten Organismus über die physischen und chemischen Gesetze,

welche ursprünglich die Säfte des Leibes beherrschen, ausdrückt, doch so oft unterbrochen, ja eigentlich immer begleitet von einer gewissen, größern oder kleinern Unbehaglichkeit, welche aus dem Widerstand jener Kräfte hervorgeht, und wodurch schon der vegetative Theil unsers Lebens mit einem leisen Leiden beständig verknüpft ist. Daher auch deprimirt die Verdauung alle animalischen Functionen, weil sie die ganze Lebenskraft in Anspruch nimmt zur Ueberwältigung chemischer Naturkräfte durch die Assimilation. Daher also überhaupt die Last des physischen Lebens, die Nothwendigkeit des Schlafes und zuletzt des Todes, indem endlich, durch Umstände begünstigt, jene unter= jochten Naturkräfte dem, selbst durch den steten Sieg ermüdeten Organismus die ihnen entrissene Materie wieder abgewinnen und zur ungehinderten Darstellung ihres Wesens gelangen." („Welt als Wille und Vorstellung", I, 174.)

Absolute Unermüdlichkeit kann daher auch nach Schopenhauer, wenn man in den eigentlichen Sinn seiner Lehre eindringt, nicht dem Willen des Einzelorganismus zukommen, sondern nur dem Allwillen, dem in der ganzen Natur zur Erscheinung kommenden Willen. Dieser, in dem einen Individuum und der einen Art, wie der Tod der Indi= viduen und das Aussterben der Arten beweist, ermüdend, lebt und wirkt dafür in andern Individuen und andern Arten fort. In seinen besondern und einzelnen Erscheinungen, welches die der Arten und In= dividuen sind, ermüdend, ist er im großen Ganzen, im Makrokos= mos, unermüdlich thätig.

Funfzehnter Brief.

Nachdem ich Ihnen, verehrter Freund, meine Stellung zur Schopenhauer'schen Lehre von dem Verhältniß des Willens zum In= tellect in mehrern Briefen dargelegt habe, will ich hieran gleich meine Ansicht über die Schopenhauer'sche Abweichung von der gewöhnlichen Psychologie im Punkte des Gefühls anknüpfen. Die vulgäre Psycho= logie nimmt bekanntlich drei Grundvermögen an: Erkenntniß=, Gefühls= und Begehrungsvermögen. Schopenhauer dagegen betrachtet das Ge= fühl als kein besonderes Vermögen. Denn er lehrt: „Wenn wir in unser Inneres blicken, finden wir uns immer als wollend. Jedoch hat das Wollen viele Grade, vom leisesten Wunsche bis zur Leiden= schaft, und daß nicht nur alle Affecte, sondern auch alle die Bewe= gungen unsers Innern, welche man dem weiten Begriffe Gefühl subsumirt, Zustände des Willens sind, habe ich öfter auseinander= gesetzt." („Vierfache Wurzel des Satzes vom zureichenden Grunde", S. 143.)

Näher ausgeführt findet sich dieser Gedanke in den „Beiden Grundproblemen der Ethik", wo Schopenhauer (S. 11) auseinander= setzt, daß der Mensch sich seines eigenen Selbsts unmittelbar als eines Wollenden bewußt werde, hierin aber die Gefühle der Lust und Unlust mit inbegriffen seien. „Jeder wird, bei Beobachtung des eige= nen Selbstbewußtseins, bald gewahr werden, daß sein Gegenstand alle= zeit das eigene Wollen ist. Hierunter hat man aber freilich nicht blos die entschiedenen, sofort zur That werdenden Willensakte und die förm=

lichen Entschlüsse, nebst den aus ihnen hervorgehenden Handlungen, zu
verstehen; sondern wer nur irgend das Wesentliche, auch unter ver=
schiedenen Modificationen des Grades und der Art, festzuhalten ver=
mag, wird keinen Anstand nehmen, auch alles Begehren, Streben,
Wünschen, Verlangen, Sehnen, Hoffen, Lieben, Freuen, Jubeln u. dgl.,
nicht weniger, als Nichtwollen oder Widerstreben, alles Verabscheuen,
Fliehen, Fürchten, Zürnen, Hassen, Trauern, Schmerzleiden, kurz alle
Affecte und Leidenschaften, den Aeußerungen des Wollens beizuzählen;
da diese Affecte und Leidenschaften nur mehr oder minder schwache
oder starke, bald heftige und stürmische, bald leise Bewegungen des
entweder gehemmten, oder losgelassenen, befriedigten, oder unbefriedig=
ten eigenen Willens sind, und sich alle auf Erreichen oder Verfehlen
des Gewollten, und Erdulden oder Ueberwinden des Verabscheuten, in
mannigfaltigen Wendungen, beziehen: sie sind also entschiedene Affec=
tionen des selben Willens, der in den Entschlüssen und Handlungen
thätig ist. Sogar aber gehört eben dahin das, was man Gefühle der
Lust und Unlust nennt: diese sind zwar in großer Mannigfaltigkeit
von Graden und Arten vorhanden, lassen sich aber doch allemal zurück=
führen auf begehrende, oder verabscheuende Affectionen, also auf den
als befriedigt, oder unbefriedigt, gehemmt, oder losgelassen sich seiner
bewußt werdenden Willen selbst: ja, dieses erstreckt sich bis auf die
förperlichen, angenehmen, oder schmerzlichen, und alle zwischen diesen
beiden liegenden zahllosen Empfindungen; da das Wesen aller dieser
Affectionen darin besteht, daß sie als ein dem Willen Gemäßes, oder
ihm Widerwärtiges, unmittelbar ins Selbstbewußtsein treten.‟

Diese Zurückführung des Gefühls der Lust und Unlust auf den
Willen hat auch E. von Hartmann acceptirt. Derselbe sagt:
„Was sind denn Lust und Unlust? Daß die Vorstellung eine ihrer Ur=
sachen ist, haben wir gesehen, aber was sind sie denn selbst? Aus der
Vorstellung allein sind sie nun und nimmermehr zu erklären, so sehr
sich auch ältere und neuere Philosophen darum bemüht haben; die ein=
fachste Selbstbeobachtung straft ihre unbefriedigt lassenden Deductionen
Lügen, und sagt aus, daß Lust und Unlust einerseits und Vorstellung
andererseits heterogene Dinge sind, die sich nur gewaltsam in Einen
Topf werfen lassen. Dagegen ist von den meisten bedeutenden Den=
fern aller Zeiten anerkannt worden, daß Lust und Unlust mit dem

innersten Leben des Menschen, mit seinen Interessen und Neigungen, seinen Begehrungen und Strebungen, mit einem Worte mit dem Reich des Willens im engsten Zusammenhange stehen. Ohne auf die Ansichten der einzelnen Philosophen hier näher eingehen zu wollen, kann man zusammenfassend sagen, daß Aller Meinungen sich auf zwei Grundanschauungen zurückführen lassen, entweder fassen sie die Lust als Befriedigung, Unlust als Nichtbefriedigung des Begehrens auf, oder umgekehrt das Begehren als Vorstellung der zukünftigen Lust, das Verabscheuen (negative Begehren) als Vorstellung der zukünftigen Unlust. Im erstern Falle ist der Wille, im letztern das Gefühl als das Ursprüngliche gefaßt. Welches von Beiden das Richtige ist, ist unschwer zu sehen, denn erstens besteht im Instinct das Wollen factisch vor der Vorstellung der Lust, sein eigentliches Ziel ist hier ein anderes, als die individuelle Lust der Befriedigung; zweitens wird wohl durch die Erklärung der Lust als Befriedigung des Willens Alles an der Lust genügend erklärt, aber nicht umgekehrt Alles am Willen durch die Erklärung desselben als Vorstellung der Lust; hier bleibt das eigentlich treibende Moment, der Wille als wirkende Causalität, völlig unbegreiflich; — eben weil der Wille die Veräußerlichung, Lust und Unlust aber die Rückkehr von dieser Veräußerlichung zu sich selbst und damit der Abschluß dieses Processes ist, darum muß der Wille das primäre, die Lust das secundäre Moment sein." („Philosophie des Unbewußten", 3. Aufl., S. 223 fg.)

Schopenhauer und von Hartmann stimmen also darin überein, daß das Gefühl den Willen zur Voraussetzung habe, daß Lust und Unlust im Wesentlichen nichts Anderes seien, als Innewerden des befriedigten und unbefriedigten Willens. So überzeugend nun aber auch dieses ist, so haben doch Andere dagegen polemisirt, am stärksten zuletzt noch A. Spir im zweiten Bande seines Werkes: „Denken und Wirklichkeit. Versuch einer Erneuerung der kritischen Philosophie" (Leipzig, J. G. Findel, 1873). Daselbst wird im III. Capitel: „Der Wille" die Frage erörtert, ob die Gefühle der Lust und der Unlust eine Folge unseres Willens und unserer Thätigkeiten seien, oder ob umgekehrt in jenen Gefühlen der Grund des Willens und der Thätigkeiten des Ich liege? Die Antwort lautet: „So offenbar die Annahme, daß Lust und Unlust ihrem Wesen nach eine Folge des Willens

oder irgend welcher Activitäten des Ich seien, den Thatsachen wider=
spricht, so hat sie doch namhafte Vertreter gefunden. In Deutsch=
land war es bekanntlich hauptsächlich Schopenhauer, der die Gefühle
aus dem Willen abgeleitet wissen wollte. Dieselben sind nach seiner
Ansicht die Folgen einer Einwirkung auf den Willen; diese Einwirkung
«heißt als solche Schmerz, wenn sie dem Willen zuwider, Wohlbehagen,
Wollust, wenn sie ihm gemäß ist» («Welt als Wille und Vorstellung»,
I, 120). Lust und Unlust sind «unmittelbare Affectionen des
Willens, in seiner Erscheinung, dem Leibe: ein erzwungenes, augen=
blickliches Wollen oder Nichtwollen des Eindrucks, den dieser erleidet»
(Eb.). Allein auf die Behauptungen Schopenhauer's kann man
überhaupt nicht viel geben, weil sie meistens nicht aus einem rein
theoretischen Interesse und nicht aus einer sorgfältigen und unbefange=
nen Erforschung und Erwägung der Thatsachen, sondern aus gewissen
vorgefaßten Annahmen entspringen. Schopenhauer hatte die fixe
Idee, daß der Wille der Grund aller Dinge sei, derselbe mußte also
auch der Grund der Gefühle sein; eine bessere Begründung dieser
Behauptung findet sich bei ihm nicht. Mit der ihm eigenen Sorg=
losigkeit hat Schopenhauer es nicht unterlassen, sich selber auch in
diesem Punkte zu widersprechen. So sagt er z. B. ganz richtig: «Alles
Wollen entspringt aus Bedürfniß, also aus Mangel, also aus Leiden»
(Eb., I, 230—1) und an einer andern Stelle: «weil alles
Wollen, als solches, aus dem Mangel, also dem Leiden entspringt»
(Eb., S. 429). Aber noch auf derselben Seite wird vom ihm wieder
das alte Lied abgeleiert: «Alles Leiden ist durchaus nichts Anderes,
als unerfülltes und durchkreuztes Wollen: und selbst der Schmerz des
Leibes, wenn er verletzt oder zerstört wird, ist als solcher allein da=
durch möglich, daß der Leib nichts Anderes, als der Object gewordene
Wille selbst ist.» Nach Schopenhauer entspringt also alles Wollen
aus dem Leiden und umgekehrt alles Leiden aus dem Wollen. Wer
solche Widersprüche, und zwar auf dem Raum einer Druckseite be=
geht, dessen Ansichten verdienen kaum Berücksichtigung." (A. Spir,
„Denken und Wirklichkeit", II, 144 fg.)

Hiergegen habe ich zu sagen: Wer solchen Unverstand in der
Kritik der Lehren eines Philosophen an den Tag legt, wie hier Spir
in der Kritik der Schopenhauer'schen Lehre vom Gefühl, dessen Kritik

verdient kaum Berücksichtigung. Ein Widerspruch soll es sein, daß Schopenhauer einerseits alles Wollen aus dem Bedürfniß, aus dem Mangel, also aus dem Leiden ableitet, und daß er andererseits wieder alles Leiden aus dem Wollen ableitet. Dies wäre nur dann ein Widerspruch, wenn das Wollen beide Male denselben Sinn hätte. Dies ist aber durchaus nicht der Fall. Dasjenige Wollen, welches Schopenhauer aus dem Leiden ableitet, ist ein anderes, als dasjenige, aus welchem er das Leiden ableitet. Ein Beispiel mag dies erläutern. Ich fühle Hunger, ich will demzufolge essen. Hier entspringt das Essenwollen aus einem Leiden, dem Hunger. Woher entspringt denn aber dieses Leiden? Doch offenbar aus dem unerfüllten, unbefriedigten Nahrungswillen des Leibes. Wo steckt hier ein Widerspruch? Der Nahrungswille des Organismus, unerfüllt, erzeugt das Leiden, den Hunger, und dieses Leiden erzeugt den Willen, zu essen, um dem Leiden ein Ende zu machen. Und so ist es in allen Fällen. Jedes besondere Wollen entspringt aus einem besondern Mangel, also aus einem besondern Leiden, und dieses entspringt aus einer Hemmung, einer Durchkreuzung eines allgemeinen Naturwillens oder Naturtriebes. Warum will ein Stein nicht essen? Weil er keinen Hunger fühlt. Und warum fühlt er keinen Hunger? Weil er nicht zu den organischen, zu ihrer Selbsterhaltung der Nahrung bedürftigen, also Nahrung wollenden Wesen gehört.

Noch ein Beispiel: Ein Student will sich duelliren. Warum? Seine Ehre ist von einem Andern verletzt worden. Hier entspringt der Wille zum Duell aus einem Leiden, dem Gefühl gekränkter Ehre, und dieses hat einen Willen oder Trieb, den Ehrwillen oder Ehrtrieb zur Voraussetzung; denn einem Individuum, das keinen Ehrwillen oder Ehrtrieb hat, kann es gar nicht in den Sinn kommen, ob gekränkter Ehre Satisfaction zu fordern. Also auch hier ist ein Naturtrieb oder Wille die Grundbedingung des Leidens, und dieses alsdann die Ursache des auf Abstellung des Leidens gerichteten einzelnen Wollens und Handelns. Ein Widerspruch ist hier nirgends zu finden. Denn der Wille, der aus dem Leiden entspringt, ist ein anderer, als der, aus welchem das Leiden entspringt. Letzterer ist der Zweckwille ersterer der Mittelwille. Ein gehemmter Zweckwille erregt Schmerz, und dieses Gefühl treibt zum Aufsuchen der Mittel, welche dem Schmerz ein Ende machen.

Dem Satze Spir's: „Augenscheinliche Thatsache ist, daß die Gefühle der Lust und Unlust den Grund alles Strebens und alles Wollens bilden" (Daselbst, S. 146) läßt sich also mit gleichem Recht der andere entgegenstellen: Augenscheinliche Thatsache ist, daß Streben und Wollen den Grund aller Gefühle der Lust und Unlust bildet. Beide Sätze sind gleich wahr, aber jeder in einem andern Sinne. Die Gefühle der Lust und Unlust sind der Grund alles auf die Mittel zur Selbsterhaltung und Selbstbefriedigung gerichteten Strebens, und der Wille zur Selbsterhaltung und Selbstbefriedigung ist der Grund der Gefühle der Lust und Unlust.

Spir sagt: „Die Gefühle bilden in der That den eigentlichen Schwerpunkt unsers ganzen Wesens. Wären wir keiner Lust und Unlust fähig, so würde uns Alles vollkommen gleichgültig sein; wir würden keinen innern Antrieb haben, nach irgend etwas zu streben, noch irgend etwas zu thun. Die ganze gemüthliche und moralische Seite unsers Wesens würde wegfallen und selbst unser Intellect zu einem bloßen Mechanismus herabsinken, dessen Getriebe durch rein äußerliche Beweggründe unterhalten wäre." (Daselbst, S. 150.) Aber eben so wahr ist: Nöthigte uns nicht der Wille, gewisse Zustände zu suchen, andere zu fliehen, so wären wir der Lust aus dem Erreichen und der Unlust aus dem Entbehren derselben völlig unfähig; dieselben wären uns ganz gleichgültig. Warum ist ein Stein oder eine Pflanze animalischer Lust und Unlust unfähig? Weil der Wille des Steines kein animalischer ist.

Die Spir'sche Beschuldigung des Widerspruchs gegen Schopenhauer beweist also nur den eigenen Unverstand Spir's.

———

Sechszehnter Brief.

Schopenhauer's angeblicher Rückfall in den mittelalterlichen Realismus. — Widerlegung der Spir'schen Behauptung, daß Wille eine bloße Eigenschaft sei.

―――――

Da ich einmal von Spir zu reden veranlaßt worden bin, so will ich gleich auch noch eines andern Einwands gedenken, den derselbe gegen die Schopenhauer'sche Lehre macht. Spir kommt nämlich im zweiten Bande seines Werkes: „Denken und Wirklichkeit, Versuch einer Erneuerung der kritischen Philosophie" (Leipzig, J. G. Findel 1873), in dem neunten Capitel: „Kraft und Gesetz" auf den mittelalterlichen Streit zwischen Nominalismus und Realismus zu sprechen und sagt daselbst (S. 117): „Kein Mensch wird natürlich in unserer Zeit behaupten, daß etwas unsern allgemeinen Begriffen Entsprechendes wirklich existire, daß es einen Menschen an sich, einen Tisch an sich, eine Gerechtigkeit an sich, eine Verschiedenheit an sich u. s. w., als Ideen im platonischen Sinne gebe." In einer Anmerkung hierzu polemisirt alsdann Spir gegen Schopenhauer folgendermaßen: „Gegenwärtig wird indessen zu Gunsten des Willens eine Ausnahme gemacht. Wie man in alten Zeiten das Eine an sich und das Schöne an sich zu besondern Entitäten machte, so ist es seit Schopenhauer in die Mode gekommen, den Willen an sich zu einer besondern Entität zu machen. Unter dem «Willen» will man nicht etwa einen wollenden Gegenstand verstehen, welcher außer seinem Wollen noch andere Eigenschaften hätte; nein, das Wollen selbst, als solches, wird hypostasirt und sogar für den Grund aller Dinge erklärt. Allein, es ist nicht abzusehen, warum eine solche Ausnahme stattfinden sollte. Wenn es einen «Willen an sich» giebt, so muß es auch eine «Rundheit an sich» und einen «Schnupfen an sich» geben, und das ganze Wörterbuch lauter abstracte, allgemeine Entitäten bezeichnen, welche irgendwo hinter den einzelnen concreten Dingen stecken." (S. 117, Anmerk.)

Hiergegen ist zweierlei zu sagen. Erstens: Schopenhauer hy= postasirt nicht den abstracten Begriff des Willens, macht nicht diesen, der nur vom wirklichen, qualitativ bestimmten, in den coëxi= stirenden und successiven Naturstufen zur Erscheinung kommenden Willen abstrahirt ist, zum Ding an sich, sondern eben nur den wirklichen Willen. Schopenhauer stand überhaupt in seiner Denk= weise nicht auf dem Standpunkt des mittelalterlichen Realismus; denn nicht den Begriffen schreibt er Realität zu, sondern im Gegen= satze zu denselben den Ideen, den Objectivationsstufen des Willens. Der Realismus der Scholastiker ist nach ihm entstanden aus der Ver= wechslung der Platonischen Ideen, als welchen, da sie zugleich die Gattungen sind, allerdings ein objectives, reales Sein beigelegt werden kann, mit den bloßen Begriffen, welchen nun die Realisten ein solches beilegen wollten und dadurch die siegreiche Opposition des Nominalis= mus hervorriefen. („Welt als Wille und Vorstellung", II, 417. — Vergl. auch Schopenhauer=Lexikon: Nominalismus und Rea= lismus.)

Zweitens: Daraus, daß Rundheit und Schnupfen keine Dinge an sich, sondern nur Eigenschaften sind, die einem wirklichen Dinge inhäriren, folgt nicht, daß der Wille auch nur eine Eigenschaft eines Dinges neben andern Eigenschaften sei, also das Ding, dem er in= härire, zur Voraussetzung habe. Denn das wäre eben erst zu beweisen. Schopenhauer bestreitet es, daß der Wille auf gleicher Linie stehe mit den Accidenzen eines Dinges; ihm ist derselbe vielmehr die Sub= stanz, der Träger aller Accidenzen. So lange daher dieses nicht widerlegt, so lange nicht bewiesen ist, daß Wollen auf gleicher Linie steht, wie die secundären Eigenschaften eines Dinges, wie rund und eckig, gesund und krank u. s. w., so lange ist mit diesen Spir'schen Analogien gar nichts gegen Schopenhauer ausgerichtet. Wenn Wollen nur eine Eigenschaft eines Gegenstandes neben andern Eigenschaften wäre, so hätte man doch zu sagen, was das Subject, dem jene Eigen= schaften inhäriren, an sich ist. Indem man ein Subject von seinen

Eigenschaften unterscheidet, nimmt man doch an, daß es unabhängig von den Eigenschaften, die es hat, Etwas an sich ist, was übrig bleibt, wenn man von den Eigenschaften absieht. Spir hat aber nicht gezeigt, was das Subject, als dessen bloße Eigenschaft er den Willen betrachtet, an sich ist. Indem Schopenhauer lehrt, daß jeder reale Gegenstand an sich Wille ist, hypostasirt er nicht eine Eigenschaft, sondern setzt vielmehr, was bisher blos irrthümlich für eine Eigenschaft gehalten worden ist, in seinen wahren Rang, in den Rang eines an sich seienden Wesens ein, indem er zeigt, daß das allen Eigenschaften der Dinge zum Grunde liegende Wesen Wille, und zwar nicht abstracter Wille, sondern Wille von specifischer Qua-lität ist.

Wer den Willen für eine bloße Eigenschaft ausgiebt, hat zu sagen, welches Wesens Eigenschaft er ist; denn Eigenschaften schweben doch nicht in der Luft, sondern inhäriren einem Etwas, einem bestimmten Subject, das diese Eigenschaften hat. Nun läßt sich zwar leicht von der Rundheit, dem Schnupfen, u. s. w. das ihnen zu Grunde liegende Subject angeben. Aber nicht so leicht ist es, das dem Willen zu Grunde liegende Subject anzugeben. Nehme ich einem realen Ding den Willen, durch den es sich kund giebt, was ist es alsdann noch? Was ist der Stein ohne den in seiner Schwere und in seinen chemi-schen Eigenschaften sich kund gebenden Willen? Was ist die Pflanze, was ist das Thier ohne den vegetativen und animalischen Willen? Läßt sich etwa der specifische Wille des Steines, der Pflanze, des Thieres eben so, ohne sie zu zerstören, von ihnen trennen, wie sich die Rundheit vom Tisch, ohne ihn zu zerstören, und der Schnupfen vom Menschen, ohne ihn zu zerstören, trennen läßt?

Wille ist identisch mit Kraft. Folglich müßte, wenn Spir Recht hätte, auch die naturwissenschaftliche Zurückführung aller Er-scheinungen auf Kräfte eine unberechtigte Hypostase sein. Die Natur-kräfte müßten ebenfalls für bloße Eigenschaften der Dinge, die, ohne sie aufzuheben, von ihnen getrennt werden können, gehalten wer-den, wie Rundheit, Schnupfen u. s. w.

Betrachtet aber die Naturwissenschaft die Kräfte so? Nein, sie betrachtet sie vielmehr als das unentstandene und unvergängliche

Grundwesen aller wandelbaren, entstehenden und vergehenden Eigen=
schaften.

Kurz, so wahr es auch ist, daß eine bloße Eigenschaft nicht
hypostasirt, nicht zum Ding an sich gemacht werden darf, so wenig
folgt doch daraus, daß Wille oder Kraft nicht als Ding an sich
betrachtet werden dürfe. Denn Wille oder Kraft ist eben keine bloße
Eigenschaft, sondern das allen Eigenschaften zu Grunde Liegende.

———

Siebzehnter Brief.

Kritik des Schopenhauer'schen Gegensatzes zwischen dem Willen an sich und seiner Objectität. — Unmöglichkeit der Erkenntniß des Ganzen aus einer einzelnen Erscheinung.

―――

Vom Vorstellen und Fühlen läßt sich, verehrter Freund, nach= weisen, und ich habe es Ihnen bereits nachgewiesen, daß sie secundär sind, daß sie einen Willen zur Voraussetzung haben, da bei jeder Classe von Wesen das Vorstellen sich nur auf die Sphäre von Ob= jecten beschränkt, die für ihren Willen von Interesse sind, und da das Fühlen nur die Befriedigung oder Hemmung des Willens zum Gegenstand hat. Aber nicht eben so läßt sich vom Willen nachweisen, daß er secundär ist; denn man kann nichts angeben, wovon Wollen die Folge sei. Ich spreche natürlich hier nicht von einzelnen Willens= acten oder Willensentschlüssen; denn diese sind allerdings kein „Ur= sein“; aber Wille als das allen einzelnen Willensacten zum Grunde liegende wesentliche Streben muß allerdings als „Ursein“ gedacht werden. Denn wäre es entstanden, so müßte man Das angeben können, woraus es entstanden ist. Man wird aber immer eher alles Entstandene aus dem Willen ableiten können, als den Willen aus Etwas, das nicht Wille ist. Es ist nur Täuschung, wenn man z. B. meint, die Materie sei etwas Anderes als Wille, und die Ableitung des Willens aus der Materie wäre daher Ableitung desselben aus etwas Anderm. Die Materie ist ja an sich nichts, als Wille von bestimmter Beschaffenheit und Richtung. Kurz, man stößt bei jeder Erklärung immer zuletzt auf Willen im Schopenhauer'schen Sinne.

So sehr ich nun aber auch hierin mit Schopenhauer überein=

stimme, und so unbegründet ich daher solche Einwendungen dagegen finde, wie sie Spir und Andere erhoben haben, so stimme ich darum doch noch nicht mit Allem überein, was Schopenhauer vom Willen als Ding an sich im Gegensatz zu seiner Erscheinung oder Objec= tivation sagt. Ich finde hier noch Reste von Dualismus, die mit dem sonstigen Monismus der Schopenhauer'schen Philosophie nicht zusammenstimmen.

Schopenhauer macht nämlich folgenden Gegensatz zwischen dem Willen an sich und seiner Objectität: „Ist nun dieses Ding an sich, wie ich hinlänglich nachgewiesen und einleuchtend gemacht zu haben glaube, der Wille; so liegt er, als solcher und gesondert von seiner Erscheinung betrachtet, außer der Zeit und dem Raum, und kennt demnach keine Vielheit, ist folglich einer, doch, wie schon gesagt, nicht wie ein Individuum, noch wie ein Begriff Eins ist; sondern wie etwas, dem die Bedingung der Möglichkeit der Vielheit, das principium in- dividuationis, fremd ist. Die Vielheit der Dinge in Raum und Zeit, welche sämmtlich seine Objectität sind, trifft daher ihn nicht und er bleibt, ihrer ungeachtet, untheilbar. Nicht ist etwan ein kleine= rer Theil von ihm im Stein, ein größerer im Menschen: da das Verhältniß vom Theil und Ganzen ausschließlich dem Raume an= gehört und keinen Sinn mehr hat, sobald man von dieser Anschauungs= form abgegangen ist; sondern auch das Mehr und Minder trifft nur die Erscheinung, d. i. die Sichtbarkeit, die Objectivation: von dieser ist ein höherer Grad in der Pflanze, als im Stein; im Thier ein höherer, als in der Pflanze: ja, sein Hervortreten in die Sichtbarkeit, seine Objectivation, hat so unendliche Abstufungen, wie zwischen der schwächsten Dämmerung und dem hellsten Sonnenlicht, dem stärksten Ton und dem leisesten Nachklange sind. Noch weniger aber, als die Abstufungen seiner Objectivation ihn selbst unmittelbar treffen, trifft ihn die Vielheit der Erscheinungen auf diesen verschiedenen Stufen, d. i. die Menge der Individuen jeder Form, oder der einzelnen Aeuße= rungen jeder Kraft; da diese Vielheit unmittelbar durch Zeit und Raum bedingt ist, in die er selbst nie eingeht. Er offenbart sich eben so ganz und eben so sehr in einer Eiche, wie in Millionen: ihre Zahl, ihre Vervielfältigung in Raum und Zeit hat gar keine Bedeu= tung in Hinsicht auf ihn, sondern nur in Hinsicht auf die Vielheit der in Raum und Zeit erkennenden und selbst darin vervielfachten und zerstreuten Individuen, deren Vielheit aber selbst wieder auch nur seine Erscheinung, nicht ihn angeht." („Welt als Wille und Vorstellung", I, 152 fg.) Etwas weiterhin fügt Schopenhauer noch hinzu, daß ihm bei Betrachtung der Unermeßlichkeit der Welt das Wichtigste Dieses ist, „daß das Wesen an sich, dessen Erscheinung die Welt ist, — was immer es auch sein möchte, — doch nicht sein wahres Selbst solcher= gestalt im gränzenlosen Raum auseinandergezogen und zertheilt haben kann, sondern diese unendliche Ausdehnung ganz allein seiner Erschei= nung angehört, es selbst hingegen in jeglichem Dinge der Natur, in jedem Lebenden, ganz und ungetheilt gegenwärtig ist; daher eben man nichts verliert, wenn man bei irgend einem Einzelnen stehen bleibt, und auch die wahre Weisheit nicht dadurch zu erlangen ist, daß man die gränzenlose Welt ausmißt, oder, was noch zweckmäßiger wäre, den endlosen Raum persönlich durchflöge; sondern vielmehr dadurch, daß man irgend ein Einzelnes ganz erforscht, indem man das wahre und eigentliche Wesen desselben vollkommen erkennen und verstehen zu ler= nen sucht." (Daselbst, S. 153.)

Wenn es mit Dem seine Richtigkeit haben sollte, was Schopen= hauer hier behauptet, daß Raum, Zeit und Vielheit dem Willen als Ding an sich fremd und nur Formen seiner Erscheinung sind, in die er selbst nie eingeht, also die nur seine Erscheinung, nicht ihn betreffen, so müßte auch das Erscheinen überhaupt dem Willen fremd sein. Nun sind doch aber die Naturstufen nach Schopenhauer des Willens eigene Erscheinung, seine eigene Objectität, seine Sichtbarkeit, sein Spiegel. Folglich können ihm auch die Formen dieser nicht fremd sein, und nicht in jeder einzelnen Objectivationsstufe, noch weniger in jedem einzelnen Individuum kann der ganze Weltwille gegenwärtig sein, sondern in jeder und in jedem nur ein Theil oder nur ein Glied des ganzen; da sonst gar kein Grund vorhanden wäre, in mehr als einer Objectivationsstufe und mehr als einem Individuum zu erscheinen. Ist schon im Stein der ganze Wille objectivirt, so ist kein Grund zur Objectivation in der Pflanze und im Thiere. Offenbart sich ferner schon in einer Eiche der ganze Wille, wozu alsdann die Millionen Eichen?

So wenig, als die Menschheit in einem einzelnen Menschen=

stamm oder einem einzelnen menschlichen Individuum ganz und ungetheilt gegenwärtig ist, so wenig und noch weniger kann der Naturwille in einer einzelnen Naturgattung oder einem einzelnen Individuum ganz vorhanden sein, da ja sonst die übrigen ganz überflüssig wären.

Wie in jedem einzelnen Gliede des Leibes nicht der ganze Leibeswille gegenwärtig ist, sondern nur ein Theil, nur eine besondere Function des ganzen Leibeswillens, eine andere im Gehirn, eine andere im Herzen und wieder eine andere in den Genitalien u. s. w.; so kann auch in den einzelnen Gattungen und Individuen der Natur nicht der ganze Naturwille gegenwärtig sein, sondern in jeder und jedem nur eine besondere Function des ganzen. Mikrokosmos und Makrokosmos erläutern sich auch hier gegenseitig.

Die Einheit und Untheilbarkeit des Weltwillens kann nicht darin bestehen, daß er in jeder einzelnen Erscheinung ganz ist, sondern nur darin, daß er das einheitlich Umfassende seiner sämmtlichen abgestuften und individualisirten Erscheinungen ist. Die Einheit also als eine sich gliedernde schließt die Vielheit nicht aus, sondern ein.

Es ist daher auch nicht wahr, daß man für die Erkenntniß nichts verliert, wenn man, statt die unermeßlich in Raum und Zeit ausgedehnte Welt zu durchgehen, bei irgend einem Einzelnen stehen bleibt. Nur aus der ganzen Erscheinung kann man das ganze Wesen erkennen lernen, nicht aus einem Theil oder Bruchstück desselben; jedes Einzelne ist aber nur ein Theil, oder Bruchstück. Um z. B. die Menschheit kennen zu lernen, darf man nicht bei einem einzelnen Menschen, noch auch bei einer bestimmten Nation und einem bestimmten Zeitalter stehen bleiben, sondern muß beschwerliche Reisen durch alle von Menschen bewohnten Länder und Welttheile machen und muß mühsame geschichtliche Forschungen über die Menschen verschiedener Zeiten anstellen. So bequem, wie Schopenhauer glaubt, ist doch die wahre Weisheit nicht zu erlangen. Er selbst hat sich's in seinem System nicht so bequem gemacht, sondern hat die ganze Natur und Geschichte durchforscht und zur Basis seiner Philosophie gemacht.

Nur, wenn die Erscheinung des Weltwesens keine Gliederung im Raume und keine Entwicklung in der Zeit hätte, sondern aus lauter gleichen Individuen neben und nach einander bestände, dann freilich brauchte man sich nicht erst die Mühe zu geben, alle Räume und Zeiten

zu durchforschen, um das Weltwesen kennen zu lernen, sondern könnte
es aus Einem Individuum so gut, als aus Millionen erkennen. Da
dies aber nicht der Fall ist, da der Weltwille in der Erscheinung, in
der räumlichen und zeitlichen Objectivation, sich gliedert und sich
entwickelt, d. h. in eine organisch zusammenhängende Vielheit
unterschiedener Stufen eingeht; so kann man ihn nicht aus einer
einzelnen, sondern nur aus seiner ganzen räumlichen und zeitlichen
Offenbarung kennen lernen, so wie man den Geist eines Dramas
nicht aus einer einzelnen Person oder Handlung kennen lernen kann,
sondern nur aus der Gesammtheit seiner Charaktere und Handlungen
in ihrem innern Zusammenhang.

Achtzehnter Brief.

Kritik des Schopenhauer'schen Gegensatzes zwischen den einzelnen Willensacten und dem Wollen überhaupt. — Wahrer Sinn dieses
Gegensatzes.

───────

Sie fragen mich, verehrter Freund, was ich denn zu jenem Gegensatz meine, den Schopenhauer zwischen den einzelnen Willensacten
und dem Wollen überhaupt macht: „Jeder Wille ist Wille nach
Etwas, hat ein Object, ein Ziel seines Wollens: was will denn zuletzt, oder wonach strebt jener Wille, der uns als das Wesen an sich
der Welt dargestellt wird? — Diese Frage beruht, wie so viele andere, auf Verwechslung des Dinges an sich mit der Erscheinung. Auf
diese allein, nicht auf jenes erstreckt sich der Satz vom Grunde, dessen
Gestaltung auch das Gesetz der Motivation ist. Ueberall läßt sich nur
von Erscheinungen als solchen, von einzelnen Dingen, ein Grund angeben, nie vom Willen selbst, noch von der Idee, in der er sich adäquat objectivirt...... Jeder einzelne Willensact eines erkennenden
Individuums hat nothwendig ein Motiv, ohne welches jener Act nie
einträte: aber wie die materielle Ursache blos die Bestimmung enthält, daß zu dieser Zeit, an diesem Ort, an dieser Materie, eine
Aeußerung dieser oder jener Naturkraft eintreten muß; so bestimmt
auch das Motiv nur den Willensact eines erkennenden Wesens zu
dieser Zeit, an diesem Ort, unter diesen Umständen, als ein ganz Einzelnes; keineswegs aber, daß jenes Wesen überhaupt will und auf
diese Weise will: dies ist Aeußerung seines intelligibeln Charakters,
der, als der Wille selbst, das Ding an sich, grundlos ist, als außer
dem Gebiete des Satzes vom Grunde liegend...... In der That

gehört Abwesenheit alles Zieles, aller Gränzen, zum Wesen des Willens
an sich, der ein endloses Streben ist. . . . . Diesem allen zufolge weiß der Wille, wo ihn Erkenntniß beleuchtet, stets was er jetzt,
was er hier will; nie aber was er überhaupt will: jeder einzelne
Act hat einen Zweck; das gesammte Wollen keinen." („Welt als
Wille und Vorstellung", I, 194—196.)

Dieser Gegensatz zwischen dem gesammten Wollen und dem einzelnen Wollen scheint Ihnen gegen die Logik zu verstoßen. Denn
was vom Allgemeinen, von der ganzen Gattung gilt, müsse auch von
allem darunter zu subsumirenden Einzelnen gelten; was von keinem
Einzelnen einer Gattung gilt, könne auch von der ganzen Gattung
nicht gelten. Entweder also müsse, wenn jedes einzelne Wollen ein
Object, ein Ziel hat, auch das Wollen überhaupt ein Object, ein Ziel
haben; oder, wenn Abwesenheit alles Zieles zur Natur des Willens
überhaupt gehört, so könne auch kein einzelnes Wollen ein Ziel haben.
Nun behauptet aber Schopenhauer, jedes einzelne Wollen habe ein
Ziel, das gesammte Wollen aber keines. Damit spreche er ja der
ganzen Gattung ein Merkmal ab, das er jedem Einzelnen dieser Gattung beilegt. Wenn dieses statthaft wäre, dann dürfte man ja auch
mit gleichem Rechte sagen: Jeder einzelne Gedanke hat einen Gegenstand, das gesammte Denken aber ist gegenstandlos; oder: jedes einzelne Gefühl ist entweder Lust- oder Schmerzgefühl, das gesammte
Fühlen hingegen ist keines von beiden.

Diesem Ihrem Scrupel gegenüber bin ich, verehrter Freund, der
Meinung, daß allerdings, wenn man die citirte Stelle so auffaßt, wie
Sie sie aufgefaßt haben, daß Schopenhauer in derselben nämlich dem
Wollen im Allgemeinen Etwas abspreche, was er jedem einzelnen
Wollen als wesentliches Merkmal beilegt, nämlich einen Zweck zu
haben, — alsdann die Stelle allerdings einen Verstoß gegen die Logik enthält. Denn wenn der Wille in keinem einzelnen seiner Acte
zweck- und ziellos agirt, so kann er auch überhaupt nicht zweck- und
ziellos agiren.

Aber jene Stelle läßt auch noch eine andere Auffassung zu, in
welcher sie keinen Widerspruch enthält, und welche mir die allein richtige zu sein scheint. Schopenhauer unterscheidet nämlich in derselben
von jedem einzelnen, durch ein Motiv veranlaßten Willensact das

diesem zu Grunde liegende Wollen oder das Grundwollen.
Dieses Grundwollen, welches die Voraussetzung aller im Einzelnen
verfolgten Zwecke ist, hat nicht wieder einen Zweck, sondern seine
Befriedigung ist der Zweck alles Strebens. Ein Mensch strebt z. B.
nach Reichthum, oder Ehre, oder Macht, oder nach allem diesen. Diese
einzelnen Zwecke bilden die Motive seiner Handlungen. Aber ihnen
liegt ein Streben zu Grunde, das nicht wieder einen Zweck hat, son=
dern dessen Erfüllung der Zweck alles jenes einzelnen Strebens ist,
nämlich das Streben nach Wohlsein, nach Glückseligkeit, nach
Eudämonie.

Dieses allem einzelnen Streben zu Grunde liegende Streben ist
ziellos, d. h. hat kein Ziel außer sich, weil es alle Ziele in sich
befaßt.

Daß ich Reichthum, Ehre, Macht will, läßt sich erklären. Ich
will sie, weil ich glücklich sein will. Aber warum will ich glücklich
sein? Dafür giebt es keinen Grund, keinen Zweck, weil es selbst der
Urgrund, der Ur= oder Endzweck alles besondern Wollens ist.

So aufgefaßt, hat, denke ich, die behauptete Ziellosigkeit des
Willens überhaupt nichts Anstößiges. So muß man es aber auf=
fassen. Denn daß es Schopenhauer's Absicht nicht sein könne, dem
Wollen im Allgemeinen ein Merkmal abzusprechen, das er jedem ein=
zelnen Wollen als wesentlich beilegt, nämlich die Richtung auf ein
Ziel, das geht ja schon daraus hervor, daß er den jedem einzelnen
Wollen zu Grunde liegenden Willen als Wille zum Leben bezeich=
net, also das Leben als Ziel desselben betrachtet hat. Nur eben
dieses allen einzelnen Zielen zu Grunde liegende Ziel oder Endziel
erklärte es für ziellos. Der Wille zum Leben zweckt nach Schopen=
hauer auf Nichts ab, weil Alles auf ihn abzweckt.

Dem pantheistischen Grundgedanken Schopenhauer's zufolge agirt
der Weltwille als der allumfassende Wille so wenig zwecklos,
daß er vielmehr alle Zwecke der besondern Wesen, in denen er er=
scheint oder sich objectivirt, umfaßt.

So falsch, als es wäre, zu sagen: das Auge, das Ohr, die
Nase, die Zunge u. s. w. hat einen Zweck, der gesammte Organis=
mus hingegen ist zwecklos; eben so falsch wäre es, jedem einzelnen
Wollen in der Welt einen Zweck beizulegen, den gesammten Welt=

willen aber für zwecklos agirend zu erklären. Vielmehr schließt er ja
alle besondern Zwecke der Weltwesen in sich, umfaßt sie alle; wie sollte
er da zwecklos agiren? Richtig ist nur, daß er nicht ausschließlich
diesen oder jenen besondern Zweck verfolgt, nicht den Zweck
dieser oder jener Gattung, dieses oder jenes Individuums. Aber dieses
nicht Aufgehen in einem besondern Zweck ist nicht gleichbedeutend mit
absoluter Zwecklosigkeit.

Noch ein Beispiel: Jeder einzelne Raumabschnitt und ebenso jeder
einzelne Zeitabschnitt ist ausgedehnt. Ist aber der Raum und die
Zeit unausgedehnt? Umfassen beide nicht vielmehr alle Ausdeh‑
nungen der besondern Räume und Zeiten? — Es heißt also Schopen‑
hauer falsch auffassen, wenn man ihn dem Willen im Allgemeinen
absprechen läßt, was er jedem einzelnen Wollen beilegt: einen Zweck.

Neunzehnter Brief.

Gegensatz zwischen dem Schopenhauer'schen Weltprincip und dem Gott der Theologen und speculativen Philosophen. — Kritik der Schopenhauer'schen Identification des Lebens mit dem Leiden.

———

Sie stimmen mir, verehrter Freund, zwar darin bei, daß zwischen dem allumfassenden und dem einzelnen Willen kein anderer Gegensatz gemacht werden dürfe, als daß jener alle Zwecke umfaßt, während dieser nur auf besondere Zwecke gerichtet sei. Aber Sie geben mir zu bedenken, daß dadurch der Weltwille zum bedürftigsten Wesen gemacht wird, das es geben kann, folglich auch zu dem leidenvollsten und gequältesten. Was Schopenhauer von jedem Wollen aussagt, daß die Basis desselben Bedürftigkeit, Mangel, also Schmerz ist, dem es folglich schon ursprünglich und durch sein Wesen anheimfällt („Welt als Wille und Vorstellung", I, 367), das gelte von dem allumfassenden Willen nicht minder, als von jedem einzelnen. Der Unterschied zwischen dem allumfassenden und dem einzelnen Willen sei nur der, daß letzterer einen besondern Mangel, ein besonderes Leiden zur Basis habe, jener hingegen allen Mangel, alles Leiden. Damit werde doch offenbar der Weltwille zu einem unendlich bedürftigen, unendlich leidenden Wesen gemacht, und ein solches, zum Weltprincip erhoben, streite doch gar sehr gegen die Vorstellung, die man sich von dem Welturheber zu machen gewohnt ist. Nach dieser gewöhnlichen Vorstellung sei der Welturheber ein absolutes, folglich ein bedürfnißloses, ein selbstgenugsames, über alle Leiden und Schmerzen erhabenes Wesen. Seligkeit sei der Zustand, den nicht blos die Theologen, sondern auch die speculativen Philosophen ihrem Gott, dem Absoluten, beilegen. Schopenhauer's Gott hingegen sei ein unseliges, gequältes, leiden= und schmerzvolles Wesen, ja weit unseliger, als jedes einzelne Wesen, da er ja die Leiden und Qualen aller Weltwesen in sich trage.

Da haben Sie freilich nicht Unrecht. Der Schopenhauer'sche Gott sieht dem der Theologen und der speculativen Philosophen gar nicht ähnlich; weshalb auch Schopenhauer dagegen protestirt hat, ihn Gott zu nennen. Aber die Frage ist hier, wer die Wahrheit auf seiner Seite hat, ob Diejenigen, welche ein absolutes, ein vollkomme= nes, selbstgenugsames, bedürfnißloses, leiden= und schmerzloses Wesen an die Spitze der Welt stellen, oder Diejenigen, welche dieses be= streiten. Da muß ich denn sagen: Logik sowohl als Erfahrung sprechen stark dagegen, daß die Welt einem absoluten, selbstgenugsamen, bedürfniß= und mangellosen Wesen ihren Ursprung verdanke. In einem solchen Wesen — so viel sagt mir die Logik — ist kein Grund, kein Motiv enthalten, Etwas zu wollen; denn es hat ja schon Alles in sich, wessen es bedarf. Jedes actuelle Wollen — darin hat Schopenhauer unbestreitbar Recht — kann nur aus einem Bedürfniß, einem Mangel, einem Leiden entspringen. Der absolute Gott aber ist frei von jeglichem Bedürfniß, jedem Mangel und Leiden. Was sollte ihn dann noch bewegen, aus sich herauszugehen, und (theistisch) die Welt zu schaffen, oder (pantheistisch) sich in die Welt zu incarniren? Nur ein sich nicht selbstgenügender Gott, ein ohne Welt sich mangel= haft fühlender und also leidender Gott kann hierzu ein Motiv haben. Zweitens zeigt mir die Erfahrung überall in der Welt nur bedürf= tige, begehrliche, auf ein Anderes, ein zu ihrer Erhaltung und Be= friedigung Unentbehrliches bezogene Wesen, die, so lange sie dieses Andere nicht erreichen, im Zustande des Leidens sich befinden; — läßt sich diese Thatsache aus einem bedürfnißlosen Gott ableiten? Müßte nicht nach dem Gesetze, daß Gleiches von Gleichem erzeugt wird, Glei= ches an Gleichem Wohlgefallen hat (simile simili gaudet), der bedürf= nißlose Gott auch bedürfnißlose Wesen schaffen oder sich in sie incarniren?

Logik und Erfahrung sprechen also für den Schopenhauer'schen Begriff vom Weltprincip als einem bedürftigen, mangelhafteten, hungrigen und somit leidenden Wesen. Schopenhauer ging nur darin zu weit, daß er dieses Wesen ausschließlich im Zustande des Lei= dens begriffen darstellt. Er sagt nämlich: „Alles Streben entspringt aus Mangel, aus Unzufriedenheit mit seinem Zustande, ist also Leiden, solange es nicht befriedigt ist; keine Befriedigung aber ist dauernd, vielmehr ist sie stets nur der Anfangspunkt eines neuen Strebens. Das Streben sehen wir vielfach gehemmt, überall kämpfend; so lange also immer als Leiden: kein letztes Ziel des Strebens, also kein Maaß und Ziel des Leidens." („Welt als Wille und Vorstellung", I, 365.)

Daß es keine dauernde Befriedigung gebe, mag richtig sein; aber daraus folgt doch nicht, daß die Welt nur von Leiden erfüllt sei. Denn es giebt doch unleugbar auch Befriedigungen des Willens, wenngleich sie von keiner ewigen Dauer sind. Jeder Athemzug in reiner, frischer Luft ist ein befriedigter Wille, jeder gestillte Hunger oder Durst ist ein befriedigter Wille, jeder Coitus ist ein befriedigter Wille. Befriedigter Wille aber ist, so lange als die Befriedigung anhält, kein Leiden, sondern Freude. Folglich ist es einseitig, den Willen nur zur Quelle des Leidens zu machen. Er ist ebenso die Quelle der Freude. Gehemmter Wille wird als Leiden, befriedigter als Freude empfunden. Das Wesen des Lebens besteht weder in dem einen, noch in dem andern, sondern in dem Wechsel von beiden. Das Ignoriren der thatsächlichen Befriedigungen des Willens, die einseitige Richtung des Blickes auf die Hemmungen desselben hat Schopenhauer zum Pessimisten gemacht.

Der Weltwille als das all-eine, alle besondern Triebe und Bedürfnisse umfassende Wesen gedacht, schließt nicht blos alle Leiden, sondern auch alle Freuden der Welt in sich. Er ist also nicht blos das gequälteste, sondern auch das beglückteste, weil alles Glück umfassende Wesen. Doch ich komme auf Schopenhauer's Pessimismus später noch ausführlicher zu sprechen.

Hier sei zur Erläuterung des Gesagten nur noch folgendes Beispiel angeführt. Das Auge, das Ohr, die Lunge, der Magen, überhaupt jedes Organ des Leibes hat seine besondern Leiden, seine besondern Schmerzen. Der Gesammtorganismus umfaßt alle diese Leiden, alle diese Schmerzen; er hat also viel zahlreichere Leiden, als jedes einzelne seiner Organe. Aber eben darum auch weit zahlreichere Freuden. Dasselbe nun, was vom Mikrokosmos, gilt auch vom Makrokosmos, wenn man sich denselben ebenso als einen einheitlichen, von einem Willen durchwalteten Organismus denkt, wie jenen.

Zwanzigster Brief.

Rückblick. — Programm der folgenden Briefe. — Bedeutung des Schopen=
hauer'schen Idealismus. — Widerlegung Trendelenburg's und Jürgen
Bona Meyer's. — Wesentliche Gleichheit des Schopenhauer'schen
Idealismus mit dem Helmholtz'schen.

Ich habe Ihnen, verehrter Freund, in meinen bisherigen Briefen
meine Stellung zu den Cardinalpunkten der Schopenhauer'schen Philo=
sophie, zu der Lehre vom Willen als Ding an sich und vom Ver=
hältniß desselben zur Erscheinung dargelegt. Sie werden daraus
ersehen haben, daß ich überall bestrebt bin, den Rest von Dualismus,
der noch in der Schopenhauer'schen Philosophie zu finden ist, und der
von dem Kant'schen Gegensatz zwischen Ding an sich und Erscheinung her=
rührt, durch ihren eigenen monistischen Grundgedanken von der Imma=
nenz des Wesens in der Erscheinung zu überwinden.

Dasselbe Streben werden Sie nun auch in meinen folgenden,
mehr ins Einzelne gehenden, einzelne Punkte sowohl der Lehre von
der Vorstellung, als der Lehre vom Willen betreffenden Briefen
wiedererkennen. Auch hier werden Sie finden, daß, wenn gleich ich
den Gegnern Schopenhauer's in ihrer Art von theils unverständiger,
theils gehässiger Polemik nicht folgen kann, ich doch keineswegs der
Meinung bin, daß Schopenhauer zur Polemik keinen Anlaß gebe.

Ich werde, entsprechend der Reihenfolge der vier Bücher der
„Welt als Wille und Vorstellung", zuerst mehrere erkenntnißtheoretische,
dann mehrere naturphilosophische, drittens mehrere ästhetische und
viertens mehrere ethische Punkte von Wichtigkeit besprechen. —

In der Erkenntnißtheorie handelt es sich vor allen Dingen um die Bedeutung der Vorstellung. Ist sie ein bloß subjectives Hirngespinnst, oder ein treues Abbild der Dinge, wie sie an sich sind; oder, wenn keines von beiden, was ist sie?

Um nun die Bedeutung der Vorstellung bei Schopenhauer richtig zu erkennen, muß man sich in den Mittelpunkt seines Systems versetzen, muß den Alles beherrschenden Grundgedanken ins Auge fassen. Dieser nun ist bei Schopenhauer nach dessen eigener ausdrücklicher Erklärung der Ihnen bereits dargelegte Gedanke der beiden großen Identitäten, nämlich der Identität des Willens auf allen Stufen und der Identität der Causalität, d. i. der willenbewegenden Ursachen auf allen Stufen, welche beide Identitäten in dem Verhältniß zu einander stehen, daß die zweite der ersten subordinirt ist, indem sie die erste zu ihrer Voraussetzung hat.

Hätten nun die Gegner Schopenhauer's sich diese Grundlehre seines Systems gegenwärtig gehalten, so hätten sie seinen Idealismus nicht so falsch beurtheilt. Sie hätten vielmehr die reale Bedeutung der Vorstellung bei ihm erkannt und hätten ihn nicht zum absoluten Idealisten gestempelt.

Trendelenburg wirft Schopenhauer vor, daß er die Erscheinung „zu einer bloßen Vorstellung in unserm Kopf", zum „Scheine", zum „Gaukelbilde" mache. („Logische Untersuchungen", 2. Aufl., II, 107 fg.) Ihm hat Jürgen Bona Meyer (in seiner Schrift: „Schopenhauer als Mensch und Denker") und haben Andere es nachgesprochen, daß Schopenhauer die Welt der Erscheinung zu einer Welt des Scheines mache, daß sein Idealismus oder Subjectivismus sich nicht wesentlich von dem Berkeley's und Fichte's unterscheide.

Nun lehrt aber doch Schopenhauer, daß die Vorstellung zu den willenbewegenden Ursachen gehört, daß sie also wirkt. Wäre sie, wie die Gegner behaupten, bloßer Schein, so müßte ja Schopenhauer die beiden andern Classen von Ursachen, die mechanisch wirkenden und die als Reiz wirkenden, mit denen zusammen die Vorstellung (Motiv) eine große Identität bildet, ebenfalls für bloßen Schein erklärt haben. Die Causalität überhaupt müßte nach Schopenhauer bloßer Schein sein.

Ist dies nun der Fall? Ich sage: Nein. Der Causalität kommt

zwar nach Schopenhauer keine primäre, sondern nur secundäre
Realität zu; aber immer doch Realität. Wie sollte auch ein Wirkendes
— und das sind doch alle Ursachen — unwirklich, unreal sein?

Schopenhauer erklärt die Kraft für Das, was jeder Ursache
ihre Causalität, d. h. die Möglichkeit zu wirken ertheilt. Die Kräfte
sind Das, vermöge dessen die Wirkungen überhaupt möglich sind,
Das, was den Ursachen die Fähigkeit zu wirken allererst ertheilt, von
welchen sie also diese zur Lehn haben. Die Kraft aber ist an sich
Wille. (Vergl. Schopenhauer-Lexikon: Kraft.) Der Wille nun
wieder ist das ursprünglich Reale. Er ist kein bloßer Schein, sondern
das Allerrealste, was es giebt.

Hieraus folgt, daß auch die wirkenden, willenbewegenden Ursachen
kein bloßer Schein sind, denn Kraft, folglich Wille, das Allerrealste,
ist es, was durch sie hindurch wirkt.

Die Causalität, zu deren Gebiet nach Schopenhauer die Vorstellung gehört, ist somit bei ihm kein bloßer Schein, kein blos Subjectives, sondern ein Reales, Objectives, wenngleich ein Secundäres,
kein Primäres.

Doch es giebt auch noch andere Beweise dafür, daß Schopenhauer kein absoluter Idealist ist, der die Erscheinung zum bloßen
Scheine, zum subjectiven Gaukelbilde macht.

Schopenhauer betont es wiederholt, daß in dem Aposteriorischen
der Vorstellung, in dem aus den apriorischen Formen nicht Abzuleiten-
den und zu Erklärenden das ursprünglich Reale, das Ding an sich,
der Wille sich kundgiebt, die apriorischen Formen hingegen dem Intellect
als das ihm Eigenthümliche angehören. Er sondert also den realen
von dem idealen Theil der Vorstellung, legt dem aposteriorischen Stoffe
derselben Realität, der apriorischen Form Idealität bei, und es ist
daher auch ein ungerechter Vorwurf, daß zwischen seinem Realismus
und seinem Idealismus ein Widerspruch sei. Ein solcher wäre nur
dann vorhanden, wenn Schopenhauer die Prädicate real und ideal
einem und demselben Subject beilegte. Dies ist aber nicht der Fall;
denn nur der Stoff der Vorstellung oder Erscheinung ist ihm real, die
Form hingegen ideal.

„Ich lasse", sagt Schopenhauer, „ganz und gar Kant's Lehre

bestehen, daß die Welt der Erfahrung bloße Erscheinung sei, und daß die Erkenntnisse a priori blos in Bezug auf diese gelten; ich aber füge hinzu, daß sie gerade als Erscheinung die Manifestation Desjenigen ist, was erscheint, und nenne es mit ihm das Ding an sich. Dieses muß daher sein Wesen und seinen Charakter in der Erfahrungswelt ausdrücken, mithin solcher aus ihr herauszudeuten sein, und zwar aus dem Stoff, nicht aus der bloßen Form der Erfahrung. Demnach ist die Philosophie nichts Anderes, als das richtige, universelle Verständniß der Erfahrung selbst, die wahre Auslegung ihres Sinnes und Ge=haltes. Dieser ist das Metaphysische, d. h. in die Erscheinung blos Gekleidete und in ihre Formen Verhüllte, ist Das, was sich zu ihr verhält, wie der Gedanke zu den Worten. (Vergl. „Welt als Wille und Vorstellung", II, 204.)

Auch noch aus folgender Stelle geht die erwähnte Vertheilung der Realität und Idealität an zwei verschiedene Elemente der Vor=stellung, an das Aposteriorische und Apriorische derselben, deutlich her=vor: „Alles Dasjenige an den Dingen, was nur empirisch, nur a posteriori erkannt wird, ist an sich Wille: hingegen soweit die Dinge a priori bestimmbar sind, gehören sie allein der Vorstellung an, der bloßen Erscheinung. Daher nimmt die Verständlichkeit der Natur=erscheinungen in dem Maaße ab, als in ihnen der Wille sich immer deutlicher manifestirt, d. h. als sie immer höher auf der Wesenleiter stehen; hingegen ist ihre Verständlichkeit um so größer, je geringer ihr empirischer Gehalt ist, weil sie um so mehr auf dem Gebiete der bloßen Vorstellung bleiben, deren uns a priori bewußte Formen das Princip der Verständlichkeit sind. Demgemäß hat man völlige, durch=gängige Begreiflichkeit nur so lange, als man sich ganz auf diesem Gebiete hält, mithin bloße Vorstellung ohne empirischen Gehalt vor sich hat, bloße Form; also in den Wissenschaften a priori, in der Arithmetik, Geometrie, Phoronomie und in der Logik; hier ist Alles im höchsten Grade faßlich, die Einsichten sind völlig klar und genügend, und lassen nichts zu wünschen übrig; indem es uns sogar zu denken unmöglich ist, daß irgend etwas sich anders verhalten könne, welches Alles daher kommt, daß wir es hier ganz allein mit den Formen unsers Intellects zu thun haben." (Vergl. „Ueber den Willen in der

Natur", S. 86.) Denselben Gedanken finden Sie auch in der „Welt als Wille und Vorstellung", Bd. I, §. 24, S. 142—145) ausgeführt.

Es geht aus dem Angeführten zur Genüge hervor, daß Schopen= hauer in Bezug auf die Erscheinung weder blos Idealist, noch blos Realist ist, sondern Idealist und Realist, und zwar nicht in sich wider= sprechender Weise, da es nicht ein und dasselbe Element der Erschei= nung ist, in Bezug worauf er Idealist und Realist ist, sondern zwei verschiedene Elemente, nämlich apriorische Form und empirischer Stoff.

Daß Schopenhauer kein absoluter Idealist ist, geht auch aus folgender Stelle der „Parerga" (Bd. II, §. 103b) hervor, wo Schopen= hauer, von den verschiedenen Thiergestalten und den verschiedenen Pflanzenformen redend, fortfährt: „Im Ganzen jedoch läßt sich sagen, daß in der objectiven Welt, also der anschaulichen Vorstellung, sich überhaupt nichts darstellen kann, was nicht im Wesen der Dinge an sich, also in dem der Erscheinung zum Grunde liegenden Willen, ein genau dem entsprechend modificirtes Streben hätte. Denn die Welt als Vorstellung kann nichts aus eigenen Mitteln liefern, ebendarum aber auch kann sie kein eitles, müßig ersonnenes Mährchen auftischen. Die endlose Mannigfaltigkeit der Formen und sogar der Färbungen der Pflanzen und ihrer Blüthen muß doch überall der Ausdruck eines ebenso modificirten subjectiven Wesens sein, d. h. der Wille als Ding an sich, der sich darin darstellt, muß durch sie genau abgebildet sein", wozu noch die Erläuterung zu nehmen ist, die Schopenhauer in dem 38. Briefe an mich giebt: „Ich meinerseits lehre: nicht in den Eigen= schaften, weder den apriorischen noch den empirischen, stellt das Wesen des Dinges an sich sich dar; wohl aber müssen die speciellen und indivi= duellen Unterschiede dieser Eigenschaften, die Unterschiede in abstracto genommen, irgendwie ein Ausdruck des Dinges an sich sein, z. B. weder die Gestalt noch die Farbe der Rose; wohl aber dies, daß die eine sich in rother, die andere in gelber Farbe darstellt: oder, nicht die Form noch die Farbe des Menschengesichts, aber, daß der eine diese, der andere jene Physiognomie hat." (Vergl. „Arthur Schopen= hauer. Von ihm, über ihn", S. 594.)

Ich habe im angeführten Werk (ebend., S. 434 fg.) gezeigt, daß Schopenhauer in der ersten Auflage der „Welt als Wille und Vor= stellung" allerdings noch überwiegend Idealist war, da er in derselben von der Vielheit und Verschiedenheit der Dinge so gesprochen, als berührte sie das Ding an sich gar nicht, sondern gehörte lediglich der Vorstellung an. Ich habe aber auch gezeigt, wie Schopenhauer diesen einseitigen Idealismus in den spätern Auflagen und in den durch die „Parerga" gegebenen Erläuterungen corrigirt hat. Wenn man nun die wahre Meinung Kant's nicht aus der ersten Auflage der „Kritik der reinen Vernunft" schöpft, sondern aus der zweiten, warum verfährt man mit Schopenhauer nicht ebenso, schöpft vielmehr seine wahre Meinung aus den ersten überwiegend idealistischen Aeußerungen, statt aus den spätern realistischen Ergänzungen und Erläuterungen, oder sucht gar einen Widerspruch zwischen beiden nachzuweisen? Ist dies nicht gerade so, als wenn man, statt Kant's wahre Meinung aus der zweiten Auflage der „Kritik der reinen Vernunft" zu schöpfen und durch diese die mit ihr nicht übereinstimmenden Aeußerungen der ersten Auflage für ver= worfen zu halten, beide zu Grunde legen und nun zeigen wollte, wie Kant sich widersprochen habe?

Nach meinem Dafürhalten hat man bei der Auslegung eines Systems vor allen Dingen diejenige Auslegung zu Rathe zu ziehen, die der Autor selbst in spätern Auflagen oder in Erläuterungen und Ergänzungen ihm gegeben hat; folglich hat man den Idea= lismus des ersten Bandes der Welt als „Wille und Vorstellung", der von der ersten Conception des Systems her noch stehen geblieben ist, nach den Erläuterungen und Ergänzungen des zweiten Bandes, sowie nach denen der Schrift „Ueber den Willen in der Natur" und der „Parerga" auszulegen. Was thun aber die Gegner? Sie stempeln entweder, sich an die überwiegend idealistischen Aeußerungen des ersten Bandes der „Welt als Wille und Vorstellung" haltend, Schopenhauer zum puren, die Welt in ein Gaukelbild, ein leeres Hirngespinnst ver= wandelnden Idealisten, oder sie stellen diesen Aeußerungen die mehr realistischen des zweiten Bandes und der spätern Schriften gegenüber und rufen aus: „Welche Widersprüche!" In diesem Verfahren kann ich weder wissenschaftlichen Geist, noch Redlichkeit finden. Schopen= hauer hat sein im ersten Bande der „Welt als Wille und Vorstel= lung" dargelegtes System selbst ausgelegt in den Ergänzungen des zweiten Bandes, in der Schrift „Ueber den Willen in der Natur" und in den „Parergis". Im Sinne dieser seiner eigenen Auslegungen daher ist sein System aufzufassen, nicht aber sind, um Widersprüche herauszubringen, diese Auslegungen dem System entgegenzustellen.

Schopenhauer hat seinen Idealismus im Unterschiede vom Kant'schen einen physiologischen genannt („Welt als Wille und Vorstellung", II, 323 fg.), und in der That stimmt derselbe im Wesentlichen überein mit dem modernen physiologischen Idealismus, wie ihn namentlich Helmholtz vertritt. Dieser lehrt: „Man muß sich nur nicht verleiten lassen, die Begriffe von Erscheinung und Schein zu verwechseln. Die Körperfarben sind die Erscheinung gewisser objectiver Unterschiede in der Beschaffenheit der Körper; sie sind also auch der naturwissenschaftlichen Ansicht nach kein leerer Schein, wenn auch die Art, wie sie erscheinen, vorzugsweise von der Beschaffenheit unseres Nervenapparates abhängt. Ein täuschender Schein tritt nur da ein, wo die normale Erscheinungsweise eines Objects mit der eines andern vertauscht wird." („Populäre wissenschaftliche Vorträge" von H. Helmholtz. Zweites Heft. Braunschweig, Vieweg und Sohn, 1871, S. 55.)

Helmholtz unterscheidet zwischen Bild und Zeichen. Unsere Vorstellungen der Dinge sind nach ihm nicht Bilder, wohl aber Zeichen derselben. „Denn in einem Bilde muß die Abbildung dem Abgebildeten gleichartig sein, und nur so weit sie gleichartig ist, ist sie Bild. Eine Statue ist Bild des Menschen, insofern sie dessen Körperform nachahmt. Auch wenn sie in reducirtem Maßstabe ausgeführt ist, wird immer Raumgröße durch Raumgröße dargestellt. Ein Gemälde ist Bild des Originals, theils weil es die Farben des letztern durch ähnliche Farben, theils weil es einen Theil der Raumverhältnisse desselben, nämlich die der perspectivischen Projection, durch entsprechende Raumverhältnisse nachahmt." (Daselbst S. 54.)

Solche Bilder der Eigenschaften der Dinge sind nun aber nach Helmholtz unsere Vorstellungen nicht. Denn, wie er mit Recht bemerkt, jede Eigenschaft oder Qualität eines Dinges ist in Wirklichkeit nichts Anderes, als die Fähigkeit desselben, auf andere Dinge gewisse Wirkungen auszuüben. Wenn aber, was wir Eigenschaft nennen, immer eine Beziehung zwischen zwei Dingen betrifft, so kann eine solche Wirkung natürlich nie allein von der Natur des einen Wirkenden abhängen, sondern sie besteht überhaupt nur in Beziehung auf und hängt ab von der Natur eines Zweiten, auf welches gewirkt wird. Es hat also gar keinen reellen Sinn, von Eigenschaften des Lichts reden zu wollen, die ihm an und für sich zukämen, unabhängig von allen andern Objecten, und die in der Empfindung des Auges wieder dargestellt werden sollten. Der Begriff solcher Eigenschaften ist ein Widerspruch in sich, es kann solche überhaupt gar nicht geben; und es kann deshalb auch nicht die Uebereinstimmung der Farbenempfindungen mit solchen Qualitäten des Lichts verlangt werden. Die Farben sind also nicht Bilder, sondern nur sinnliche Zeichen gewisser äußerer Qualitäten, sei es des Lichts, sei es der Körper, die es zurückwerfen. (Daselbst 54—56.) Die Qualitäten der Gesichtsempfindungen sind nichts „als Zeichen für gewisse qualitative Unterschiede theils des Lichts, theils der beleuchteten Körper, ohne aber eine genau entsprechende objective Bedeutung zu haben". (Daselbst S. 61.) Das Auge ist nach Helmholtz keineswegs ein vollkommeneres optisches Instrument, als die von Menschenhänden gemachten, im Gegentheil außer den unvermeidlichen Fehlern eines jeden dioptrischen Instruments zeigt es auch solche, die wir an einem künstlichen Instrumente bitter tadeln würden; auch das Ohr trägt uns die äußeren Töne keineswegs im Verhältnisse ihrer wirklichen Stärke zu, sondern zerlegt sie eigenthümlich, verändert sie und verstärkt oder schwächt sie nach der Verschiedenheit ihrer Höhe in sehr verschiedenem Maaße. „Diese Abweichungen verschwinden gegen diejenigen, welche wir finden, wenn wir die Qualitäten untersuchen, durch welche uns von den verschiedenen Eigenschaften der äußern Dinge Kunde gegeben wird. In Bezug auf letztere können wir geradezu den Beweis führen, daß gar keine Art und kein Grad von Aehnlichkeit besteht zwischen der Qualität des äußern Agens, durch welches sie erregt ist, und welches durch sie abgebildet wird." (Daselbst S. 205.) Helmholtz beruft sich hiefür auf das von Johannes Müller aufgestellte Gesetz von den specifischen Sinnesenergien, dessen Tragweite durch die weiteren Forschungen nur vergrößert werde, und schließt dann: „Es geht aus diesen und ähnlichen Thatsachen die überaus wichtige Folgerung hervor, daß unsere Empfindungen nach ihrer Qualität nur Zeichen für die äußeren Objecte sind, und durchaus nicht Abbilder von irgend einem Grade der Aehnlichkeit ...... Und nicht blos mit den qualitativen Unterschieden der Empfindungen verhält

es sich so, sondern auch jedenfalls mit dem größten und wichtigsten
Theil, wenn nicht mit der Gesammtheit der räumlichen Unterschiede in
unseren Wahrnehmungen. In dieser Beziehung ist namentlich die
neuere Lehre vom binocularen Sehen und die Erfindung des Stereo=
skops von Wichtigkeit geworden." (Daselbst S. 205—207.)

Vergleichen Sie nun mit dieser Helmholtz'schen Lehre nebst den
zum Belege für dieselbe in dem ersten Aufsatze des zweiten Heftes seiner
„Populären wissenschaftlichen Vorträge" über „die neueren Fortschritte
in der Theorie des Sehens" gelieferten Thatsachen die Schopenhauer'sche
Lehre in der Schrift „Ueber das Sehn und die Farben" und in der
„Vierfachen Wurzel des Satzes vom zureichenden Grunde", namentlich
in §. 21 über „die Intellectualität der Anschauung"; so wird die
wesentliche Gleichheit zwischen dem Idealismus Beider Ihnen in die
Augen springen. Blos die Ausführung ist bei Beiden eine verschiedene.
Aber in der Hauptsache sind Beide einig, daß Erscheinung nicht
zu verwechseln sei mit Schein, daß die von uns wahrgenommenen
Eigenschaften der Dinge nicht Abbilder der objectiven Qualitäten
derselben sind, sondern nur Wirkungen derselben auf unsere Sinne*),
daß diese Wirkungen aber eben darum kein bloßes Product das wahr=
nehmenden Subjects sind, sondern daß ihnen etwas objectiv Reales
zum Grunde liegt, sie also, wenn auch nicht Bilder, doch Zeichen
des Realen sind.

Das Gewicht, welches Schopenhauer auf die Anschauung als
die Quelle aller ächten und wahren Erkenntniß legt, reicht allein schon
hin, zu beweisen, daß man sein System mit Unrecht zu den absolut
idealistischen Systemen rechnet. Die Anschauung, lehrt Schopenhauer,
ist nicht nur die Quelle aller Erkenntniß, sondern sie selbst ist die
Erkenntniß κατ᾽ ἐξοχην, ist allein die wahre, die ächte, die ihres Namens
würdige Erkenntniß, denn sie allein ertheilt eigentliche Einsicht.
(„Welt als Wille und Vorstellung", II, 83.) Neue Grundeinsichten
sind nur aus der anschaulichen, als der allein vollen und reichen Er=

---

*) „Der Körper ist roth", sagt Schopenhauer, „bedeutet, daß er im Auge
die rothe Farbe bewirkt". („Ueber das Sehn und die Farben", S. 20.) „Wenn
wir eine Substanz blau nennen", sagt Helmholtz, „so handelt es sich nur
darum, ihre Wirkung auf ein normales Auge zu bezeichnen." („Populäre wissen=
schaftliche Vorträge", II, 56.)

kenntniß zu schöpfen, mit Hülfe der Urtheilskraft. (Daselbst II, 68, 77.) Die anschauende Erkenntniß ist für das System aller unserer Gedanken Das, was in der Geognosie der Granit ist, der letzte feste Boden, der Alles trägt und über den man nicht hinaus kann. (Daselbst II, 69, 76.) Alle Wahrheit und alle Weisheit liegt zuletzt in der An=schauung. (Daselbst II, 79.) Die Anschauung ist es, welcher das eigentliche und wahre Wesen der Dinge, wenn auch noch bedingterweise, sich aufschließt und offenbart. (Daselbst II, 77.)

Wer so spricht, dem kann das Angeschaute nicht ein blos sub=jectives Gaukelbild, ein wesenloser Schein, ein eitles Hirngespinnst sein; sondern es enthält ihm einen realen Kern, offenbart ihm ein an sich seiendes Wesen; folglich ist er kein absoluter Idealist.

Schopenhauer lehrt freilich daneben die „völlige Diversität des Idealen und Realen", die „tiefe Kluft zwischen dem Idealen und Realen" (vergl. Schopenhauer=Lexikon: Ideal und Real); aber ich bin auch der Meinung, daß diese seine, noch vom Einfluß Kant's herrührende Ansicht sich mit seiner eigenen Lehre von der Anschauung, „welcher das eigentliche und wahre Wesen der Dinge sich aufschließt", nicht verträgt. Mag dieses Sichaufschließen auch immerhin ein durch die Functionen und Formen des Intellects bedingtes sein; so kann doch dabei von der „tiefen Kluft" und der „völligen Diversität" zwischen dem Realen und Idealen nicht mehr die Rede sein. In der Anschauung ist der Gegenstand als vorgestellter freilich nicht identisch mit dem wirklichen, sondern blos eine Vorstellung des wirklichen Gegenstandes, der angeschaute Körper einer Pflanze oder eines Thieres z. B. ist kein Ding an sich. Aber als das Ding an sich offenbarend ist der angeschaute Gegenstand doch nicht absolut ver=schieden von dem wirklichen, die Kluft zwischen Beiden ist keine unüber=steigliche. Der wirkliche Gegenstand geht ja in die Anschauung ein, was gar nicht möglich wäre, wenn zwischen dem Ding an sich und den Functionen des Intellects keine Beziehung bestände, wenn keine Brücke von dem einen zum andern führte. Das Wirken des Realen auf den Intellect wäre ganz unmöglich, wenn zwischen Beiden eine ab=solute „Diversität" bestände.

Einundzwanzigster Brief.

Kritik der Schopenhauer'schen Lehre von Raum, Zeit, Vielheit und Causalität als bloße Vorstellungsformen. — Widerlegung derselben aus seiner realistischen Lehre von der Erscheinung heraus.

———

Gemäß dem in meinem vorigen Briefe Auseinandergesetzten kann ich auch nicht mit Schopenhauer Raum, Zeit, Vielheit und Causalität für bloße Vorstellungsformen halten, sondern muß ihnen eine objective Realität beilegen.

Ich habe Ihnen schon die Stelle aus dem 38. Briefe Schopenhauer's an mich citirt, in der er bereits die Concession macht, daß die Unterschiede der Dinge — zwar nicht die empirischen, aber doch dieses, daß die Dinge überhaupt sich als unterschieden kund geben — irgendwie ein Ausdruck des Dinges an sich sein müssen, d. h. mit andern Worten, daß die Unterschiede keine blos subjectiven Vorstellungen sind, sondern objective Realität haben.

Sind aber die Unterschiede real, so sind eo ipso auch Zeit, Raum, Causalität und Vielheit real. Denn das Unterschiedene ist ein Vieles, ist als solches neben= und nacheinander, also räumlich und zeitlich, und wirkt, denn durch die unterschiedenen Wirkungen, die es hervorbringt, giebt es sich eben als unterschieden kund. Daß die eine Rose sich in rother, die andere in gelber Farbe darstellt, daß ein Menschengesicht diese, ein anderes jene Physiognomie hat, das ist nach dem erwähnten Zugeständniß Schopenhauer's Folge des verschiedenen sich Kundgebens ihres Wesens an sich, also Folge ihres verschiedenen Wirkens. Folglich kommt den Dingen an sich Causalität zu.

Die Realität von Raum, Zeit, Vielheit und Causalität folgt über=

haupt aus dem Schopenhauer'schen Begriff der Erscheinung. Das Wort Erscheinung hat bei Schopenhauer einen doppelten Sinn, einen idealistischen und einen realistischen. Es bedeutet einerseits die durch die apriorischen Formen des erkennenden Subjects bedingte Vorstellung; es bedeutet aber auch andererseits die objective Manifestation des Dinges an sich, zu deren Bezeichnung Schopenhauer das eigenthümliche Wort „Objectivation" gebildet hat. Unter „Objectivation" ist das Sich-barstellen des Dinges an sich, d. i. des Willens, in der Objecten-welt zu verstehen. (Vergl. Schopenhauer-Lexikon: Objectivation.)

Obwohl nach Schopenhauer alles Object Erscheinung ist, so ist doch ein Unterschied zu machen zwischen der ursprünglichen, un-mittelbaren Objectität und der mittelbaren, secundären. Zu jener gehören die Ideen, zu dieser die einzelnen Dinge. Das einzelne, in Gemäßheit des Satzes vom Grunde erscheinende Ding ist nur eine mittelbare Objectivation des Dinges an sich (des Willens), zwischen welchem und ihm noch die Idee steht, als die alleinige un-mittelbare Objectität des Willens, indem sie keine andere dem Er-kennen als solchem eigene Form angenommen hat, als die der Vor-stellung überhaupt, d. i. des Objectseins für ein Subject. Die Idee allein ist die möglichst adäquate Objectität des Dinges an sich oder des Willens, die einzelnen Dinge hingegen sind keine ganz ad-äquate Objectität des Willens, sondern diese ist hier schon getrübt durch jene Formen, deren gemeinschaftlicher Ausdruck der Satz vom Grunde ist. (Vergl. Schopenhauer-Lexikon: Erscheinung und Idee.)

Es ist hier noch nicht meine Absicht, die Ideenlehre Schopenhauer's zu kritisiren, — ich behalte mir dieses für später vor, — sondern nur die gegen den Idealismus sich ergebenden Folgen derselben will ich Ihnen zeigen.

Die Ideen, weit entfernt, blos subjective Vorstellungen im idea-listischen Sinne zu sein, sind vielmehr die erste, unmittelbarste, allge-meinste und adäquateste Offenbarung des Dinges an sich. Erst indem das Ding an sich in die Ideen eingeht, kommt es überhaupt zur Vor-stellung, zum Objectsein für ein Subject. Das Zerfallen in Sub-ject und Object, welches die Voraussetzung der Vorstellung bildet, ist die erste formelle Manifestation des Dinges an sich. Inhaltlich aber bilden die Ideen eine Stufenfolge von Willensspecificationen, in denen der Wille, das Ding an sich, sich immer deutlicher offenbart, je höher er sich steigert. Inhaltlich sind die Ideen also gleichbedeutend mit den auf den verschiedenen Naturstufen sich offenbarenden Naturkräften. Jede ursprüngliche Naturkraft ist eine bestimmte Stufe der Objectivation des Willens oder der Idee im platonischen Sinne. „Wir können die verschiedenen in den Naturkräften sich offenbarenden Ideen oder Objectivationsstufen des Willens als einzelne und an sich einfache Willensacte betrachten, in denen sein Wesen sich mehr oder weniger ausdrückt. Nun behält auf den niedrigsten Stufen der Objectität ein solcher Act (oder eine Idee) auch in der Erscheinung seine Einheit bei; während er auf den höhern Stufen, um zu erscheinen, einer ganzen Reihe von Zuständen und Entwicklungen in der Zeit bedarf, welche alle zusammengenommen erst den Ausdruck seines Wesens vollenden. So z. B. hat die Idee, welche sich in irgend einer allgemeinen Naturkraft offenbart, immer eine einfache Aeußerung, wenngleich diese nach Maßgabe der äußern Verhältnisse sich verschieden darstellt. Ebenso hat der Krystall nur eine Lebensäußerung. Schon die Pflanze aber drückt die Idee, deren Erscheinung sie ist, in einer Succession von Entwickelungen ihrer Organe aus, welche alle zusammengenommen erst den Ausdruck ihres Wesens vollenden." (Vergl. Schopenhauer-Lexikon unter Naturkraft: Die Stufen der Naturkräfte als Stufen der Objectivation des Willens.)

Was Schopenhauer hier von den höhern Ideen (Naturstufen) lehrt, daß sie einer ganzen Reihe von Zuständen und Entwickelungen in der Zeit bedürfen, um den ganzen Ausdruck ihres Wesens zu vollenden, das lehrt er auch von der Natur im Ganzen. Denn die Natur steigt nach seiner mit der Kant-Laplace'schen Kosmogonie und mit der ganzen neuern naturwissenschaftlichen Weltanschauung übereinstimmenden Lehre succesive von den niedern zu den höhern Stufen (Ideen) auf und steigert sich allmälig bis zum Menschen, in welcher zeitlichen Entwickelung die Natur gemäß dem Gesetze der Continuität keinen Sprung macht. (Natura non facit saltus.) Die spätern und höhern Naturstufen, obwohl eine eigenthümliche, über die frühern sich erhebende Idee darstellend, sind doch durch die frühern bedingt; denn sie können erst hervortreten, nachdem diese ihr Werk gethan. Die Natur, lehrt Schopenhauer in wesentlicher Uebereinstimmung mit Darwin, fängt nicht bei jedem Erzeugnisse von vorn an, aus nichts schaffend, sondern, gleichsam im selben Stile fortschreitend, knüpft sie an das Vorhandene an, benutzt die frühern Gestaltungen, entwickelt und potenzirt sie höher, ihr Werk weiter zu führen. Als Beleg hierfür kann die sogenannte Metamorphose der Pflanze dienen, eben so die Steigerung der Thierreihe, auch die Steigerung in Hinsicht auf den Intellect. (Vergl. Schopenhauer=Lexikon unter Natur: Continuität der Naturstufen; ferner Generatio aequivoca.)

Nehmen Sie nun alles Dieses zusammen, so ergiebt sich daraus als nothwendige Consequenz, daß Raum, Zeit, Vielheit und Causalität keine bloßen Vorstellungsformen, sondern real sind. Denn die Ideen, diese ursprünglichen Willensmanifestationen oder „Willensacte", wie sie Schopenhauer nennt, sind die reale Erscheinung des Willens, und derselben sind mehrere; folglich ist die Vielheit real. Die Ideen als gleichbedeutend mit den Naturkräften sind ferner das den einzelnen Ursachen ihre Kraft zu wirken Ertheilende; folglich ist die Causalität real. Endlich sind die Ideen als theils coëxistirende, theils succedirende Naturstufen räumlich neben und zeitlich nach einander; folglich sind Raum und Zeit real.

Diese Realität von Raum, Zeit, Vielheit und Causalität ist nun freilich keine primäre, sondern wie die der Ideen selbst eine secundäre, der Erscheinung des Dinges an sich angehörende. Aber da die Erscheinung in den Ideen eine reale Offenbarung des Dinges an sich ist, so sind Raum, Zeit, Vielheit und Causalität ebenfalls reale Offenbarungen des Dinges an sich, reale Formen seiner Erscheinung.

Hiermit ist der Rest von Idealismus, der sich noch bei Schopenhauer in der Lehre von Raum, Zeit, Vielheit und Causalität als subjectiven Vorstellungsformen findet, durch die Consequenz seiner eigenen Lehre von der Erscheinung überwunden. Es bleibt als wahr nur stehen, daß Raum, Zeit, Causalität und Vielheit keine unbedingte Realität haben; sondern ihre Realität dadurch bedingt ist, daß das Ding an sich erscheint. Denn erschiene das Ding an sich nicht, objectivirte es sich nicht unmittelbar in den Ideen, und mittelbar in den Individuen; so gäbe es weder Raum und Zeit, noch Vielheit und Causalität. Aber diese Bedingtheit durch das Erscheinen des Dinges an sich ist nicht gleichbedeutend mit der idealistischen Subjectivität jener Formen. Es ist also noch kein Idealismus, wenn man Raum, Zeit, Causalität und Vielheit für Formen der Erscheinung erklärt. Denn es kommt alles darauf an, in welchem Sinne man das Wort Erscheinung hier nimmt, ob in dem Sinne der objectiven Manifestation des Ansichseienden, oder im Sinne der blos subjectiven Vorstellung. Nur wer Raum, Zeit, Vielheit und Causalität für bloße Formen der Vorstellung erklärt, ist Idealist; wer sie hingegen für Formen der objectiven Erscheinung des Dinges an sich erklärt, der ist Realist. Nun muß aber doch Schopenhauer sie consequenterweise dafür erklären, weil er das Ding an sich in einer Vielheit wirkender Kräfte (Ideen), die theils coëxistiren, theils einander succediren, erscheinen läßt. Also ist Schopenhauer im Grunde genommen Realist.

Es hilft nichts, daß er sagt: „Der Wille als Ding an sich ist von seiner Erscheinung gänzlich verschieden und völlig frei von allen Formen derselben, in welche er eben erst eingeht, indem er erscheint, die daher nur seine Objectität betreffen, ihm selbst fremd sind. Schon die allgemeinste Form aller Vorstellung, die des Objects für ein Subject, trifft ihn nicht; noch weniger die dieser untergeordneten, welche insgesammt ihren gemeinschaftlichen Ausdruck im Satz vom Grunde haben, wohin bekanntlich auch Zeit und Raum gehören, und folglich auch die durch diese allein bestehende und möglich gewordene Vielheit." („Welt als Wille und Vorstellung", I, 134.) Wie käme, muß man hier fragen, der Wille dazu, in diese Formen, also in den allgemeinen Gegensatz von Subject und Object und in die besondern Formen alles Objects: Raum, Zeit und Vielheit einzugehen, wenn sie ihm absolut fremd wären? Gewiß, diese Formen sind nur Formen der Erscheinung, Formen der Objectität des Willens. Aber da das Erscheinen oder sich Objectiviren die eigene That des Willens ist, da er der absolute und allmächtige Herr der Welt und alles schließlich auf ihn zurückzuführen ist, so sind eo ipso auch diese Formen der Erscheinung seine Formen, spiegeln sein Wesen ab, können ihm so wenig fremd sein, als das Erscheinen selbst ihm fremd ist.

Dieses hat übrigens Schopenhauer selbst anderwärts ausgesprochen, indem er z. B. die Unendlichkeit von Raum und Zeit für das Abbild der Rast- und Ziellosigkeit des Strebens des Willens erklärt hat. Das Fortrücken unsers ganzen Sonnensystems, vielleicht auch des

ganzen Sternhaufens, dem unsere Sonne angehört, woraus endlich
auf ein allgemeines Fortrücken aller Fixsterne zu schließen sei, werde
zum Ausdruck jener Nichtigkeit, jener Ermangelung eines letzten Zweckes,
welche wir dem Streben des Willens in allen seinen Erscheinungen
zuerkennen müssen; „daher eben auch wieder endloser Raum
und endlose Zeit die allgemeinsten und wesentlichsten For=
men seiner gesammten Erscheinung seyn mußten, als
welche sein ganzes Wesen auszudrücken da ist." („Welt als
Wille und Vorstellung", I, 177, 378 fg.)

So wie nach Schopenhauer hier unendlicher Raum und unend=
liche Zeit das entsprechende Abbild der Natur des Willens als eines
endlosen Strebens sind, so ist nach einer andern Stelle das räum=
liche Auseinandergehen in entgegengesetzte Richtungen, welches sich in
der Polarität zeigt, das entsprechende Abbild des Auseinandertretens
der Kraft, d. i. des Willens in zwei entgegengesetzte und zur Wieder=
vereinigung strebende Thätigkeiten. Da nämlich, wo er von den Natur=
philosophen der Schelling'schen Schule spricht und deren Verdienste
in Nachweisung der Analogien in der Natur anerkennt, wenngleich er
die zur bloßen Witzelei ausartende Jagd nach Analogien in der Natur
tadelt, sagt er: „Sie haben besonders darauf aufmerksam gemacht,
daß die Polarität, d. h. das Auseinandertreten einer Kraft in zwei
qualitativ verschiedene, entgegengesetzte und zur Wiedervereinigung stre=
bende Thätigkeiten, welches sich meistens auch räumlich durch ein Aus=
einandergehen in entgegengesetzte Richtungen offenbart, ein Grundtypus
fast aller Erscheinungen der Natur, vom Magnet und Krystall bis
zum Menschen ist. In China ist jedoch diese Erkenntniß seit den
ältesten Zeiten gangbar, in der Lehre vom Gegensatz des Yin und
Yang." („Welt als Wille und Vorstellung", I, 171.)

Aus diesen und ähnlichen Stellen, deren sich noch mehrere bei
Schopenhauer finden, geht deutlich genug hervor, daß er Raum und
Zeit, wenngleich er sie für Formen der Erscheinung erklärt, doch
für keine blos subjectiven Vorstellungsformen im idealistischen
Sinne, sondern für objectiven, realen Ausdruck des Wesens an
sich, d. i. des Willens angesehen hat. Der Wille erscheint so, in
unendlichem Raum und unendlicher Zeit, weil er ein end= und zielloses
Streben ist; er erscheint in räumlich entgegengesetzte Richtungen

8*

auseinandergehend, weil er ein in zwei entgegengesetzte, zur Wieder=
vereinigung strebende Thätigkeiten auseinandergehendes Wesen ist.

Die realistische Bedeutung der Erscheinung bei Schopenhauer
geht auch aus den Stellen hervor, in denen er die gesammte sichtbare
Welt „die Objectivation, den Spiegel des Willens zu seiner Selbst=
erkenntniß" nennt. („Welt als Wille und Vorstellung", I, 196,
315, 323.) Wie könnte der Wille in der sichtbaren Welt sich
selbst erkennen, wenn dieselbe ihm nicht entspräche, nicht Aus=
druck seines eigenen Wesens, sondern ein blos subjectives Phänomen
wäre. Am entschiedensten tritt der Realismus Schopenhauer's aus
folgenden Stellen hervor: „Die Erscheinung, die Objectität des einen
Willens zum Leben ist die Welt, in aller Vielheit ihrer Theile und
Gestalten. Das Dasein selbst und die Art des Daseins, in der Ge=
sammtheit, wie in jedem Theil, ist allein aus dem Willen. In jedem
Dinge erscheint der Wille gerade so, wie er sich selbst an sich und
außer der Zeit bestimmt. Die Welt ist nur der Spiegel dieses Wol=
lens: und alle Endlichkeit, alle Leiden, alle Qualen, welche sie enthält,
gehören zum Ausdruck dessen, was er will, sind so, weil er so will."
(„Welt als Wille und Vorstellung", I, 415.) „In Folge unserer gan=
zen Ansicht ist der Wille nicht nur frei, sondern sogar allmächtig: aus
ihm ist nicht nur sein Handeln, sondern auch seine Welt: und wie er
ist, so erscheint sein Handeln, so erscheint seine Welt: seine Selbst=
erkenntniß sind Beide und sonst nichts: er bestimmt sich und eben da=
mit Beide: denn außer ihm ist nichts, und sie sind er selbst." („Welt
als Wille und Vorstellung", I, 321.)

Mit dieser, die Erscheinung ihrer Beschaffenheit nach, sowohl
im Ganzen, wie in jedem Theil, aus dem Willen (also nicht
aus blos subjectiv gültigen Formen des Intellects) ableitenden Er=
klärung, welche die wahre Consequenz seiner Philosophie ist, hat Schopen=
hauer selbst seinen ursprünglichen Idealismus aufgegeben, der die
Formen der Erscheinung als dem Ding an sich fremd betrachtete und
sie blos auf Rechnung des Intellects setzte.

Zweiundzwanzigster Brief.

Ob die Erscheinung bei Schopenhauer als eine ewige aufzufassen sei? — Unphilosophischer Anthropomorphismus in der Lehre von der Verneinung des Willens.

———

Sie sind, verehrter Freund, durch meine Auseinandersetzungen zwar überzeugt worden, daß die Schopenhauer'sche Lehre von der Erscheinung im Grunde genommen eine realistische ist; aber es ist Ihnen, schreiben Sie, dunkel geblieben, ob bei Schopenhauer das Eingehen des Dinges an sich in die Erscheinung als ein zeitlicher, historischer Act, oder ob die Erscheinung als gleich ewig mit dem Ding an sich aufzufassen sei. Mit andern Worten: ob der Wille, wie der theologische Gott vor der Schöpfung, ehe er in die Welt einging, in sich verschlossen, also erscheinungslos war und erst zu einer bestimmten Zeit sich aufgeschlossen, sich „objectivirt" hat; oder ob er von Ewigkeit her „objectivirt", also nie ohne Erscheinung, ohne Objectität ist.

In erstem Falle, meinen Sie, wäre Schopenhauer's Philosophie doch selbst wieder nur eine kosmogonische, obgleich er das kosmogonische Philosophiren verwirft; er trüge doch in das Ding an sich das Werden, die Veränderung hinein, obgleich er dieses Hineintragen von Formen der Erscheinung in das Ding an sich verwirft. Denn wenn der Wille (das Ding an sich Schopenhauer's) erst in einem erscheinungslosen Zustande sich befand, ehe er in den Zustand des Erscheinens überging, so sei eine innerliche Veränderung, ein zeitliches Werden, ein Entstehen in ihm vorgegangen, was doch seinem Begriffe als dem des Unveränderlichen, nimmer Werdenden widerspreche.

Im andern Falle hingegen, dem des ewigen Erscheinens, sei es nicht denkbar, daß der Wille je aufhören sollte, zu erscheinen. Nun lehre doch aber Schopenhauer, daß mit der Verneinung des Willens auch das Ende seiner Erscheinung, der Welt, eintrete; obgleich er dieses Nichts der Welt für kein absolutes, sondern nur für ein relatives erklärt.

Sie wünschen über diesen Punkt durch mich ins Klare zu kommen.

Sollte ich nun zunächst, noch ohne alle Rücksicht auf Schopenhauer's Lehre, sagen, wie ich das Verhältniß des Urwesens zu seiner Erscheinung auffasse, so würde ich sagen: Es ist ein Ungedanke, das ewige Wesen als ein thätiges, agirendes aufzufassen — und als Willen muß ich es doch thätig, agirend denken — gleichzeitig aber anzunehmen, daß es erst zu einer bestimmten Zeit aus dem thatlosen, ruhenden in den activen Zustand übergegangen sei. Ein leerer, potentieller Wille, der erst mit dem Uebergang aus dem potentiellen in das actuelle Wollen den Weltproceß beginnt, wie es E. von Hartmann sich denkt, ist für mich eine Absurdität. Ist der Wille ewig, und ist es dem Willen wesentlich, zu agiren, so muß er auch ewig agiren, muß folglich ewig sich äußern, ewig erscheinen. Jeder einzelne Willensact zwar hat einen Anfang und ein Ende in der Zeit, das Agiren selbst aber kann keinen Anfang und kein Ende haben, weil damit der Wille selbst Anfang und Ende hätte, er folglich nicht das ewige Ur- oder Grundwesen aller Dinge wäre.

Nach meiner Ansicht kann also von einem zeitlichen Anfang der Erscheinung überhaupt nicht die Rede sein, sondern nur von einem zeitlichen Anfang dieser oder jener einzelnen Erscheinung. Was nun aber Schopenhauer's Stellung zu dieser Frage betrifft, so ist sie folgende:

Schopenhauer faßt ebenfalls die Erscheinung des Willens als unzertrennlich von ihm selbst, als stets ihn begleitend auf, indem er z. B. sagt: „Da der Wille, das Ding an sich, der innere Gehalt, das Wesentliche der Welt ist; das Leben, die sichtbare Welt, die Erscheinung aber nur der Spiegel des Willens; so wird diese den Willen so unzertrennlich begleiten, wie den Körper sein Schatten: und wenn Wille da ist, wird auch Leben, Welt da seyn." („Welt als Wille und Vorstellung", I, 324.) Also, so lange, als Wille da ist, so lange ist auch seine Erscheinung da. Wenngleich die einzelnen, individuellen Erscheinungen entstehen und vergehen, so ist doch das Erscheinen überhaupt von gleicher Dauer mit dem erscheinenden Wesen, dem Willen. Aber freilich dieses Wesen selbst ist nach Schopenhauer, da es verneint werden kann, kein ewiges, folglich ist auch seine Erscheinung von keiner ewigen Dauer.

Zwar lehrt Schopenhauer: Die Ideen, als die unmittelbare Erscheinung des Willens, sind die ewigen Formen der Dinge, feststehend, keinem Wechsel unterworfen, immer seiend, nie geworden, während die Individuen entstehen und vergehen, immer werden und nie sind. Die Ideen sind die beharrenden, unwandelbaren, von der zeitlichen Existenz der Einzelwesen unabhängigen Gestalten, die species rerum, als welche eigentlich das rein Objective der Erscheinungen ausmachen. „Die Idee ist eigentlich ewig, die Art aber von unendlicher Dauer; wenngleich die Erscheinung derselben auf einem Planeten erlöschen kann." („Welt als Wille und Vorstellung", I, 154; II, 414.) „Die Zeit ist bloß die vertheilte und zerstückelte Ansicht, welche ein individuelles Wesen von den Ideen hat, die außer der Zeit, mithin ewig sind: daher sagt Plato, die Zeit sei das bewegte Bild der Ewigkeit." („Welt als Wille und Vorstellung", I, 207.)

Demgemäß ist nach Schopenhauer nur die mittelbare Erscheinung, die der einzelnen Dinge, oder Individuen, entstehend und vergehend, die unmittelbare hingegen, die der Ideen, unentstanden und unvergänglich, wie der Wille, das Ding an sich, dessen Erscheinung sie sind. Der Wille kann sich also nicht erst zu einer bestimmten Zeit in den Ideen objectivirt haben, sondern muß als ewig in ihnen objectivirt gedacht werden.

Aber freilich mit dieser Ewigkeit der Erscheinung in den Ideen läßt sich die Verneinung des Willens nicht zusammenreimen. Kann das Grundwesen der Welt, der Wille ein Ende nehmen, so ist eo ipso auch seine Erscheinung nicht ewig.

Schopenhauer ist durch seine Lehre von der Verneinung des Willens wieder in das historische, kosmogonische Philosophiren, das er selbst so scharf verwirft, zurückgefallen. Er hat sich mit der Herleitung der Welt aus einem intelligibeln Willensact, der auch wieder

zurückgenommen werden kann, und mit deſſen Zurücknahme die Welt
ein Ende hat, in ein transſcendentes, aller menſchenmöglichen Erfah=
rung entrücktes Gebiet verſtiegen, während doch ſeine Philoſophie
immanent bleiben, d. h. ſich innerhalb der Erfahrung halten und
blos das Weſen dieſer, das Was derſelben, entziffern wollte. Da=
durch iſt er genöthigt worden, den Willen, den er anfänglich für das
urſprüngliche, ewige, unzerſtörbare Weſen aller Dinge erklärt, hinter=
her doch nur für das relative, nicht für das abſolute Weſen an
ſich zu erklären. Hinter dem Willen, dem Weſen an ſich dieſer Welt,
ſteckt ihm noch Etwas, das übrig bleibt, wenn der Wille ſich verneint
hat und damit das Nichts der Welt eingetreten iſt. „Wäre der
Wille das Ding an ſich ſchlechthin und abſolut; ſo wäre auch dieſes
Nichts ein abſolutes; ſtatt daß es ſich uns ausdrücklich nur als
ein relatives ergiebt." („Welt als Wille und Vorſtellung", II, 222.)
Der Wille iſt ihm das Weſen der Welt nicht im Sinne der abſo=
luten Subſtanz Spinoza's. (Vergl. „Welt als Wille und Vorſtellung",
II, 743; „Parerga", II, §. 162; „Arthur Schopenhauer. Von ihm,
über ihn", S. 430—432, 555, 559.)

Damit iſt Schopenhauer, wie ich ſchon in der Einleitung zu
der Geſammtausgabe ſeiner Werke (S. LXXXIV) geſagt habe, ſich
ſelbſt untreu geworden und iſt in einen unphiloſophiſchen Anthro=
pomorphismus zurückgefallen, einen Anthropomorphismus, der
nicht mehr dem früher (im ſechſten Briefe) von mir vertheidigten
und gerechtfertigten, ſondern dem theologiſchen ähnlich iſt. Nach
der theologiſchen Weltanſchauung nämlich hat Gott die Welt ge=
ſchaffen, und dieſe beſteht daher nur ſo lange, als Gott ſie erhält;
ſie muß vergehen, ſobald Gott ſeine Hand von ihr abzieht. Aehnlich
nun iſt nach Schopenhauer die Welt Folge eines Willensactes,
und beſteht nur ſo lange, als dieſer Willensact bejaht wird, vergeht
hingegen, ſobald die Verneinung deſſelben eintritt. Die Verneinung
ſelbſt wieder iſt Folge der intuitiven Erkenntniß des Elends alles
Daſeins, welche Erkenntniß das Nichtwollen herbeiführt, alſo wie
ein Motiv wirkt. Schopenhauer nennt ſie zwar im Gegenſatz zu
der die Motive liefernden Erkenntniß Quietiv; aber ein Quietiv iſt
doch nur ein anderartiges Motiv, nämlich ein Motiv zum Nicht=
wollen und Nichthandeln. Alſo denkt ſich Schopenhauer in der Lehre

von der Verneinung des Willens den Weltwillen als durch ein Motiv, folglich nach menschlicher Weise bestimmbar. Der Weltwille handelt wie ein Mensch, der einen Act, den er in der Verblendung über seine Folgen begangen, nach erfolgter Erfahrung und Enttäuschung bereut und ihn wieder zurücknimmt. Dies ist allerdings unphilosophischer Anthropomorphismus.

Dreiundzwanzigster Brief.

Kritik des Schopenhauer'schen Gegensatzes zwischen Kraft und Ursache. —
Wahre Bedeutung dieses Gegensatzes.

———

Zu dem Rest von Dualismus in der Schopenhauer'schen Philo=
sophie, von dem ich schon wiederholt in diesen Briefen gesprochen habe
und den es gilt durch den eigenen Monismus derselben zu über=
winden, gehört auch der Gegensatz zwischen Kraft und Ursache.

Schopenhauer sagt nämlich: „In Folge der zu weiten Fassung
des Begriffs Ursache hat man mit demselben den Begriff der Kraft
verwechselt; diese, von der Ursache völlig verschieden, ist jedoch Das,
was jeder Ursache ihre Causalität, d. h. die Möglichkeit zu wirken er=
theilt. Es ist unmöglich, mit seinem Denken im Klaren zu seyn, so
lange darin Kraft und Ursache nicht als völlig verschieden deutlich er=
kannt werden." („Welt als Wille und Vorstellung", II, 51.)

Die Kräfte sind nach Schopenhauer Das, vermöge dessen die
Veränderungen, oder Wirkungen überhaupt möglich sind, Das, was
den Ursachen die Causalität, d. h. die Fähigkeit zu wirken, allererst
ertheilt, von welchem sie also diese blos zur Lehn haben. Ursache
und Wirkung sind die zu nothwendiger Succession in der Zeit ver=
knüpften Veränderungen; die Naturkräfte hingegen, vermöge welcher
alle Ursachen wirken, sind von allem Wechsel ausgenommen, daher in
diesem Sinne außer aller Zeit, eben deshalb aber stets und überall
vorhanden, allgegenwärtig und unerschöpflich, immer bereit, sich zu
äußern, sobald nur, am Leitfaden der Causalität, die Gelegenheit dazu
eintritt. Die Ursache ist allemal, wie auch die Wirkung, eine einzelne
Veränderung; die Naturkraft hingegen ist ein Allgemeines, Unver=

änderliches, zu aller Zeit und überall Vorhandenes. („Vierfache Wurzel", S. 45. „Welt als Wille und Vorstellung", I, 157—163.) Die Kraft ist die nothwendige Voraussetzung aller ätiologischen Erklärung. („Welt als Wille und Vorstellung", I, 133, 166.)

Andererseits lehrt Schopenhauer aber, jede Bewegung, also jede Veränderung, sei Product zweier Factoren, eines innern: Kraft oder Wille, und eines äußern: Ursache. Es gebe nicht zwei grundverschiedene Ursprünge der Bewegung, entweder von Innen, oder von Außen, sondern die Bewegung von Innen (aus dem Willen) und von Außen (durch Ursachen) finde bei jeder Bewegung eines Körpers zugleich und unzertrennlich statt. („Ueber den Willen in der Natur", S. 84 fg.) Und wie jede Wirkung in der unbelebten Natur ein nothwendiges Product zweier Factoren sei, nämlich der hier sich äußernden allgemeinen Naturkraft (Naturwillens) und der diese Aeußerung hier hervorrufenden einzelnen Ursache; gerade so sei jede Handlung eines Menschen das nothwendige Product seines Charakters und des eingetretenen Motivs. („Die beiden Grundprobleme der Ethik", S. 56.) Jedes Ding wirkt gemäß seiner Beschaffenheit, und sein auf Ursachen erfolgendes Wirken giebt die Beschaffenheit kund. (Daselbst, S. 97, 176. „Parerga", II, 247.)

Hieraus geht hervor, daß nach Schopenhauer's eigener Lehre jede Wirkung, jede Veränderung, kein bloßes Product einer äußeren Ursache ist, sondern Product Beider, der äußern Ursache und der Kraft oder des Willens, der durch sie in Action versetzt wird. Jede Ursache muß, um zu wirken, auf eine Kraft stoßen, die durch sie zur Aeußerung herausgefordert wird. Die Kraft unterscheidet sich also von der Ursache nur, wie der innere von dem äußern Factor, oder wie die allgemeine Ursache von der einzelnen, wie die principielle Ursache von der occasionellen, wie die Grundursache von der gelegentlichen. Der ganze Gegensatz zwischen Kraft und Ursache ist also nur ein relativer, und die Consequenz der Schopenhauer'schen Lehre erfordert daher, die Kräfte nicht aus dem Gebiete der Ursachen auszuschließen, sondern nur, sie als die Grundursachen aller Veränderungen von den Gelegenheitsursachen zu unterscheiden. Jene sind die allgemeinen, diese die einzelnen Ursachen.

Ein von Schopenhauer selbst gebrauchtes Beispiel kann dies erläutern: „Das Wasser bleibt Wasser, mit seinen ihm innewohnenden
Eigenschaften; ob es aber als stiller See seine Ufer spiegelt, oder ob
es schäumend über Felsen stürzt, oder, künstlich veranlaßt, als langer
Strahl in die Höhe spritzt: das hängt von den äußern Ursachen ab:
Eines ist ihm so natürlich wie das Andere; aber je nachdem die Umstände sind, wird es das Eine oder Andere zeigen, zu Allem gleich
sehr bereit, in jedem Fall jedoch seinem Charakter getreu und immer
nur diesen offenbarend. So wird sich auch jeder menschliche Charakter
unter allen Umständen offenbaren: aber die Erscheinungen, die daraus
hervorgehen, werden sehn, je nachdem die Umstände waren." („Welt
als Wille und Vorstellung", I, 165.)

Hier sind nicht blos die äußern Umstände Ursache der Erscheinungsweise des Wassers, sondern auch seine eigene innere Natur, die
sein Wesen constituirenden Eigenschaften oder Kräfte, und eben so sind
nicht blos die äußern Umstände Ursache der Offenbarungsweise eines
menschlichen Charakters, sondern auch die Beschaffenheit dieses Charakters selbst. Denn ein anderer Charakter würde sich unter denselben
äußern Umständen ganz anders offenbaren.

Die äußern Umstände sind folglich nicht die ganze Ursache einer
Erscheinung, sondern nur ein Theil der ganzen. Es ist daher falsch,
jene allein unter den Begriff der Ursache zu subsumiren und, wie
Schopenhauer thut, zu erklären: „Alle Ursache ist Gelegenheitsursache"
(„Welt als Wille und Vorstellung", I, 164), und: „Der Wille aber
ist nie Ursache." (Daselbst S. 166.) Vielmehr ist zu sagen: Die Kraft
oder der Wille eines Wesens ist die innere, principielle, beharrliche,
allgemeine Ursache, und die Umstände, die auf sie wirken, sind die
äußern, gelegentlichen, wechselnden, einzelnen Ursachen seiner Erschei-
nungs= oder Aeußerungsweise.

Nur das Ganze, wodurch eine Erscheinung bewirkt wird, darf Ursache derselben genannt werden; das Ganze ist aber weder der innere,
noch der äußere Factor allein, sondern Beide zusammen. Sagt doch
Schopenhauer selbst, die Aetiologie „hat zu allen Erscheinungen in
der Natur die Ursachen aufzusuchen, d. h. die Umstände, unter denen
sie allezeit eintreten; dann aber hat sie die unter mannigfaltigen Umständen vielgestalteten Erscheinungen zurückzuführen auf Das, was in

aller Erscheinung wirkt und bei der Ursache vorausgesetzt wird, auf ursprüngliche Kräfte der Natur." („Welt als Wille und Vorstellung", I, 166.) Nun, was in aller Erscheinung wirkt, ja die Voraussetzung des Wirkens jeder äußern Ursache ist, das ist doch wohl auch Ursache zu nennen. Es ist ja sogar die wichtigste, die entscheidende, weil die Grundursache der Erscheinung. Damit fällt denn der obige Satz Schopenhauer's: „Der Wille ist nie Ursache." Er ist vielmehr die Hauptursache.

Vierundzwanzigster Brief.

Kritik der Schopenhauer'schen Lehre vom Verhältniß des Objects und Subjects zu einander. — Nachweis des ursächlichen Verhältnisses Beider in der Vorstellung.

———

Wie ich die Kraft nicht aus dem Gebiete der Ursächlichkeit ausschließen konnte, so kann ich auch das Verhältniß zwischen Object und Subject in der Vorstellung nicht, wie Schopenhauer thut, dem Gebiete der Ursächlichkeit entziehen. Nach Schopenhauer erstreckt sich die Herrschaft des Satzes vom Grunde nur auf die Objecte, nicht aber auf das Verhältniß zwischen Object und Subject.

Schopenhauer rühmt nämlich von seiner Philosophie, daß sie weder vom Object, noch vom Subject ausgegangen, sondern von der Vorstellung, welche jene beiden schon enthält und voraussetzt. Dies Verfahren unterscheide seine Betrachtungsart ganz und gar von allen je versuchten Philosophien, als welche alle entweder vom Object oder vom Subject ausgingen, und demnach das eine aus dem andern zu erklären suchten, und zwar nach dem Satze vom Grunde, „dessen Herrschaft wir hingegen das Verhältniß zwischen Object und Subject entziehen, ihr bloß das Object lassend". („Welt als Wille und Vorstellung", I, 30.) „Wie der Materialismus übersah, daß er mit dem einfachsten Object schon sofort auch das Subject gesetzt hatte; so übersah Fichte, daß er mit dem Subject nicht nur auch schon das Object gesetzt hatte, weil kein Subject ohne solches denkbar ist; sondern er übersah auch Dieses, daß alle Ableitung a priori, ja alle Beweisführung überhaupt, sich auf eine Nothwendigkeit stützt, alle Nothwendigkeit aber ganz allein auf den Satz vom Grund; weil nothwendig seyn

und aus gegebenem Grunde folgen — Wechselbegriffe sind, daß der
Satz vom Grunde aber nichts Anderes als die allgemeine Form des
Objects als solchen ist, mithin das Object schon voraussetzt, nicht aber,
vor und außer demselben geltend, es erst herbeiführen und in Gemäß=
heit seiner Gesetzgebung entstehen lassen kann. Ueberhaupt also hat
das Ausgehen vom Subject mit dem Ausgehen vom Object denselben
Fehler gemein, zum voraus anzunehmen, was es erst abzuleiten vor=
giebt, nämlich das nothwendige Korrelat seines Ausgangspunkts. Von
diesen beiden entgegengesetzten Mißgriffen nun unterscheidet sich unser
Verfahren, toto genere, indem wir weder vom Object noch vom Sub=
ject ausgehen, sondern von der Vorstellung, als erster Thatsache
des Bewußtseins, deren erste wesentlichste Grundform das Zerfallen
in Object und Subject ist, die Form des Objects wieder der Satz
vom Grund, in seinen verschiedenen Gestalten" u. s. w. („Welt als
Wille und Vorstellung", I, 40.)

Es ist nun zwar richtig, daß weder das Vorgestellte (Object) das
Vorstellende (Subject), noch auch umgekehrt das Vorstellende das Vor=
gestellte — sofern dieses kein bloßes Phantom, sondern ein Reales
ist, — hervorbringt, also keines von Beiden Ursache des Daseins
des andern ist. Aber daraus, daß keines von Beiden Ursache des Da=
seins des andern ist, folgt nicht, daß im Acte der Vorstellung Beide
außer aller ursächlichen Beziehung zu einander stehen. Vielmehr kommt,
wie ich Ihnen zeigen werde, nach Schopenhauer selbst die Vorstellung
nur dadurch zu Stande, daß sowohl das Object auf das Subject, als
auch das Subject auf das Object wirkt.

Was ist Vorstellung? Hierauf antwortet Schopenhauer: „Ein
sehr komplicirter physiologischer Vorgang im Gehirne eines Thieres,
dessen Resultat das Bewußtsein eines Bildes ebendaselbst ist."
(„Welt als Wille und Vorstellung", II, 214.) Welcher Art dieser
complicirte physiologische Vorgang im erkennenden Subject sei, das
hat Schopenhauer sowohl in der Schrift „Ueber das Sehn und die
Farben", als in der „Vierfachen Wurzel" (§. 21) gezeigt. Er hat
daselbst nachgewiesen, wie erst dadurch, daß der Verstand das Causa=
litätsgesetz auf die Sinnesempfindungen anwendet, die Anschauung
eines Objects zu Stande kommt. Die Veränderungen, welche der
thierische Leib erfährt, werden unmittelbar erkannt, d. h. empfunden,

und indem sogleich diese Wirkung auf ihre Ursache bezogen wird, ent=
steht die Anschauung der letztern als eines Objects. Wie mit dem
Eintritt der Sonne die sichtbare Welt dasteht, so verwandelt der Ver=
stand mit einem Schlage durch seine einzige, einfache Function der
Beziehung der Wirkung auf ihre Ursache die dumpfe, nichtssagende
Empfindung in Anschauung. Ohne die Thätigkeit des Verstandes, die
keine blos sensuale, sondern eine cerebrale ist, käme es nie zu
einer objectiven Welt, also zur Welt „als Vorstellung", sondern
nur ein dumpfes, pflanzenartiges Bewußtsein der Veränderungen des
eigenen Leibes bliebe übrig. (Vergl. Schopenhauer=Lexikon: An=
schauung.)

Da nun nach dieser Auffassung das vorgestellte Object erst
durch die Thätigkeit des Subjects, durch die Verstandesfunction,
welche die subjective Sinnesempfindung in objective Anschauung um=
wandelt, zu Stande kommt; so ist doch klar, daß Schopenhauer insoweit
die Thätigkeit des Subjects als Ursache des Objects auffaßt. Gäbe
es keine Sinne und keinen Verstand, so gäbe es auch kein vorgestelltes
Object. „Die Welt als Vorstellung hebt allerdings erst an mit dem
Aufschlagen des ersten Auges, ohne welches Medium der Erkenntniß
sie nicht seyn kann, also auch nicht vorher war." („Welt als Wille
und Vorstellung", I, 36.)

Aber nicht blos das Subject hat nach Schopenhauer eine Seite,
wodurch es Ursache des Objects wird, nämlich seine Verstandsthätig=
keit; sondern auch umgekehrt, das Object hat eine Seite, wodurch es
als Ursache auf die vorstellende Thätigkeit des Subjects wirkt; denn
woher kommt es, daß das Subject jetzt diesen, so geformten, mit
solchen Eigenschaften begabten, sich so äußernden Gegenstand vor=
stellt, bald darauf einen ganz anders geformten, mit andern Eigen=
schaften begabten und anders äußernden? Dieser verschiedene empirische
Gehalt der Objecte läßt sich nach Schopenhauer nicht aus den rein
formalen, apriorischen Functionen des vorstellenden Subjects ableiten,
sondern in ihm offenbart sich das Ding an sich. In der objectiven,
b. i. in der Erscheinungswelt, in der Welt als Vorstellung, kann sich
nichts darstellen, was nicht im Wesen der Dinge an sich, also in dem
der Erscheinung zum Grunde liegenden Willen, ein genau dem ent=
sprechend modificirtes Streben hätte. Denn die Welt als Vorstellung

kann nichts aus eigenen Mitteln liefern, eben darum aber auch kann sie kein eitles, müßig ersonnenes Mährchen auftischen. Die endlose Mannigfaltigkeit der Formen und sogar der Färbungen der Pflanzen und ihrer Blüten muß doch überall der Ausdruck eines ebenso modificirten subjectiven Wesens sein; d. h. der Wille als Ding an sich, der sich darin darstellt, muß durch sie genau abgebildet sein. („Parerga", II, 188 fg.) So weit die Dinge a priori bestimmbar sind, gehören sie der bloßen Erscheinung (Vorstellung) an, hingegen in dem Maaße, als sie empirischen, aposteriorischen Gehalts sind, offenbart sich in ihnen das Ding an sich, der Wille. („Ueber den Willen in der Natur", S. 86.) Die empirischen Eigenschaften (oder vielmehr die gemeinsame Quelle derselben) verbleiben dem Dinge an sich selbst, als Aeußerungen seines selbsteigenen Wesens durch das Medium der apriorischen Formen hindurch. („Parerga", I, 98.)

Die Sache verhält sich also nach Schopenhauer so: In der Vorstellung stehen Subject und Object, jedes mit einer andern Seite, in Causalbeziehung zu einander, wirken auf einander, nämlich das Subject mit seinen formalen apriorischen Functionen der Sinne und des Verstandes, das Object mit seinen empirischen, vom Dinge an sich herrührenden Eigenschaften. Ursache der sensualen und cerebralen Form des Objects ist das Subject, Ursache des empirischen Gehalts das Ding an sich.

Hiernach ist also die oben dargestellte Ansicht Schopenhauer's, welche das Verhältniß von Subject und Object der Herrschaft des Satzes vom Grunde entzieht, ihr blos das Object lassend, zu berichtigen.

Begrifflich ist freilich mit dem Subject sofort das Object, so wie mit diesem sofort jenes gesetzt. Denn die beiden entgegengesetzten Begriffe beziehen sich aufeinander, keiner von beiden ist ohne den andern denkbar, wie dieses überhaupt bei allen entgegengesetzten Begriffen der Fall ist. Aber so wie, obgleich die Begriffe der Ursache und Wirkung gleichzeitig mit einander gesetzt sind, dennoch in der Wirklichkeit die Ursache der Wirkung vorhergeht; so geht, obgleich die Begriffe des Objects und Subjects mit einander gesetzt sind, doch in der Wirklichkeit die Action des einen der des andern vorher. Die bestimmte empirische Beschaffenheit des Objects ist Ursache der

Vorstellung ihrer materialen Seite nach, und die sensuale und cerebrale Thätigkeit des Subjects ist Ursache der Vorstellung ihrer formalen Seite nach.

Diesen Unterschied zwischen dem abstract begrifflichen und dem
realen Verhältniß von Subject und Object in der Vorstellung hat
Schopenhauer selbst eingesehen und ausgesprochen. Denn als ich ihm
brieflich mein Bedenken darüber äußerte, daß er gegen Fichte die Anwendung des Satzes vom Grunde auf das Verhältniß von Subject
und Object für unstatthaft erkläre, doch aber selbst auch das Object aus
dem Subject ableite, indem er es (in der „Vierfachen Wurzel" §. 21)
durch den Verstand, mittelst Anwendung des Satzes vom Grunde,
zu Stande kommen lasse; da erwiderte er in einem Brief vom 12. Juli
1852: „Nimmt man es abstract, so ist mit dem Subject das Object
sofort gesetzt. Denn Subjectsein heißt erkennen, dies heißt Vorstellungen
haben. Object und Vorstellung ist das Selbe. Nun aber ist in
der Wirklichkeit das Dasein des Subjects des Erkennens kein abstractes, dasselbe existirt nicht für sich und unabhängig, ist nicht wie vom
Himmel gefallen; sondern es tritt auf als das Werkzeug einer individuellen Willenserscheinung (Thier, Mensch), deren Zwecken es dienen
soll und die nun dadurch ein Bewußtsein einerseits ihrer selbst und
andererseits der übrigen Dinge erhält: da entsteht die Frage, wie,
innerhalb dieses Bewußtseins, und aus welchen Elementen die Vorstellung der Außenwelt zu Stande kommt", u. s. w. (Vergl. „Arthur
Schopenhauer. Von ihm, über ihn" S. 541 fg.)

Hier hat also Schopenhauer selbst eingestanden, daß nur begrifflich mit dem Subject sofort das Object gesetzt ist, in der Wirklichkeit hingegen die Thätigkeit des Subjects Ursache des vorgestellten
Objects ist, also demselben vorhergeht.

Im Vorstellen geschieht Etwas, verändert sich Etwas. Was
verändert sich? Sowohl das Subject, als das Object. Das Object
bleibt nicht, was es an sich ist; denn indem es vorgestellt wird, geht
es in die Formen des vorstellenden Subjects ein, nimmt das Gepräge
der Sinnes- und Verstandesfunction des Subjects an. Daher kann ein
und dasselbe Object verschieden organisirten Subjecten verschieden erscheinen. Aber auch das Subject bleibt nicht, was es an sich ist;
denn seine Sinnes- und Verstandesfunction empfängt vom Object einen

specifisch bestimmten Inhalt, es wird durch das Object zu einer ganz bestimmten Vorstellung genöthigt. Es steht nicht in seinem Belieben, einen Körper so oder so groß, mit solchen oder solchen Eigenschaften, mit solcher oder solcher Wirkungsweise wahrzunehmen.

Folglich treten Subject und Object beim Vorstellen in ein Causalitätsverhältniß zu einander; denn sie ver ändern einander gegenseitig; jedes wird Ursache der Veränderung des andern.

Falsch wäre es nur, das Object ganz und gar, also auch seiner materialen Seite nach, aus dem Subject abzuleiten, und eben so falsch, das Subject ganz und gar, also auch seiner formalen Thätigkeit nach, aus dem Object abzuleiten. Jenes wäre der absolute Idealismus, dieses der absolute Realismus. Diese beiden verwirft Schopenhauer mit Recht; denn weder sind die Objecte ganz und gar bloße Hirngespinste, ohne einen realen Kern, noch ist das Subject eine bloße tabula rasa, auf welche die Dinge, wie sie an sich sind, eingezeichnet werden. Aber wohl bestimmen sich Object und Subject wechselseitig, und das Product dieser wechselseitigen Bestimmung eben ist die Vorstellung.

Fünfundzwanzigster Brief.

Schopenhauer's Lehre von der Verstandesthätigkeit. — Unterschied zwischen der angeborenen und der durch Uebung vermittelten Function des Verstandes. — Vertheidigung Schopenhauer's gegen Berthold Suhle.

———

Wäre, wie im Begriff, so auch in der Wirklichkeit mit dem Subject sofort das Object gesetzt; so brauchte das Vorstellen der Objecte nicht erst gelernt und geübt zu werden. Schopenhauer selbst aber hat gezeigt, wie sehr dasselbe des Lernens und Uebens bedarf; denn er sagt: „Obgleich der rein formale Theil der empirischen Anschauung, also das Gesetz der Causalität, nebst Raum und Zeit, a priori im Intellect liegt; so ist ihm doch nicht die Anwendung desselben auf empirische Data zugleich mitgegeben: sondern diese erlangt er erst durch Uebung und Erfahrung. Daher kommt es, daß neugeborene Kinder zwar den Licht- und Farbeneindruck empfangen, allein noch nicht die Objecte apprehendiren und eigentlich sehen; sondern sie sind, die ersten Wochen hindurch, in einem Stupor befangen, der sich alsdann verliert, wenn ihr Verstand anfängt, seine Function an den Datis der Sinne, zumal des Getasts und Gesichts, zu üben, wodurch die objective Welt allmälig in ihr Bewußtsein tritt." („Ueber die vierfache Wurzel des Satzes vom zureichenden Grunde", S. 72.)

Unmittelbar oder angeboren und folglich der Erfahrung vorhergängig ist also nach Schopenhauer nur die Function des Verstandes, die Empfindung in den Sinnesorganen als Wirkung aufzufassen, und von dieser Wirkung den Uebergang zu machen zu der äußern Ursache; die richtige Anwendung dieser Function hingegen ist durch

Uebung und Erfahrung vermittelt, wird erlernt und tritt daher erst allmälig ein.

Hierin liegt nach meiner Ansicht kein Widerspruch; denn ein Anderes ist es, was Schopenhauer beim gegenständlichen Anschauen der Erfahrung vorhergehen, und wieder ein Anderes, was er durch Erfahrung vermittelt sein läßt.

Dennoch hat ein Kritiker Schopenhauer's hier einen Widerspruch finden wollen. Berthold Suhle in seiner Schrift: „Arthur Schopen= hauer und die Philosophie der Gegenwart" (Berlin, W. Weber 1862) findet nämlich einen Grundwiderspruch zwischen Schopenhauer's Lehre von der unmittelbaren apriorischen Gewißheit des Causalitätsgesetzes, welche aller Erfahrung vorangeht, ja dieselbe erst möglich macht, und der dicht danebenstehenden Lehre, daß das Kind und der operirte Blind= geborene die Anwendung des Causalitätsgesetzes erst lernen müssen. Er stellt folgende Stellen aus „Die Welt als Wille und Vorstellung" (I, 13 fg.) und aus der Schrift „Ueber das Sehn und die Farben" (S. 10) u. s. w. als widersprechend einander gegenüber:

A.	**B.**
Die Veränderungen, welcher jeder thierische Leib erfährt, werden unmit= telbar erkannt, d. h. empfunden, und indem sogleich diese Wirkung auf ihre Ursache bezogen wird, entsteht die An= schauung der letztern als eines Ob= jects. Diese Beziehung ist kein Schluß in abstracten Begriffen, geschieht nicht durch Reflexion, nicht mit Willkür, son= dern unmittelbar, nothwendig und sicher. Sie ist die Erkenntniß= weise des reinen Verstandes, ohne welchen es nie zur Anschauung käme, sondern nur ein dumpfes, pflanzenar= tiges Bewußtsein der Veränderungen des unmittelbaren Objects übrigbliebe, die völlig bedeutungslos aufeinander= folgten, wenn sie nicht etwa als Schmerz oder Wollust eine Bedeutung für den Willen hätten. Aber wie mit dem Ein= tritt der Sonne die sichtbare Welt da=	Das Kind, in den ersten Wochen seines Lebens, empfindet mit allen Sinnen; aber es schaut nicht an, es apprehendirt nicht; daher starrt es dumm in die Welt hinein. Bald indessen fängt es an, den Verstand gebrauchen zu lernen, u. s. w. („Ueber das Sehn und die Farben", S. 10.)
	Seit Cheselden's berühmt ge= wordenem Blinden hat der Fall sich oft wiederholt und es sich jedesmal bestätigt, daß diese spät den Gebrauch der Augen erlangenden Leute zwar gleich nach der Operation Licht, Far= ben und Umrisse sehen, aber noch keine objective Anschauung der Gegenstände haben: denn ihr Verstand muß erst die Anwendung seines Causalgesetzes auf die ihm neuen Data und ihre Veränderungen lernen. („Ueber die

steht, so verwandelt der Verstand mit
Einem Schlage, durch seine einzige,
einfache Function, die dumpfe, nichts-
sagende Empfindung in Anschauung.
(„Welt als Wille und Vorstellung",
I, 13 fg.)

vierfache Wurzel des Satzes vom zureichenden Grunde", 2. Aufl., S. 70;
3. Aufl., S. 72.)

Sieht man diese einander gegenübergesetzten Stellen oberflächlich an, ohne in ihren Sinn einzubringen, so scheinen sie einander
freilich zu widersprechen; der Widerspruch markirt sich nach Suhle
hauptsächlich durch die gesperrt gedruckten Worte. Unter A wird ein
unmittelbares, nothwendiges und sicheres Erkennen des reinen Verstandes, also ein apriorisches Erkennen, unter B ein Lernen, ein Ueben,
ein Vergleichen des a posteriori Gegebenen gelehrt. Dort schafft der
Verstand durch Anwendung des ihm a priori gewissen Causalitätsgesetzes mit Einem Schlage die Anschauung der objectiven Welt, hier
muß das Kind aus den Datis, welche die Sinne liefern, durch Vergleichung der Eindrücke, welche vom nämlichen Object die verschiedenen
Sinne erhalten, die Anschauung erst mühsam erlernen. Ist nun nicht
zwischen jener Unmittelbarkeit und dieser Mittelbarkeit, jener Apriorität
und dieser Aposteriorität ein completer Widerspruch?

Ich sage Nein. Das Angeborensein einer Function schließt nicht
aus, daß die Anwendung derselben auf den empirisch gegebenen Stoff
erst gelernt werden muß. Die Unmittelbarkeit und Sicherheit, die
Schopenhauer dem Verstande in seiner Function des Anschauens zuschreibt, bezieht sich nur auf den mittelst des Causalitätsgesetzes
gemachten Uebergang von der Sinnesempfindung als Wirkung zu ihrer
äußern Ursache überhaupt, aber nicht auf die Erkenntniß der bestimmten Beschaffenheit dieser äußern Ursache. Diese Erkenntniß ist
vielmehr, wie Schopenhauer nachgewiesen, eine höchst vermittelte.
Also nur das Erkennen einer Ursache überhaupt, auf welche die
Sinnesempfindung bezogen wird, ist unmittelbare apriorische That des
Verstandes. Das Erkennen hingegen der empirischen Beschaffenheit der
a priori vorausgesetzten Ursache ist Sache des Lernens, der Uebung,
des Vergleichens der Data der Sinnesempfindung. So löst sich dieser Widerspruch.

Darum ist es auch kein Widerspruch, wenn Schopenhauer die
Function des Verstandes eine sichere, untrügliche nennt und dennoch

einen Schein als Trug des Verstandes (vergl. „Ueber das Sehn und die Farben", S. 15) annimmt. Sicher, untrüglich ist nur die Function im Allgemeinen, das Voraussetzen einer Ursache überhaupt zu der in der Sinnesempfindung gegebenen Affection des Leibes; hingegen in die nähere Bestimmung dieser Ursache kann sich Schein, Trug einmischen.

Es verhält sich mit der Verstandesfunction, wie mit jeder andern angeborenen Function. Jede ist nur als eine bestimmte Form der Thätigkeit angeboren. Aber die Anwendung dieser Form auf gegebenen Inhalt oder Stoff muß erlernt werden. Dem Angeborensein widerspricht also das Lernen nicht. Jedes Lernen setzt vielmehr eine angeborene Function voraus.

Hätte Suhle dieses bedacht, so hätte er sich die Bemerkung erspart: „Wer sich nur entschließen will, einmal unbefangen zu überlegen, wie weit denn seine Einsicht in die unübersehbare und tausendfältig verschlungene Kette der Ursachen und Wirkungen in der That reiche, wer sich nur über die einer einzigen Wissenschaft zur Erforschung vorliegenden unzähligen Causalverhältnisse aufrichtig Rechenschaft zu geben versucht, kann der wohl einer menschlichen Gehirnfunction allen materiellen Objecten gegenüber die Allmacht und Unfehlbarkeit zuschreiben, womit der Idealismus sie begabt? Mögen ferner die Anhänger Kant's und Schopenhauer's einen Augenblick absehen von ihrem eigenen vielleicht eminenten Verstande und auf die Menge ihre Aufmerksamkeit richten! Nicht einmal einen angeborenen unbezähmbaren Trieb, ein unablässiges Bedürfniß, von jeder Empfindung oder gar jedem Ereigniß die Ursache zu suchen, werden sie an unserer Gattung entdecken, geschweige denn eine angeborene Fähigkeit, immer die rechte zu finden. Vielmehr zeigen sich die Menschen dazu häufig wenig aufgelegt, träge und ungeschickt, und das reine Interesse, welches den Philosophen, den Naturforscher, den Historiker, den Philologen für die Erkenntniß der Ursachen und Gründe beseelt, ist eine Seltenheit; dem Volke ist jenes Erstaunen fremd, das dem Denker keine Ruhe läßt." (Vergl. Suhle, a. a. O., S. 57 fg.)

Die Thatsache, daß der Philosoph, der Naturforscher, der Historiker, der Philolog u. s. w. den Verstand mit seinem apriorischen Causalitätsgesetz zur Erforschung ganz anderer Ursachen anwendet, als der Laie, und daß seine Anwendung des Causalitätsgesetzes eine geübtere, eine scharfsinnigere ist, als die des Laien, diese Thatsache wird gewiß Niemand leugnen, und auch Schopenhauer hat sie nicht geleugnet. Aber folgt denn aus der Verschiedenheit der Sphäre der Anwendung des Verstandes und aus der Verschiedenheit des Grades seiner Schärfe, daß die Verstandesfunction keine allgemein menschliche ist, daß sie etwa nur dem Gelehrten zukommt, dem Volke aber nicht? Hat doch sogar Schopenhauer's Pudel Verstand bewiesen. (Vergl. „Ueber die vierfache Wurzel", S. 76.)

Die verschiedenen Grade des Verstandes und die verschiedenen Sphären seiner Anwendung hat auch Schopenhauer anerkannt. Dieses hat ihn aber nicht verhindert, die Verstandesfunction als in allen noch so verschiedenen Graden und Sphären im Wesentlichen identisch zu erkennen. „Sind es", lehrt Schopenhauer, „die Ursachen im engsten Sinne (die physikalischen und chemischen), denen der Verstand nachspürt; dann schafft er Mechanik, Astronomie, Physik, Chemie, und erfindet Maschinen zum Heil und zum Verderben: stets aber liegt allen seinen Entdeckungen, in letzter Instanz, ein unmittelbares intuitives Auffassen der ursächlichen Verbindung zum Grunde. Sind hingegen die Reize der Leitfaden des Verstandes; so wird er Physiologie der Pflanzen und Thiere, Therapie und Toxikologie zu Stande bringen. Hat er endlich sich auf die Motivation geworfen; dann wird er entweder sie bloß theoretisch zum Leitfaden gebrauchen, um Moral, Rechtslehre, Geschichte, Politik, auch dramatische und epische Poesie, zu Tage zu fördern; oder aber sich ihrer praktisch bedienen, entweder bloß um Thiere abzurichten, oder sogar um das Menschengeschlecht nach seiner Pfeife tanzen zu lassen, nachdem er glücklich an jeder Puppe das Fädchen herausgefunden hat, an welchem gezogen sie sich beliebig bewegt. Ob er nun die Schwere der Körper, mittelst der Mechanik, zu Maschinen so klug benutzt, daß ihre Wirkung, gerade zu rechter Zeit eintretend, seiner Absicht in die Hände spielt; oder ob er eben so die gemeinsamen, oder die individuellen Neigungen der Menschen zu seinen Zwecken ins Spiel versetzt, ist, hinsichtlich der dabei thätigen Functionen, das Selbe....... Die höchst verschiedenen Grade der Schärfe des Vorstandes sind angeboren und nicht zu erlernen; wiewohl Uebung und Kenntniß des Stoffs überall

zur richtigen Handhabung erfordert sind." („Ueber die vierfache Wur=
zel", S. 77 fg.)

Diese Stellen, zusammengenommen mit den oben bereits ange=
führten, beweisen zur Genüge, wie unbegründet Suhle's Vorwurf,
daß sich Schopenhauer in seiner Theorie des Verstandes widersprochen
habe, ist. Das Unmittelbare und das Vermittelte, das Ange=
borene und das Erlernte oder Erworbene des Verstandes beziehen sich
ja bei ihm nicht auf ein und Dasselbe, sondern auf verschie=
dene Elemente. Einen Widerspruch hätte er nur dann begangen,
wenn er die Verstandesfunction in derselben Hinsicht für erlernt
und durch Uebung vermittelt erklärt hätte, in welcher er sie für an=
geboren und unmittelbar erklärt.

Sechsundzwanzigster Brief.

Uebergang zu den naturphilosophischen Fragen. — Schopenhauer's Stellung zu dem Materialismus. — Sein Begriff der Materie.

———

Ich gehe nun, verehrter Freund, gemäß meinem Programm (vergl. den zwanzigsten Brief), nach Erledigung der hauptsächlichsten Erkenntnißtheoretischen Fragen zur Besprechung der wichtigsten die Naturphilosophie Schopenhauer's betreffenden Fragen über.

Wie man Schopenhauer wegen seiner im ersten Buche der „Welt als Wille und Vorstellung" dargelegten Erkenntnißtheorie zum absoluten Idealisten gestempelt hat, aber mit Unrecht, wie ich Ihnen gezeigt habe; so hat man ihn wegen seiner im zweiten Buche dargestellten Naturphilosophie zum Materialisten gemacht; aber ebenfalls mit Unrecht, wie ich Ihnen jetzt zeigen werde.

Ueber die Stellung Schopenhauer's zum Materialismus herrscht große Unklarheit. Die Einen machen ihn, weil er antispiritualistisch den Geist (Intellect) für Gehirnfunction erklärt, zum Materialisten. Die Andern werfen ihm im Gegensatz hierzu vor, daß er idealistisch die Materie in bloße Vorstellung verflüchtige. Noch Andere finden einen Cirkel darin, daß er den Geist aus der Materie ableitet, während er doch die Materie wieder für bloße Vorstellung des Geistes erkläre.

Ich werde Ihnen nun die wahre Stellung Schopenhauer's zum Materialismus in Folgendem näher darlegen, und es wird sich daraus ergeben, daß er weder Materialist ist, noch auch die Materie in bloße Vorstellung verflüchtigt, noch auch des erwähnten Cirkels sich schuldig macht.

Schopenhauer hat allerdings Berührungspunkte mit dem Mate=
rialismus, weicht aber auch wiederum so stark von ihm ab und tritt
so entschieden als Gegner desselben auf, daß es nur von Unkenntniß
seiner Lehre zeugt, wenn man ihn zu den Materialisten rechnet. So=
wohl der Begriff Schopenhauer's von der Materie, als auch seine
Lehre von dem Hervorgehen der Dinge aus der Materie
unterscheidet sich von der materialistischen wesentlich.

Der Materialismus hat seinen Namen davon, daß er kein an=
deres Ur= und Grundwesen der Dinge kennt, als die Materie. Diese
ist ihm das Beharrende in allem Wechsel der Erscheinungen, also die
eigentliche Substanz. Sie ist ewig, unerschaffen, unzerstörbar. Aus
ihr geht Alles, das Höchste wie das Niedrigste hervor, und in sie geht
Alles zurück. Eine zweite, immaterielle Substanz neben ihr, einen
Geist, eine Seele, wie der Spiritualismus annimmt, giebt es nach
ihm nicht. Daher die Polemik des Materialismus gegen alle Theo=
logie, daher auch seine Polemik gegen die Zerfällung des Menschen in
Leib und Seele. Der Materialismus ist Monismus, d. h. erkennt
nur ein Ur= und Grundwesen aller Dinge an.

Nun, in dieser Hinsicht ist Schopenhauer einverstanden mit dem
Materialismus. Er polemisirt gegen die spiritualistische Annahme
einer zweiten, immateriellen Substanz neben der Materie sehr scharf
und nennt dieselbe eine „Erschleichung". Nach ihm bildet den wirk=
lichen und allein berechtigten Inhalt des Begriffs der Substanz die
Materie. Denn was besagt das Wort Substanz? Es besagt, daß es
in allem Wechsel der Zustände ein Beharrendes giebt. Ein solches
aber haben wir nach Schopenhauer unmittelbar an der Materie. Sie
ist wirklich das letzte Subject aller Prädicate jedes empirisch gegebenen
Dinges. Der Gegensatz, welcher Anlaß zur Annahme zweier grund=
verschiedener Substanzen, Leib und Seele, gegeben hat, ist in Wahr=
heit der des Objectiven und Subjectiven. Faßt der Mensch sich in
der äußern Anschauung objectiv auf, so findet er ein räumlich aus=
gedehntes und überhaupt durchaus körperliches Wesen; faßt er hingegen
sich im bloßen Selbstbewußtsein, also rein subjectiv auf, so findet er
ein blos wollendes und vorstellendes, frei von allen Formen der An=
schauung, also auch ohne irgendeine der den Körpern zukommenden
Eigenschaften. Jetzt bildet er den Begriff der Seele durch Anwendung

des Satzes vom zureichenden Grunde. Er betrachtet nämlich Erkennen und Wollen als Wirkungen, deren Ursache er sucht, ohne den Leib dafür annehmen zu können, setzt also eine vom Leibe gänzlich verschiedene Ursache derselben. Auf diese Weise beweist der erste und der letzte Dogmatiker das Dasein der Seele, nämlich schon Platon (im „Phädros") und auch noch Wolf, aus dem Denken und Wollen als den Wirkungen, die auf jene Ursache leiten. Erst nachdem auf diese Weise durch Hypostasirung einer der Wirkung entsprechenden Ursache der Begriff von einem immateriellen, einfachen, unzerstörbaren Wesen entstanden war, entwickelte und demonstrirte diesen die Schule aus dem Begriff Substanz. Sie stellte nämlich den Begriff Substanz als den höhern Allgemeinbegriff, als den Gattungsbegriff auf, unter welchen sie die Begriffe Materie und Seele als Artbegriffe subsumirte. Aber Gattungsbegriffe dürfen nur gebildet werden, wenn zuvor die Arten gegeben sind, aus denen sie durch Weglassen der Artunterschiede und Beibehalten des Gemeinsamen in allen Arten abstrahirt werden. So entsteht z. B. der Gattungsbegriff Thier durch Wegdenken dessen, was die verschiedenen empirisch gegebenen Thierarten charakterisirt, und durch Uebriglassen des allen diesen Arten gemeinsamen Thiercharakters. Zu dem Begriff Substanz, d. h. dem Begriffe des Beharrenden in allem Wechsel der Erscheinungen, war aber thatsächlich gar keine andere Unterart gegeben, als die Materie. Aus dieser allein ist der Begriff Substanz als ein höheres Genus dadurch entstanden, daß man von ihr das Prädicat der Beharrlichkeit stehen ließ, alle ihre übrigen wesentlichen Eigenschaften, Ausdehnung, Undurchbringlichkeit, Theilbarkeit u. s. w. aber wegdachte. Wie jedes höhere Genus enthält also der Begriff Substanz weniger in sich, als der Begriff Materie; aber er enthält nicht dafür, wie sonst immer das höhere Genus, mehr unter sich, indem er nicht mehrere Unterarten neben der Materie umfaßt. Die Nebenordnung der immateriellen Substanz (Seele) neben die materielle war also logisch gesetzwidrig, war eine Erschleichung. „Blos der Begriff Materie war vor dem Geschlechtsbegriff Substanz da, welcher ohne Anlaß und folglich ohne Berechtigung müßigerweise aus jenem gebildet wurde, durch beliebige Weglassung aller Bestimmungen desselben bis auf eine. Erst nachher wurde neben den Begriff Materie die zweite unechte Unterart gestellt und so untergeschoben. Zur Bildung dieser aber bedurfte es nun weiter nichts, als einer ausdrücklichen Verneinung dessen, was man vorher stillschweigend schon im höhern Geschlechtsbegriff weggelassen hatte, nämlich Ausdehnung, Undurchdringlichkeit, Theilbarkeit. So wurde also der Begriff Substanz blos gebildet, um das Vehikel zur Erschleichung des Begriffs der immateriellen Substanz zu sein. Er ist folglich sehr weit davon entfernt, für eine Kategorie oder nothwendige Function des Verstandes gelten zu können; vielmehr ist er ein höchst entbehrlicher Begriff, weil sein einziger wahrer Inhalt schon im Begriff der Materie liegt, neben welchem er nur noch eine große Leere enthält, die durch nichts ausgefüllt werden kann, als durch die erschlichene Nebenart immaterieller Substanz, welche aufzunehmen er auch allein gebildet worden, weswegen er, der Strenge nach, gänzlich zu verwerfen und an seine Stelle überall der Begriff der Materie zu setzen ist." (Vergl. „Welt als Wille und Vorstellung", I, 580—583.)

Doch was ist denn nun eigentlich diese Materie, von der Schopenhauer in Uebereinstimmung mit dem Materialismus behauptet, daß sie den allein berechtigten Inhalt des Begriffs der Substanz bilde und nachweist, daß neben ihr die zweite, immaterielle Substanz unberechtigterweise untergeschoben sei? Hier müssen wir näher zusehen, was Schopenhauer von der Materie lehrt, um zu unterscheiden, inwieweit hier noch seine Lehre materialistisch und inwieweit sie antimaterialistisch ist.

Das Materielle ist nach Schopenhauer das Wirkende (Wirkliche) überhaupt und abgesehen von der specifischen Art seines Wirkens. Daher eben auch ist die Materie, blos als solche, nicht Gegenstand der Anschauung, sondern allein des Denkens, mithin eigentlich eine Abstraction; in der Anschauung hingegen kommt sie nur in Verbindung mit der Form und Qualität vor, als Körper, d. h. als eine ganz bestimmte Art des Wirkens. Blos dadurch, daß wir von dieser nähern Bestimmung abstrahiren, denken wir die Materie als solche, d. h. gesondert von der Form und Qualität. Das ganze Wesen der Materie als solcher besteht demnach im Wirken; nur durch dieses erfüllt sie den Raum und beharrt in der Zeit, sie ist durch und durch lauter Causalität. Mithin wo gewirkt wird, ist Materie, und das Materielle ist das Wirkende überhaupt.

Von der bloßen Materie giebt es nur einen Begriff, keine Anschauung; sie geht in alle äußere Erfahrung als nothwendiger Bestandtheil derselben ein, kann jedoch in keiner gegeben werden; sondern wird nur gedacht als der Träger aller Formen, Eigenschaften und Wirkungen. Insofern ist sie also eigentlich nicht Gegenstand, sondern Bedingung der Erfahrung. Sie ist das durch unsern Verstand (Intellect), in welchem die Welt als Vorstellung sich darstellt, nothwendig herbeigeführte, bleibende Substrat aller vorübergehenden Erscheinungen, also aller Aeußerungen der Naturkräfte und aller lebenden Wesen.

Insoweit gehört also die Materie dem formalen Theil unserer Erkenntniß an, gehört zu dem Apriorischen. Sie ist zwar nicht in dem Grade apriorisch, wie Raum und Zeit; denn die Materie können wir wegdenken, Raum und Zeit aber nimmermehr. Allein dies bedeutet blos, daß wir Raum und Zeit auch ohne die Materie vorstellen können. Hingegen die einmal in sie hineingesetzte und demnach als vorhanden gedachte Materie können wir schlechterdings nicht mehr wegdenken, d. h. sie als verschwunden und vernichtet, sondern immer nur als in einen andern Raum versetzt uns vorstellen. Insofern also ist sie mit unserm Erkenntnißvermögen ebenso unzertrennlich verknüpft, wie Raum und Zeit selbst. Jedoch der Unterschied, daß sie dabei zuerst beliebig als vorhanden gesetzt sein muß, deutet schon an, daß sie nicht so gänzlich und in jeder Hinsicht dem formalen Theil unserer Erkenntniß angehört, wie Raum und Zeit, sondern zugleich ein nur a posteriori gegebenes Element enthält. Sie ist in der That der „Anknüpfungspunkt des empirischen Theils unserer Erkenntniß an den reinen und apriorischen, mithin der eigenthümliche Grundstein der Erfahrungswelt."

Erst da, wo alle Aussagen a priori aufhören, mithin in dem ganz empirischen Theil unserer Erkenntniß der Körper, also in der Form, Qualität und bestimmten Wirkungsart derselben, offenbart sich nach Schopenhauer das Wesen an sich der Dinge, der Wille. Allein diese Formen und Qualitäten erscheinen stets nur als Eigenschaften und Aeußerungen eben jener Materie, die, als auf den Functionen unsers Intellects beruhend, apriorischen Ursprungs ist. Demzufolge ist die Materie Dasjenige, wodurch das innere Wesen der Dinge (der Wille) in die Wahrnehmbarkeit tritt, anschaulich, fühlbar wird. Das Ding an sich (der Wille) tritt, indem es zur Erscheinung wird, d. h. in die Formen unsers Intellects eingeht, als die Materie auf, d. h. als der selbst unsichtbare, aber nothwendig vorausgesetzte Träger nur durch ihn sichtbarer Eigenschaften; in diesem Sinne also ist die Materie die Sichtbarkeit des Willens. Die Ausdehnung verleiht der Materie der Raum, welcher unsere Anschauungsform ist, und die Körperlichkeit besteht im Wirken, welches auf der Causalität, mithin der Form unsers Verstandes beruht. Hingegen alle bestimmte Eigenschaft, also alles Empirische an der Materie, selbst schon die Schwere, beruht auf dem, was nur mittels der Materie sichtbar wird, auf dem Dinge an sich, dem Willen.

Schopenhauer unterscheidet also an der Materie ein apriorisches und ein aposteriorisches Element, ein auf den Functionen unsers Erkenntnißvermögens beruhendes Formales und ein das Ding an sich kundgebendes Reales. Daher auch macht er einen Unterschied zwischen Materie und Stoff und polemisirt gegen die neuesten Materialisten, welche beide verwechseln. Der Stoff ist nämlich die schon qualificirte Materie, die Materie in einer bestimmten specifisch wirkenden Form. Von Stoff kann demnach nur bei der realen Körperwelt die Rede sein. Unsere Aussagen von der Materie als solcher sind apriorischer Art. Hingegen die Wirkungsweise bestimmter Stoffe können wir nur a posteriori kennen lernen. Der Satz: „Die Materie beharrt, daher ihr Quantum weder vermehrt noch vermindert werden kann" ist a priori gewiß. Hingegen wie ein bestimmter unorganischer oder organischer Stoff wirken wird, das können wir a priori durchaus nicht wissen. Schopenhauer findet es daher lächerlich, daß die neuesten Materialisten, z. B. Büchner, auf empirischem Wege eine neue Entdeckung gemacht zu haben glauben an der vor ihnen tausendmal ausgesprochenen apriorischen Wahrheit, daß die Materie beharrt, und diese Wahrheit, die gar keines Beweises bedarf, weil sie a priori gewiß ist, auf empirischem Wege zu beweisen suchen. Büchner hatte nämlich („Kraft und Stoff", 3. Aufl., S. 17) gesagt: „Heute ist die Unsterblichkeit des Stoffs eine wissenschaftlich aufgestellte und nicht mehr zu leugnende Thatsache. Es ist interessant zu wissen, daß auch frühere Philosophen eine Kenntniß dieser folgenwichtigen Wahrheit besaßen, wenn auch mehr in unklarer und ahnender, als wissenschaft=

lich sicher erkannter Weise. Den Beweis dafür konnten uns erst unsere Wagen und Retorten liefern."

Mit Beziehung auf diese Stelle nun macht Schopenhauer mit Recht die Bemerkung, daß, wer durch Versuche, also a posteriori etwas ausmachen will, was er a priori einsehen und entscheiden könnte, z. B. die Nothwendigkeit einer Ursache zu jeder Veränderung, oder mathematische Wahrheiten, oder auf Mathematik zurückführbare Sätze aus der Mechanik, Astronomie, oder selbst solche, die aus sehr bekannten und unbezweifelbaren Naturgesetzen folgen, — daß ein solcher sich verächtlich mache. Wer hingegen umgekehrt a priori darthun wolle, was sich allein a posteriori aus der Erfahrung wissen läßt, der charlatanisire und mache sich lächerlich, wie Schelling und die Schellingianer. In Beziehung auf Büchner's angeführten empirischen Beweis für das Beharren der Materie tadelt es Schopenhauer noch ausdrücklich, daß Büchner hier statt des Wortes Materie das Wort Stoff gebraucht, indem er von Unsterblichkeit des Stoffs redet. „Wenn doch jemand, dem die Natur Geduld verliehen hat, sich die Mühe geben wollte, diesen Apothekerburschen und Barbiergesellen, die, aus ihren chemischen Garküchen kommend, von nichts wissen, den Unterschied beizubringen zwischen Materie und Stoff, welcher letztere schon die qualificirte Materie, d. h. die Verbindung der Materie mit der Form ist, welche sich auch wieder trennen könnten, daß mithin das Beharrende allein die Materie ist, nicht der Stoff, als welcher möglicherweise immer noch ein anderer werden kann. Die Unzerstörbarkeit der Materie ist nie durch Experimente auszumachen; daher wir darüber ewig ungewiß bleiben müßten, wenn sie nicht a priori feststände. Wie gänzlich und entschieden die Erkenntniß der Unzerstörbarkeit der Materie und ihres Wanderns durch alle Formen a priori und also von aller Erfahrung unabhängig sei, bezeugt eine Stelle im Shakspeare, der doch gewiß blutwenig Physik und überhaupt nicht viel wußte, jedoch den Hamlet in der Todtengräberscene (Act 5, Scene 1) sagen läßt:

> Der große Cäsar, todt und Lehm geworden,
> Verstopft ein Loch wohl vor dem rauhen Norden.
> O daß die Erde, der die Welt gebebt,
> Vor Wind und Wetter eine Wand verklebt."

(Vergl. „Parerga und Paralipomena", II, §. 43.)

Es geht aus Allem, was Schopenhauer über die Materie lehrt, hervor, daß er Materialist zwar insofern ist, als er nur eine Substanz, die Materie anerkennt, also gleich den Materialisten Antispiritualist ist, daß er aber andererseits Antimaterialist insofern ist, als er die Materie nicht für ein Ding an sich, für ein von den Erkenntnißformen des menschlichen Geistes (Intellects) Unabhängiges hält, sondern an ihr das Reale (an sich Seiende) vom Idealen (Vorgestellten) unterscheidet. Schopenhauer ist also dem Spiritualismus gegenüber Materialist, dem Materialismus gegenüber aber Idealist. Das Wahre des Materialismus besteht nach ihm darin, daß er uns von dem Cartesianischen Dualismus zwischen Geist und Materie, Leib und Seele befreit, das Falsche aber darin, daß er in den durch Kant zerstörten Dogmatismus zurückfällt, indem er die Materie für ein Ding an sich nimmt. „Das unausweichbar Falsche des Materialismus besteht zunächst darin, daß er von einer petitio principii ausgeht, welche, näher betrachtet, sich sogar als ein πρωτον ψευδος ausweist, nämlich von der Annahme, daß die Materie ein schlechthin und unbedingt Gegebenes, nämlich unabhängig von der Erkenntniß des Subjects Vorhandenes, also eigentlich ein Ding an sich sei. Er legt der Materie (und damit auch ihren Voraussetzungen Zeit und Raum) eine absolute, d. h. vom wahrnehmenden Subject unabhängige Existenz bei: dies ist sein Grundfehler." („Welt als Wille und Vorstellung", II, 357.) An einer andern Stelle nennt Schopenhauer daher den Materialismus „die Philosophie des bei seiner Rechnung sich selbst vergessenden Subjects" (Daselbst, S. 15), und wieder an einer andern vergleicht er ihn mit dem Freiherrn von Münchhausen, der zu Pferde im Wasser schwimmend mit den Beinen das Pferd, sich selbst aber an seinem nach vorn übergeschlagenen Zopf in die Höhe zieht; weil der Materialismus nämlich den Geist aus der Materie ableitet, ohne zu bedenken, daß die Materie doch Vorstellung des Geistes ist, also den Geist schon voraussetzt. („Welt als Wille und Vorstellung", I, 32.)

Schopenhauer ist also zwar Materialist, aber als Materialist zugleich Idealist, oder er ist idealistischer Materialist, im Gegensatz zu den realistischen, die Materie ganz und gar für ein Ding an sich nehmenden Materialisten des Alterthums und der Neuzeit.

Es giebt nach Schopenhauer eigentlich zwei Klassen von Systemen:

die vom Object ausgehenden und die vom Subject ausgehenden.
Unter den vom Object ausgehenden sei nun zwar der Materialismus
die erste und nothwendige Erscheinung, sei auch berechtigt, und es lasse
sich das objective Verfahren des Materialismus am consequentesten
und weitesten durchführen; aber so nothwendig und berechtigt der
Materialismus, so lange man beim Object stehen bleibt, auch ist, so
einseitig sei er doch, weil alles Object immer nur in Beziehung zum erkennenden Subject und mittels der Formen desselben das ist, was es
ist, also nur ein relatives Dasein hat. Der Materialismus ist also
nach Schopenhauer zwar wahr, aber einseitig, er erfaßt nur eine
Seite der ganzen, vollen Wahrheit, da alles Objective, Ausgedehnte,
Wirkende, also alles Materielle, welches der Materialismus für ein
hinlänglich solides Fundament seiner Erklärungen hält, um Alles darauf
zurückzuführen, — da alles dieses ein nur höchst mittelbar und bedingterweise Gegebenes, demnach nur relativ Vorhandenes ist; denn
es ist durchgegangen durch die Maschinerie und Fabrikation des Gehirns und also eingegangen in deren Formen, Zeit, Raum und Causalität, vermöge welcher allererst es sich darstellt als ausgedehnt im
Raum und wirkend in der Zeit.

Das Festhalten des idealistischen Gesichtspunktes wird also nach
Schopenhauer immer ein nothwendiges Gegengewicht gegen den materialistischen bilden. Das wahre Gegengewicht gegen den Materialismus bilde nicht der Spiritualismus, welcher außer und neben der
Materie eine zweite, immaterielle Substanz annimmt; — dieser von „Erfahrung, Beweisen und Begreiflichkeit gleich sehr verlassene Dualismus", wie ihn Schopenhauer nennt, wurde schon von Spinoza, welcher
nur eine Substanz annahm, gestürzt, und später von Kant als falsch
nachgewiesen; — sondern das wahre Gegengewicht bilde der Idealismus.

Schopenhauer sagt daher: „Sonach ist gegen den Materialismus
das scheinbare und falsche Rettungsmittel der Spiritualismus, das
wirkliche und wahre aber der Idealismus, der dadurch, daß er die
objective Welt in Abhängigkeit von uns setzt, das nöthige Gegengewicht giebt zu der Abhängigkeit, in welche der Naturlauf uns von
ihr setzt. Die Welt, aus der ich durch den Tod scheide, war andererseits nur meine Vorstellung. Der Schwerpunkt des Daseins fällt ins
Subject zurück. Nicht, wie im Spiritualismus, die Unabhängigkeit

des Erkennenden von der Materie, sondern die Abhängigkeit der Materie von ihm wird nachgewiesen."

Doch ist Schopenhauer andererseits kein so einseitiger Idealist, daß er die Materie ganz und gar nur für Vorstellung hielte. Denn ich habe schon gezeigt, daß er zwischen einem apriorischen und aposteriorischen Element der Materie unterscheidet, daß er in dem specifischen, a priori nicht bestimmbaren Wirken der Stoffe oder, was nach ihm dasselbe ist, der Naturkräfte das Reale, das Ding an sich, den Willen sich kundgeben sieht, daß er darum auch zwischen Stoff und abstracter Materie einen Unterschied gemacht wissen will. Schopenhauer ist also idealistischer Materialist in dem Sinne, daß er an der Materie Das, was dem vorstellenden Subject angehört, von Dem unterscheidet, was auf Rechnung des Dinges an sich kommt.

Siebenundzwanzigster Brief.

Schopenhauer's Stellung zu dem Materialismus. (Fortsetzung.) — Seine Lehre von dem Hervorgehen der Dinge aus der Materie.

Nachdem ich Ihnen in meinem vorigen Briefe Schopenhauer's Begriff der Materie ausführlich dargelegt habe, werde ich Ihnen nun noch seine Lehre von dem Hervorgehen der Dinge aus der Materie darlegen, und wir werden alsdann Alles beisammen haben, um uns ein richtiges Urtheil über seine Stellung zum Materialismus bilden zu können.

Schopenhauer hat gar nichts dagegen, alle Dinge, wie der Materialismus thut, aus den dem Stoff immanenten Kräften abzuleiten. Aber die Verwischung des ursprünglichen Unterschiedes dieser Kräfte, die Zurückführung aller Erscheinungen auf die blos mechanisch wirkenden Kräfte der Stoffatome — das ist es, was er als einen Grundfehler des Materialismus bekämpft. Der Materialismus muß nach Schopenhauer, wenn er redlich zu Werke gehen will, die den gegebenen Stoffen inhärirenden Qualitäten, sammt den in diesen sich äußernden Naturkräften, als unergründliche qualitates occultas der Materie, unerklärt bastehen lassen und von ihnen ausgehen, wie dies Physik und Physiologie wirklich thun, weil sie eben keine Ansprüche darauf machen, die letzte Erklärung der Dinge zu sein. Aber gerade um dies zu vermeiden, verfährt der Materialismus, wenigstens wie er bisher aufgetreten, nicht redlich; er leugnet nämlich alle jene ursprünglichen Kräfte weg, indem er sie alle, und am Ende auch die Lebenskraft, vorgeblich und scheinbar zurückführt auf die blos

mechanische Wirksamkeit der Materie, also auf Aeußerungen der Undurchbringlichkeit, Cohäsion, Stoßkraft, Trägheit, Schwere u. s. w.,
welche Eigenschaften freilich das wenigste Unerklärliche an sich haben,
eben weil sie zum Theil auf dem a priori Gewissen, mithin auf den
Formen unsers eigenen Intellects beruhen, welche das Princip aller
Verständlichkeit sind. Das Vorhaben des Materialismus ist, alles
Qualitative auf ein blos Quantitatives zurückzuführen. Dieser Weg
führt ihn nothwendig auf die Fiction der Atome, welche nun das
Material werden, woraus er die so geheimnißvollen Aeußerungen aller
ursprünglichen Kräfte aufzubauen gedenkt. Dabei hat er aber eigentlich gar nicht mehr mit der empirisch gegebenen, sondern mit einer
Materie zu thun, die in rerum natura nicht anzutreffen, vielmehr
ein bloßes Abstractum jener wirklichen Materie ist, nämlich mit einer
solchen, die schlechthin keine andern, als jene mechanischen Eigenschaften
hätte, welche mit Ausnahme der Schwere sich so ziemlich a priori
construiren lassen, eben weil sie auf den Formen des Raums, der
Zeit und der Causalität, mithin auf unserm Intellect beruhen; auf
diesen ärmlichen Stoff also sieht er sich bei Aufrichtung seines Luft-
gebäudes reducirt. „Hierbei wird er unausweichbar zum Atomismus;
wie es ihm schon in seiner Kindheit, beim Leukippos und Demokritos,
begegnet ist, und ihm jetzt, da er vor Alter zum zweiten mal kindisch
geworden, abermals begegnet: bei den Franzosen, weil sie die Kant'sche
Philosophie nie gekannt, und bei den Deutschen, weil sie solche vergessen haben."

Wir haben nach Schopenhauer einen natürlichen Hang, jede
Naturerscheinung womöglich mechanisch zu erklären; ohne Zweifel weil
die Mechanik die wenigsten ursprünglichen und daher unerklärlichen
Kräfte zu Hülfe nimmt, hingegen viel a priori Erkennbares und daher auf den Formen unsers eigenen Intellects Beruhendes enthält,
welches eben als solches den höchsten Grad von Verständlichkeit und
Klarheit mit sich führt. Indessen habe doch Kant, in den „Metaphysischen Anfangsgründen der Naturwissenschaft", die mechanische Wirksamkeit selbst auf eine dynamische zurückgeführt. Hingegen sei die
Anwendung mechanischer Erklärungshypothesen über das nachweisbar
Mechanische hinaus durchaus unberechtigt. Nimmermehr lasse sich
auch nur die einfachste chemische Verbindung, oder auch die Ver-

schiedenheit der drei Aggretationszustände mechanisch erklären, viel
weniger die Eigenschaften des Lichts, der Wärme und der Electricität.
Diese werden stets nur eine dynamische Erklärung zulassen, d. h. eine
solche, welche die Erscheinung aus ursprünglichen Kräften erklärt, die
von denen des Stoßes, der Schwere u. s. w. gänzlich verschieden und
daher höherer Art sind.

Eine hieran sich knüpfende ausführliche Widerlegung der Ato-
mistik hat Schopenhauer in „Welt als Wille und Vorstellung", Bd. II,
Cap. 23, S. 342 fg.) und „Parerga und Paralipomena", (2. Aufl.,
II, §. 78) gegeben. Er nennt die Atome „verschämte Molecule" und
meint, daß man diese modernen Atome sich ebenso gut groß wie klein
vorstellen könne. „Ein Atom könnte so groß sein wie ein Ochs; wenn
es nur jedem möglichen Angriff widerstände."

Schopenhauer kann nicht umhin, die moderne Atomenhypothese
mit den Träumereien der Schelling'schen Naturphilosophie zu vergleichen, und da findet er denn, daß doch diese wenigstens geistreich, schwung-
haft, witzig waren, die Hirngespinste der neuesten Atomistiker hingegen
plump, platt, ärmlich und täppisch, die Ausgeburt von Köpfen sind,
welche erstlich keine andere Realität zu denken vermögen, als eine ge-
fabelte eigenschaftslose Materie, die dabei ein absolutes Object, d. h.
ein Object ohne Subject wäre, und zweitens keine andere Thätigkeit,
als Bewegung und Stoß. Diese zwei allein sind ihnen faßlich, und
daß auf sie Alles zurücklaufe, ist ihre Voraussetzung a priori; denn
sie sind ihr Ding an sich. Dieses Ziel zu erreichen, wird die Lebenskraft auf chemische Kräfte (welche unberechtigt Molecularkräfte genannt
werden) und alle Processe der unorganischen Natur auf Mechanismus,
d. h. Stoß und Gegenstoß zurückgeführt. „Und so wäre denn am
Ende die ganze Welt, mit allen Dingen darin, blos ein mechanisches
Kunststück, gleich den durch Hebel, Räder und Sand getriebenen Spiel-
zeugen, welche ein Bergwerk oder ländlichen Betrieb darstellen. Die
Quelle des Uebels ist, daß durch die viele Handarbeit des Experimen-
tirens die Kopfarbeit des Denkens aus der Uebung gekommen ist.
Die Tiegel und Volta'schen Säulen sollen dessen Functionen über-
nehmen, daher auch der profunde Abscheu gegen alle Philosophie."
(Vergl. „Welt als Wille und Vorstellung", II, 360.)

Der Materialismus würde nach Schopenhauer einen bessern

Sinn gewinnen, wenn er die Dinge, statt aus einem eigenschaftslosen Wechselbalg von Materie, aus den wirklich und empirisch gegebenen Stoffen, ausgestattet wie sie sind, mit allen physikalischen, chemischen, elektrischen und auch mit den das Leben hervortreibenden Eigenschaften oder Kräften ableitete. Aus der Materie in diesem Sinne, aus dieser wahren mater rerum, dieser vollständig und erschöpfend gefaßten Materie ließe sich schon eine Welt construiren, deren der Materialismus sich nicht zu schämen brauchte. Alsdann müßte der Materialismus aber auch zu der Einsicht kommen, daß diese seine Erklärung der Dinge keine letzte ist, denn eben jene Kräfte blieben als Geheimniß stehen. Alle Wesen aus der Materie entspringen lassen „heißt wirklich sie aus einem sehr Geheimnißvollen erklären; wofür es nur der nicht erkennt, welcher Angreifen mit Begreifen verwechselt". Zu dem Fundamentalsatze des Materialismus: „Es giebt überhaupt nichts, als die Materie und die ihr inwohnenden Kräfte", bemerkt Schopenhauer: „Bei diesen hier so leicht hingeworfenen «inwohnenden Kräften» ist aber sogleich zu erinnern, daß ihre Voraussetzung jede Erklärung auf ein völlig unbegreifliches Wunder zurückführt und dann bei diesem stehen, oder vielmehr von ihm anheben läßt: denn ein solches ist wahrlich jede, den verschiedenartigen Wirkungen eines unorganischen Körpers zum Grunde liegende, bestimmte und unerklärliche Naturkraft nicht minder, als die in jedem organischen sich äußernde Lebenskraft."

„Wenn nicht eine eigenthümliche Naturkraft, der es so wesentlich ist, zweckmäßig zu verfahren, wie der Schwere wesentlich, die Körper einander zu nähern, das ganze complicirte Getriebe des Organismus bewegt, lenkt, ordnet und in ihm sich so darstellt, wie die Schwerkraft ein den Erscheinungen des Fallens und Gravitirens, die elektrische Kraft in allen durch die Reibmaschine oder die Volta'sche Säule hervorgebrachten Erscheinungen u. s. w.; nun, dann ist das Leben ein falscher Schein, eine Täuschung und ist in Wahrheit jedes Wesen ein bloßer Automat, d. h. ein Spiel mechanischer, physikalischer und chemischer Kräfte, zu diesem Phänomen zusammengebracht entweder durch Zufall oder durch die Absicht eines Künstlers, dem es so beliebt hat."

Schopenhauer hebt außerdem hervor, daß die Lebenskraft nicht, wie die Kräfte der unorganischen Natur an dem bloßen Stoff, sondern an der Form hafte. Deshalb kann die Lebenskraft, nachdem sie einen Körper verlassen hat, ihn nicht wieder in Besitz nehmen. Denn ihre Thätigkeit besteht ja eben in der Hervorbringung und Erhaltung (d. i. fortgesetzten Hervorbringung) dieser Form, daher nun, sobald sie von einem Körper weicht, auch schon seine Form, wenigstens in ihren feinern Theilen, zerstört ist. Nun aber hat die Hervorbringung der Form ihren regelmäßigen und sogar planmäßigen Hergang in bestimmter Succession des Hervorzubringenden, also Anfang, Mittel und Fortschritt. Daher muß die Lebenskraft, wo immer sie von neuem eintritt, auch ihr Gewebe von vorn anfangen, also ganz eigentlich ab ovo beginnen. Folglich kann sie nicht das einmal stehen gelassene, ja schon in Verfall begriffene Werk wieder aufnehmen, also nicht gehen und kommen wie der Magnetismus. Hierauf beruht der Unterschied zwischen der Lebenskraft und andern Naturkräften. (Vergl. „Parerga und Paralipomena", II, §. 96.)

Beiläufig gesagt, steht Schopenhauer mit der Vertheidigung der Lebenskraft den materialistischen Leugnern derselben gegenüber nicht allein da. Auch andere Philosophen, und nicht blos Philosophen, sondern auch Naturforscher von Fach haben sich der Lebenskraft angenommen. Unter den Philosophen ist einer der hervorragendsten Vertheidiger der Lebenskraft Dr. Hermann Ulrici in seinem Werke „Gott und die Natur". Unter den Naturforschern sind besonders zu nennen Schröder van der Kolk, dessen in der physikalischen Gesellschaft zu Utrecht vor Aerzten und Laien gehaltene populäre Vorträge sein Sohn unter dem Titel „Seele und Leib in Wechselbeziehung zu einander" herausgegeben hat; ferner Schultz-Schultzenstein in seinen zahlreichen, leider nur durch Weitschweifigkeit und unendliche Wiederholungen ermüdenden Schriften zur Theorie der „Verjüngung", besonders in seinem Buche „Leben, Gesundheit, Krankheit, Heilung". Schultz-Schultzenstein legt, wie Schopenhauer, für die Erklärung des Lebens und der von allen unorganischen Processen sich so auffallend unterscheidenden Lebensphänomene das Hauptgewicht auf die Form und nicht, wie die Materialisten, auf den Stoff. Vom Schultz-Schultzenstein'schen Standpunkt aus hat auch ein Dr. Ludwig Flentje die Lebenskraft gegen die Materialisten, namentlich gegen Virchow, vertheidigt und hat dabei den Spott gegen die Lebenskraftleugner nicht gespart. Seine kleine, munter geschriebene Schrift: „Das Leben und die todte Natur. Eine Streitschrift gegen die materialistischen An= sichten vom Leben, insbesondere gegen die bezüglichen Lehren Virchow's, vom naturwissenschaftlichen Standpunkt" verdient Beachtung.

Keiner der naturwissenschaftlichen Vertheidiger der Lebenskraft aber steht so ganz auf Schopenhauer'schem Standpunkt, als Dr. A. Mayer in Mainz in seiner Schrift: „Zur Seelenfrage". Diese Schrift zeigt sehr gut, in welche Widersprüche der Spiritualismus sich verwickelt, welche Halbheiten und welche Confusionen er zu Wege bringt, wie klar da= gegen alles wird, wie consequent die Auffassung des Lebens und der Seele ausfällt, wenn man sich auf den Schopenhauer'schen Stand= punkt stellt.

Schopenhauer faßt Leben und Seele zwar nicht materialistisch als Product der blos mechanisch und chemisch wirkenden Stoffatome auf, aber auch nicht spiritualistisch als immaterielle Wesenheiten, sondern als Aeußerungen von Naturkräften, in denen das, was das Wesen an sich jeder Naturkraft ausmacht, der Wille, auf einer höhern Stufe erscheint, als in den Aeußerungen der blos mechanisch und chemisch wirkenden Naturkräfte. Mit diesen niedern Natur= kräften hängen jene höhern zwar zusammen, bedürfen ihrer, erheben sich aber auch über sie und verwenden sie zu ihren Zwecken. So ist dem spiritualistischen Dualismus von Leib und Seele gegenüber die durchgängige Einheit der Natur gewahrt, das monistische Element des Materialismus ist festgehalten, aber auch zugleich dem alles nivelliren= ten Materialismus gegenüber der Unterschied, die specifische Differenz der Naturkräfte hervorgehoben und somit das unterschiedslose Einerlei des Materialismus beseitigt.

Kurz bei Schopenhauer ist ebenso dem Princip der Homogeneität, wie dem der Specification, welche beide Plato als die Fundamental= principien aller Wissenschaft und als mit dem Feuer des Prometheus vom Göttersitze zu uns herabgeworfen betrachtet, Genüge geschehen. Von Schopenhauer kann der Materialismus lernen, was an seiner Erklärung der Dinge das Wahre, Bleibende, und was das Falsche, Unhaltbare ist. Wahr und bleibend ist nämlich die Erklärung aus den immanenten Kräften der Natur, die Auffassung aller Thätigkeiten, der höchsten so gut wie der niedrigsten als gesetzmäßiger Natur=

thätigkeiten; falsch und unhaltbar hingegen ist die Verwischung des Unterschiedes der Naturkräfte, die Zurückführung der ganzen verschieden= artigen Erscheinungswelt auf das graue Einerlei der blos mechanisch wirkenden Materie.

Lesen Sie in Schopenhauer's Schrift „Ueber den Willen in der Natur" die beiden Abschnitte „Vergleichende Anatomie" und „Pflanzen= physiologie", ferner in seinem Hauptwerk „Welt als Wille und Vor= stellung", im zweiten Bande, die beiden Capitel: „Objectivation des Willens im thierischen Organismus" und „Objective Ansicht des In= tellects", so werden Sie den großen Unterschied finden, welcher einerseits zwischen der materialistischen und der Schopenhauer'schen Erklärung des Lebens und der Seele, und andererseits zwischen der spiritua= listischen und der Schopenhauer'schen besteht.

Das Leben ist nach Schopenhauer Function des durch die Lebens= kraft, welche an sich Lebenswille ist, gebildeten Organismus, und inner= halb des organischen Lebens tritt die Seele als Gehirnfunction erst da ein, wo infolge der complicirtern Bedürfnisse der Organismus eines Apparats bedarf, der seine Beziehungen zur Außenwelt regelt und seine Schritte in derselben lenkt, also erst in der Thierwelt. Was bei den unorganischen Körpern die Empfänglichkeit für blos physikalische und chemische Ursachen ist, das ist bei den Pflanzen die Empfänglichkeit für Reize und bei den Thieren die Empfänglichkeit für Motive, und „genau genommen ist das Alles blos dem Grade nach verschieden". Denn ganz allein infolge davon, daß beim Thier, nach Maßgabe sei= ner Bedürfnisse, die Empfänglichkeit für äußere Eindrücke sich gesteigert hat bis dahin, wo zu ihrem Behuf ein Nervensystem und Gehirn sich entwickeln muß, entsteht als eine Function dieses Gehirns das Bewußt= sein und in ihm die objective Welt, deren Formen (Raum, Zeit, Cau= salität) die Art sind, wie diese Function vollzogen wird. Wir finden also die Erkenntniß ursprünglich ganz auf das Subjective berechnet, blos zum Dienste des Willens bestimmt, folglich ganz secundärer und untergeordneter Art, ja gleichsam nur per accidens eintretend als Bedingung der auf der Stufe der Thierheit nothwendig gewordenen Einwirkung bloßer Motive statt der Reize.

Wie mit jedem Organ und jeder Waffe zur Offensive oder De= fensive, hat sich nach Schopenhauer auch in jeder Thiergestalt der

Lebenswille mit einem Intellect ausgerüstet als einem Mittel zur Erhaltung des Individuums und der Art; daher eben haben die Alten den Intellect das Hegemonikon, d. h. den Wegweiser und Füh= rer genannt. Demzufolge ist der Intellect allein zum Dienste des Willens bestimmt und diesem überall genau angemessen. Die Raub= thiere brauchten und haben offenbar dessen viel mehr, als die Gras= fresser.

Allerdings hängt überall die Intelligenz zunächst vom Cerebral= system ab, und dieses steht in nothwendigem Verhältniß zum übrigen Organismus, daher kaltblütige Thiere bei weitem den warmblütigen und die wirbellosen den Wirbelthieren nachstehen. Aber eben der Organismus ist nur der sichtbar gewordene Wille, auf welchen als das absolut Erste stets Alles zurückweist: seine Bedürfnisse und Zwecke, in jeder Erscheinung, geben das Maß für die Mittel und diese müssen untereinander übereinstimmen. Die Pflanze hat keine Apperception, weil sie keine Locomotivität hat; denn wozu hätte jene ihr genützt, wenn sie nicht infolge derselben das Gedeihliche zu suchen, das Schäd= liche zu fliehen vermochte? Und umgekehrt konnte ihr die Locomotivität nicht nützen, da sie keine Apperception hatte, solche zu lenken.

Im Menschen steht der den übrigen so sehr überlegene Verstand, unterstützt von der hinzugekommenen Vernunft (Fähigkeit der nicht an= schaulichen, abstract begrifflichen Vorstellungen: Reflexion, Denkver= mögen) doch eben nur im Verhältniß theils zu seinen Bedürfnissen, welche die der Thiere weit übersteigen und sich ins Unendliche ver= mehren, theils zu seinem gänzlichen Mangel an natürlichen Waffen und natürlicher Bedeckung und seiner verhältnißmäßig schwächern Muskelkraft, endlich auch zu seiner langsamen Fortpflanzung, langen Kindheit und langen Lebensdauer, welche sichere Erhaltung des Indi= viduums forderten. Alle diese großen Forderungen mußten durch in= tellectuelle Kräfte gedeckt werden; daher sind diese hier so überwie= gend. Ueberall aber finden wir den Intellect als das Secundäre, Untergeordnete, blos den Zwecken des Willens zu dienen Bestimmte. Dieser Bestimmung getreu, bleibt er in der Regel allezeit in der Dienstbarkeit des Willens. Nur in einzelnen Fällen, wo ein abnormes Uebergewicht des cerebralen Lebens über das zum Dienst des Willens erforderliche Maaß vorhanden ist, macht er sich von diesem Dienste frei und steigert sich zum Genie, welches die Welt rein objectiv auffaßt.

Diese hier skizzirte Schopenhauer'sche Erklärung des Lebens und der Seelenthätigkeit ist wahrlich nicht materialistisch-atomistisch, sie ist aber ebenso wenig spiritualistisch. Sie erklärt das Leben und die Seelenthätigkeit nicht aus den blos materialistisch und chemisch wirkenden Stoffatomen, wie die die Lebenskraft leugnenden Materialisten, sie klärt es aber auch nicht aus einer dem Leibe entgegengesetzten immateriellen Substanz, wie die Spiritualisten.

Was das Letztere betrifft, so mögen Sie, wie wenig spiritualistisch die Schopenhauer'sche Erklärung des Lebens und der Seele ist, noch besonders aus folgenden Worten ersehen: „Wer macht das Hühnchen im Ei? etwa eine von außen kommende und durch die Schale bringende Macht und Kunst? O nein! Das Hühnchen macht sich selbst, und eben die Kraft, welche dieses über allen Ausdruck complicirte, wohlberechnete und zweckmäßige Werk ausführt und vollendet, durchbricht, sobald es fertig ist, die Schale und vollzieht nunmehr, unter der Benennung Wille, die äußern Handlungen des Hühnchens. Beides zugleich konnte sie nicht leisten: vorher mit Ausarbeitung des Organismus beschäftigt, hatte sie keine Besorgung nach außen. Nachdem nun aber jener vollendet ist, tritt diese ein, unter Leitung des Gehirns und seiner Fühlfäden, der Sinne, als eines zu diesem Zweck vorhin bereiteten Werkzeugs, dessen Dienst erst anfängt, wann es im Bewußtsein als Intellect aufwacht, der die Laterne der Schritte des Willens, sein ἡγεμονικον und zugleich der Träger der objectiven Außenwelt ist, so beschränkt auch der Horizont dieser im Bewußtsein eines Huhns sein mag. Was aber jetzt das Huhn, unter Vermittelung dieses Organs, in der Außenwelt zu leisten vermag, ist als durch ein Secundäres vermittelt, unendlich geringfügiger als was es in seiner Ursprünglichkeit leistete, da es sich selbst machte." („Welt als Wille und Vorstellung", II, 292.)

Die Seele ist also nach Schopenhauer nicht ein Primäres, sondern ein Secundäres, sie ist das Product der den Organismus bildenden Lebenskraft, ein Apparat zur Regelung seiner Beziehungen zur Außenwelt, oder wie Schopenhauer es auch nennt, der Ort der Motive, erscheinend als Gehirn und Nervensystem. Sie ist die Laterne, die sich der im Organismus erscheinende Lebenswille anzündet, um seinen Weg in der Außenwelt zu finden, der Lenker und Berather der Schritte des Willens, erst da in der Natur hervortretend, wo durch gesteigerte, genauer specificirte und complicirtere Bedürfnisse das Wesen genöthigt ist, die Sphäre seines Daseins über die Grenze seines Leibes hinaus zu erweitern, also in der Thierwelt. Wie die Seele (der Intellect) sich physiologisch ergiebt als die Function eines Organs des Leibes, so ist sie metaphysisch anzusehen als ein Werk des Willens, dessen Objectivation oder Sichtbarkeit der ganze Leib ist. Also der Wille, zu erkennen, objectiv angeschaut, ist das Gehirn; wie der Wille, zu gehen, objectiv angeschaut, der Fuß ist; der Wille, zu greifen, die Hand; der Wille, zu verdauen, der Magen; zu zeugen, die Genitalien u. s. f.

Bei der Schopenhauer'schen Ansicht ist die Continuität der Natur gewahrt. Der Mensch tritt ein als höchstes Naturproduct, als die höchste Stufe des leiblich erscheinenden Naturwillens, als die höchste Thiergattung. Schopenhauer betont daher sehr stark die zoologische Verwandtschaft des Menschen mit dem Thier und ist einer der heftigsten Gegner der Thierquälerei, einer der eifrigsten Lobredner der Thierschutzvereine. Der spiritualistische Hochmuth, der einen absoluten Gegensatz zwischen Mensch und Thier macht, ist ihm zuwider. Er geht nur zu weit, wenn er sich selbst gegen die Eigenheit mancher Sprachen, namentlich der deutschen erklärt, welche für das Essen, Trinken, Schwangersein, Gebären, Sterben und den Leichnam der Thiere ganz eigene Worte haben, um nicht die gebrauchen zu müssen, welche jene Acte beim Menschen bezeichnen, und so unter der Verschiedenheit der Worte die vollkommene Gleichheit der Sache zu verstecken. Er hat zwar allerdings recht, und hierin eben giebt sich sein physiologischer Standpunkt zu erkennen, wenn er auf die Verwandtschaft der Erscheinung des Thieres und der des Menschen hinweist, auf deren Erkenntniß nichts entschiedener hinleite als die Beschäftigung mit Zoologie und Anatomie. Aber er geht zu weit, wenn er sagt: „Man muß wahrlich an allen Sinnen blind oder vom foetor Judaicus total chloroformirt sein, um nicht zu erkennen, daß das Wesentliche und Hauptsächliche im Thier und im Menschen dasselbe ist, und daß was beide unterscheidet, nicht im Primären, im Princip, im Archäus, im innern Wesen, im Kern beider Erscheinungen liegt, als welcher in der einen wie in der andern der Wille des Individuums ist, sondern allein im Secundären, im Intellect, im Grade der Erkenntnißkraft, welcher beim Menschen durch das hinzugekommene Vermögen abstracter Erkenntniß, genannt Vernunft, ein ungleich höherer ist, jedoch erweislich nur vermöge einer größern cerebralen Entwickelung, also der somatischen Verschiedenheit eines einzigen Theils, des Gehirns, und namentlich seiner Quantität nach. Hingegen ist des Gleichartigen zwischen Thier und Mensch, sowohl psychisch als somatisch, ohne allen Vergleich mehr. So einem occidentalischen, judaisirten Thierverächter und Vernunftidolater muß man in Erinnerung bringen, daß wie er von seiner Mutter, so auch der Hund von der seinigen gesäugt worden ist." (Vergl. „Die beiden Grundprobleme der Ethik", 2. Aufl., S. 240.) Oben (im 11. Briefe) habe ich bereits gesagt, was hiergegen einzuwenden ist.

Durch seine comparative Zusammenstellung des Menschen mit dem Thier, die nur einen graduellen, aber keinen wesentlichen Unterschied zwischen beiden macht, steht Schopenhauer offenbar den Materialisten unserer Zeit, z. B. einem Karl Vogt, der in seinen „Bildern aus dem Thierleben", in dem Abschnitt über „Thierseelen", ebenfalls nur einen graduellen Unterschied zuläßt, weit näher als den spiritualistischen Naturforschern, die, wie z. B. Karl Gustav Carus in seiner „Vergleichenden Psychologie oder Geschichte der Seele in der Reihenfolge der Thierwelt", einen absoluten Gegensatz zwischen Mensch und Thier machen, und deshalb auch nur dem Menschen Unsterblichkeit zuerkennen, dem Thiere sie aber absprechen.

An Carus, dessen „Vergleichende Psychologie" übrigens ein höchst interessantes und lehrreiches, auch anziehend geschriebenes Buch ist, läßt sich so recht wieder sehen, in welche Widersprüche und Halbheiten der Spiritualismus sich verwickelt. Einerseits geht Carus ganz naturwissenschaftlich zu Werke, faßt die Natur in ihrer Continuität, in ihrer aufsteigenden Reihenfolge von belebten und beseelten Wesen auf, läßt aus dem Unbewußten das Bewußte durch allmälige Steigerung bis hinauf zur denkenden Seele des Menschen sich entwickeln, erklärt es darum für schwer, feste Grenzen zwischen den verschiedenen Stufen zu ziehen, und nimmt stellenweise zwischen Mensch und Thier nur einen quantitativen, nur einen graduellen Unterschied an. Ande-

rerseits aber wieder will er doch oder kann er doch als gläubiger
Naturforscher die alte spiritualistische Schöpfungstheorie nicht fahren
lassen. Da muß denn die zuvor gelehrte Continuität der Natur durch=
brochen und ein absoluter Gegensatz zwischen Mensch und Thier her=
ausgebracht werden. Deshalb polemisirt Carus auch stark gegen
Darwin. Denn nach der Darwin'schen Hypothese von der Umwand=
lung der Arten müßte man den Menschen als aus dem Affen hervor=
gegangen betrachten. Wo bliebe dann aber die Unsterblichkeit, die der
Mensch als etwas Apartes haben soll? Noch nicht einmal der ewige
Bestand der menschlichen Gattung ist bewiesen, und die Spiritualisten
wollen sogar eine Unsterblichkeit des Individuums!

Vergleicht man die Schopenhauer'sche Naturauffassung mit der
dieser gläubigen, spiritualistischen, oder in einem unklaren Gemisch von
Spiritualismus und Materialismus sich bewegenden Naturforscher, so
muß man sagen, bei Schopenhauer ist Einheit und Ganzheit, bei
diesen hingegen Halbheit und Zwiespalt. Bei Schopenhauer ist ebenso
die Continuität der Natur gewahrt, wie die specifische Differenz der
Naturstufen hervorgehoben. Durch jenes entgeht Schopenhauer dem
spiritualistischen Dualismus zwischen Leib und Seele, Mensch und
Thier; durch dieses entgeht er dem grauen Einerlei des mechanisch=
atomistischen, die Lebenskraft leugnenden, den Unterschied zwischen orga=
nischen und unorganischen Wesen auf blos verschiedene Gruppirung der
Stoffatome zurückführenden Materialismus. Woher die verschiedene
Gruppirung der Stoffatome komme, die Antwort auf diese Frage ist
uns der Materialismus bis heute schuldig geblieben.

––––––––––

Achtundzwanzigster Brief.

Schopenhauer's Stellung zu dem Materialismus. (Schluß.) — End-ergebniß. — Vertheidigung Schopenhauer's gegen Professor Eduard Zeller.

———

Das Ergebniß von allem Ihnen über Schopenhauer's Begriff der Materie und über seine Ableitung der Dinge aus der Materie Dar-gelegten ist folgendes. Die reine Materie, d. h. das Wirkende über-haupt, noch abgesehen von der specifischen Art des Wirkens, ist ein bloßer Gedanke, eine Abstraction. In der realen Körperwelt treffen wir sie nirgends an, sondern hier finden wir überall schon specifisch wirkende Stoffe, also Materie mit bestimmter Form und bestimmter Qualität. Demnach lassen sich die Dinge nicht aus der reinen Ma-terie ableiten; denn das hieße sie aus einem bloßen Begriff, einer abstracten Vorstellung ableiten. Wohl aber lassen sich die Dinge aus der empirisch gegebenen Materie, d. h. aus den specifisch wirkenden Kräften ableiten; jedoch nicht so, daß dabei die qualitativen Unterschiede dieser Kräfte verwischt und auf blos Quantitatives zurückgeführt wer-den, sondern so, daß jeder besonderen Classe von Erscheinungen auch eine besondere Kraft zu Grunde gelegt wird, die Lebenserscheinungen also nicht aus den in der unorganischen Natur wirkenden Kräften ab-geleitet werden, obwohl sie wegen der durchgängigen Continuität der Natur mit diesen in Zusammenhang stehen, sondern aus einer eigenen Kraft, der Lebenskraft.

Kraft aber ist an sich Wille, und so ist die Ableitung der Dinge aus der Materie schließlich Ableitung aus dem Willen, aus den specifisch verschiedenen Aeußerungsweisen des Willens. Die Materialität ist nur die Erscheinung, nur die Sichtbarkeit dieses den Kern der Materie bildenden Willens. Das a priori Bestimmbare an aller materiellen Erscheinung entspringt aus den Formen des Intellects; dagegen das nur a posteriori Erkennbare aus dem Willen, dem Ding an sich.

Schopenhauer löst also die Materie in Wille und Vorstellung auf, wie dies später auch E. von Hartmann in seiner Weise gethan hat. Hieraus ergiebt sich aber, daß es eben so falsch ist, ihn zu beschuldigen, daß er idealistisch die Materie in bloße Vorstellung verflüchtige, wie es falsch ist, ihn zum puren Materialisten zu stempeln. Vor der idealistischen Verflüchtigung der Materie bewahrt ihn die Erkenntniß des realen Kerns der Materie, des in ihr erscheinenden Willens, als ihres Wesens an sich, vor der realistischen Verselbständigung der Materie die Erkenntniß, daß die Materie nicht schlechthin ein Unbedingtes, ein Ding an sich ist, sondern daß sie eine erscheinende Seite hat, bedingt durch die Formen des vorstellenden Subjects.

Eben darum ist es aber auch falsch, ihn des Cirkels zu beschuldigen, daß er die Materie aus der Vorstellung und wiederum die Vorstellung aus der Materie ableite. Denn eine andere Seite der Materie ist es, die er aus der Vorstellung ableitet, und wieder eine andere, aus der er die Vorstellung ableitet. Die erscheinende Seite der Materie, die a priori bedingt ist, leitet er aus der Vorstellung ab; hingegen die Vorstellung selbst leitet er aus der realen Seite der Materie, aus dem Willen auf der Stufe des animalischen Lebens ab. Wo steckt hier ein Cirkel?

Hätte Professor Zeller dieses bedacht, so hätte er nicht in seiner „Geschichte der deutschen Philosophie seit Leibniz" geschrieben: „Dort (im ersten Theil seines Systems) konnte uns Schopenhauer nicht dringend genug einschärfen, in der ganzen objectiven Welt, und vor allem in der Materie, nichts anderes zu sehen, als unsere Vorstellung. Jetzt (im zweiten Buche) ermahnt er uns eben so dringend, unsere Vorstellung für nichts anderes zu halten, als für ein Erzeugniß unsers Gehirns; und hieran wird dadurch nichts geändert, daß dieses selbst weiterhin eine bestimmte Form der Objectivation des Willens sein soll, denn wenn der Wille dieses Organ nicht hervorbrächte, könnten auch keine Vorstellungen entstehen. Unser Gehirn

ist aber diese bestimmte Materie, also nach Schopenhauer: diese be=
stimmte Vorstellung. Wir befinden uns demnach in dem greifbaren
Cirkel, daß die Vorstellung ein Product des Gehirns und das Gehirn
ein Product der Vorstellung sein soll, — ein Widerspruch, für dessen
Lösung der Philosoph auch nicht das Geringste gethan hat." (S. 885.)

Dieser „greifbare Cirkel" wird erst von Zeller in die Schopen=
hauer'sche Lehre hineingetragen. An sich liegt er nicht in derselben.
Denn wie die Materie, so ist auch das Gehirn nach Schopenhauer
nicht ganz und gar nur Vorstellung, sondern beide haben auch eine
reale Seite, nämlich den in ihnen zur Erscheinung kommenden Wil=
len. Das Gehirn seiner idealen Seite nach, d. h. seiner anschau=
lichen Erscheinung nach, ist allerdings Product der Vorstellung, seiner
realen Seite nach aber, d. h. nach dem, was es an sich ist (nämlich
Erkenntnißwille oder Vorstellungswille) ist es Erzeuger der Vor=
stellung. Wo steckt da der Widerspruch? Das Gehirn ist ja nach
Schopenhauer nicht in demselben Sinne Erzeugniß der Vorstellung,
als es Erzeuger derselben ist; sondern Erzeugniß der Vorstellung ist
es als Object der äußern Anschauung, Erzeuger der Vorstellung
hingegen ist es seinem innern Wesen nach, d. h. als Erkenntniß=
wille. (Vergl. „Welt als Wille und Vorstellung", II, 294.) Aus=
drücklich sagt Schopenhauer: „Was von Innen gesehen das Erkenntniß=
vermögen ist, das ist, von Außen gesehen, das Gehirn. Dieses
Gehirn ist ein Theil eben jenes Leibes, weil es selbst zur Objectivation
des Willens gehört, nämlich das Erkennenwollen desselben, seine
Richtung auf die Außenwelt, in ihm objectivirt ist. Demnach ist aller=
dings das Gehirn, mithin der Intellect, unmittelbar durch den Leib
bedingt, und dieser wiederum durch das Gehirn, — jedoch nur mittel=
bar, nämlich als Räumliches und Körperliches, in der Welt der An=
schauung, nicht aber an sich selbst, d. h. als Wille. Das Ganze
also ist zuletzt der Wille, der sich selber Vorstellung wird, und ist
jene Einheit, die wir durch Ich ausdrücken. Das Gehirn selbst ist,
sofern es vorgestellt wird — also im Bewußtsein anderer Dinge,
mithin secundär —, nur Vorstellung. An sich aber und sofern
es vorstellt, ist es der Wille, weil dieser das reale Substrat der
ganzen Erscheinung ist: sein Erkennenwollen objectivirt sich als Gehirn
und dessen Functionen." (Daselbst.) Wo steckt hier der Cirkel?

Neunundzwanzigster Brief.

Schopenhauer's Stellung zur Teleologie. — Woher die Abneigung der modernen Naturforscher gegen die Teleologie entspringt. — Vertheidigung der Schopenhauer'schen Teleologie gegen den anonymen Verfasser der Schrift: „Das Unbewußte vom Standpunkte der Physiologie und Descendenztheorie".

––––––––

Durch meine drei letzten Briefe wird Ihnen, verehrter Freund, hoffentlich die Stellung Schopenhauer's zu dem Materialismus klar geworden sein, und Sie werden die Ueberzeugung gewonnen haben, wie falsch die Gegner ihn in diesem Punkte beurtheilt haben.

Nicht minder falsch jedoch haben sie ihn auch noch in einem andern naturphilosophischen Punkte, im Punkte nämlich der Teleologie beurtheilt. Ich werde Ihnen daher jetzt Schopenhauer's Stellung zur Teleologie näher darlegen.

Die Abneigung der modernen Naturforscher gegen alle Teleologie läßt sich leicht erklären. Sie entspringt aus der stillschweigenden Voraussetzung, daß durch die Teleologie wieder die Theologie und damit das Wunder in die naturwissenschaftliche Weltauffassung eingeschmuggelt werde.

Obgleich die Philosophie seit Kant die Physikotheologie und Anthropoteleologie aufgegeben hat, ihr also Teleologie nicht mehr gleichbedeutend ist mit Erklärung der zweckmäßigen Naturproducte aus dem allweisen und allmächtigen Willen eines persönlichen Gottes, der zum Besten des Menschen die Natur zweckmäßig eingerichtet habe; so erblicken doch die Naturforscher der Gegenwart auch in der so von Physikotheologie und Anthropoteleologie gereinigten Teleologie noch

11*

immer einen Rest von Theologie und von Wunder. Denn die Zweckursache (causa finalis) greife ja auch auf übernatürliche Weise in den Nexus der natürlichen Ursachen (causae efficientes) ein, hebe deren gesetzmäßige Wirkungen auf oder modificire dieselben. Das sei aber geradezu eine Durchbrechung des gesetzmäßigen Causalzusammenhanges, folglich gleichbedeutend mit Wunder.

Sehr bezeichnend ist in dieser Beziehung die Schrift des anonymen Kritikers der Hartmann'schen Philosophie, die unter dem Titel erschienen ist: „Das Unbewußte vom Standpunkte der Physiologie und Descendenztheorie. Eine kritische Beleuchtung des naturphilosophischen Theils der Philosophie des Unbewußten aus naturwissenschaftlichen Gesichtspunkten" (Berlin, Karl Duncker's Verlag, 1872). Alle naturwissenschaftliche Hypothesenbildung beruht nach diesem Kritiker auf der fortschreitenden Elimination des Wunderbegriffs. Der roheste Wunderglaube wäre nämlich die Annahme unmittelbarer Erschaffung aller Species in erwachsenen Exemplaren; ein geringeres Wunder wäre schon die Erschaffung derselben in Gestalt befruchteter Eier, welche etwa geeigneten Pflegeeltern anvertraut wurden; eine weitere Reduction erlitte das Wunder, wenn diese Eier an ihrer natürlichen Stelle, dem Eierstock der nächstverwandten Species, entständen und der übernatürliche Eingriff sich auf Herstellung derjenigen Abweichungen beschränkte, welche die Entwickelung zu der neuen Species prädisponiren; endlich würden diese Eingriffe auf ein Minimum zurückgeführt durch die Annahme, daß die Uebergänge in einer Addition von zufälligen individuellen Abweichungen bestehen, zu deren Fixirung in den meisten Fällen die natürliche Zuchtwahl ausreicht.

Nach derselben Methode der Elimination des Wunders, meint der anonyme Kritikus, hätte nun aber weiter geschlossen werden müssen, daß in allen den Fällen, wo die natürliche Zuchtwahl nicht ausreicht, andere noch unbekannte wirkende Ursachen vorhanden sein müssen, mechanische Zusammenhänge, die uns bis jetzt verschlossen geblieben sind. So schließe aber die Philosophie des Unbewußten nicht, sondern sie statuire directe übernatürliche Eingriffe eines intelligenten metaphysischen Willens in den naturgesetzmäßigen Verlauf der organischen Processe. Der teleologische Eingriff werde als die hinzutretende Correctur gedacht, welche den durch constante Gesetze teleologisch nicht zu leistenden Rest auf ihre unmittelbare Action übernimmt. „Dieser Unterschied darf nicht übersehen werden; er ist deutlich genug aus=gesprochen, und ist groß genug, um die Naturwissenschaft zu einem energischen Protest gegen den etwaigen Versuch zu veranlassen, durch metaphysisch=teleologische Auslegung der Causalität zugleich den unmit=telbaren teleologischen Eingriff mit einschmuggeln zu wollen. Läßt man sich den letzteren einmal gefallen, so ist das Wunder seinem Begriff nach (als metaphysischer Eingriff in den gesetzmäßigen Gang der phy=sischen Causalität) acceptirt, und es ist dann nur noch eine Differenz dem Grade nach, welche das theologische Wunder (insofern es nicht naturwidrig gefaßt wird) von diesem metaphysischen unterscheidet; — ob der unbewußte Wille Atome verschiebt und dadurch Ströme im Organismus erzeugt, welche den Wachsthumsproceß in eine neue Richtung drängen, oder ob Gott in der Transsubstantiation die Ur=atome so umlagert, daß die chemischen Elemente sich in andere ver=wandeln, das ist kein Unterschied mehr im Wesen der Sache, son=dern nur noch in der Intensität und Ausdehnung des Eingriffs.“ (S. 16—19.)

Die Ursache eines solchen Abfalls von der naturwissenschaftlichen Anschauungsweise findet der anonyme Kritikus in den Antecedentien der deutschen Philosophie, die von jeher gewohnt gewesen sei, der Idee einen maaßgebenden Einfluß auf die Lebensprocesse der Organismen zuzuschreiben, welche als Träger der Realisationen der Idee gelten sollten. Bei Schelling, Schopenhauer und Hegel finde sich nir=gends eine genügende Würdigung der Materie als einer selbständigen, jedes metaphysischen Eingriffs in ihre Gesetze und Rechte spottenden Macht; überall würden vielmehr die organischen Wesen als unmittel=bare individuelle Realisationen der Idee behandelt. (S. 19.)

Diese teleologische Erklärung der Organismen wird nach dem Kritiker durch die Darwin'sche Lehre von der natürlichen Zuchtwahl beseitigt. „Denn die natürliche Auslese im Kampf ums Dasein, das Zugrundegehen des minder Zweckmäßigen und das Ueberleben und Sichweitervererben des Passendsten und Zweckmäßigsten ist ein Vor=gang von mechanischer Causalität, in dessen gleichmäßige Gesetz=lichkeit nirgends ein teleologisch bestimmendes metaphysi=sches Princip eingreift, und doch geht aus ihm ein Resultat hervor, das wesentlich der Zweckmäßigkeit entspricht, d. h. diejenige Beschaffenheit besitzt, welche den Organismen unter den gegebenen Umständen die höchste Lebensfähigkeit verleiht. Die natürliche Zucht= wahl löst das scheinbar unlösliche Problem, die Zweckmäßigkeit als Resultat zu erklären, ohne sie dabei als Princip zu Hülfe zu nehmen." (S. 28 fg.)

Ich habe diese Kritik angeführt, nicht weil sie sich speciell gegen die Hartmann'sche Teleologie wendet; — denn mit dieser habe ich es hier nicht zu thun; — sondern weil sie alle Teleologie verwirft und recht geeignet ist, zu zeigen, woher bei den Naturforschern die Ver= werfung der Teleologie entspringt, gleichzeitig aber auch geeignet, das Mißverständniß bloßzulegen, das dieser Verwerfung zu Grunde liegt.

Das Wunder ist aus der wissenschaftlichen Erklärung der Er= scheinungen zu eliminiren; diese sind überall aus natürlichen, gesetzmäßig wirkenden Ursachen zu erklären, alle übernatürlichen Eingriffe dagegen sind auszuschließen. So weit stimme ich mit dem Kritiker überein. Aber folgt denn daraus, daß die zweckmäßigen Naturerscheinungen ganz aus denselben wirkenden Ursachen zu erklären seien, als die, welche ein bloßes Resultat der zwecklos wirkenden Kräfte sind? Ist es logisch richtig, „die Zweckmäßigkeit als Resultat zu erklären, ohne sie da= bei als Princip zu Hülfe zu nehmen"?

Zweckmäßigkeit im Resultat, ohne ein bezweckendes und zweckmäßig bildendes Princip, wäre rein zufällig, etwa wie wenn Wolken sich so conglomeriren, daß sie eine thierische oder menschliche Gestalt zu bilden scheinen. Ist nun die Zweckmäßigkeit der Pflanzen und Thiere eine solche rein zufällige? Wäre sie es, dann stände es sehr precär um ihre Erhaltung, und sie hätte nicht mehr Werth, als jene der zweck= mäßig scheinenden Wolkengebilde. Der Zufall, der jetzt und hier solche zweckmäßige Gebilde zusammengeblasen hätte, könnte gleich darauf und an einem andern Ort andere zusammenblasen. Von constanten Formen könnte nicht mehr die Rede sein.

So aber betrachtet die Naturwissenschaft die zweckmäßigen Natur= producte nicht; sondern sie sieht die Zweckmäßigkeit im Resultat als eine nothwendige und constante an. Folglich bleibt nichts übrig, als sie auch im Princip anzunehmen. Und in der That ist ja auch die

„natürliche Zuchtwahl", die „natürliche Auslese im Kampf uns Dasein", die der anonyme Kritiker der teleologischen Erklärung substituirt,
ein Zwecke verfolgendes Princip. Die natürliche Zuchtwahl nebst
der Anpassung und Vererbung hat nicht blos das Ueberleben und sich
Weitervererben des Passendsten zum Resultat, sondern sie bezweckt
es auch, wenngleich nicht auf bewußte, sondern auf unbewußte Weise;
ist also ein zweckmäßig agirendes Princip.

Nicht minder falsch jedoch, als es ist, Zweckmäßigkeit im Resultat anzunehmen, ohne sie im Princip vorauszusetzen, — nicht minder
falsch wäre es, das zweckmäßig bildende Princip sich wie eine unmittelbar oder übernatürlich wirkende Wundermacht zu denken, die
zur Realisirung der zweckmäßigen Organismen weiter nichts, als die
Idee ihres Typus brauchte. Der anonyme Kritiker hat darum ganz
Recht, sich gegen jene Philosophen zu wenden, welche die organischen
Wesen als unmittelbare Realisationen der Idee betrachten. Unrecht
hat er aber, Schopenhauer zu diesen zu rechnen.

Es ist fehlerhafte Teleologie, der bloßen Idee, d. h. der bloßen Vorstellung eines zweckmäßigen Organismus schöpferische Kraft zuzusprechen.
Aus der bloßen Idee des Leibes läßt sich kein Leib schaffen, aus der bloßen
Idee des Auges, der Hand u. s. w. kein Auge und keine Hand.
Ueberall gehören zur Hervorbringung eines wirklichen Organismus
wirkliche, d. h. wirkende Kräfte. Ueberall, wie die Erfahrung zeigt,
ist die bloße Vorstellung (Idee) eines hervorzubringenden Zweckmäßigen bei der Hervorbringung desselben ganz ohnmächtig, wenn
keine wirkenden Kräfte zur Hervorbringung vorhanden sind, theils
Kräfte, mittelst welcher, und theils Kräfte, durch welche das Be-
zweckte hervorgebracht wird. Der vorgestellte Zweck des Schreibens
z. B. nützt mir zum wirklichen Schreiben gar nichts, wenn ich weder
Feder, Tinte und Papier, noch eine Hand habe, die Feder in die
Tinte einzutauchen und auf das Papier zu führen. Material, das
dem zu verwirklichenden Zweck entsprechend bildsam ist, und bildende
Kraft, welche das Material dem Zweck entsprechend formt, sind überall
zur Realisirung zweckmäßiger Gebilde erforderlich. Die bewußte Vorstellung des Zwecks vor der Verwirklichung ist keine unumgängliche
Bedingung zur Hervorbringung des Zweckmäßigen. Daraus, daß sie
bei den technischen Werken der Menschen der Ausführung des Werkes

vorhergeht, folgt nicht, daß sie auch bei den zweckmäßigen Natur-
producten der Realisation derselben vorhergehen müsse. Wir kommen
bei Erklärung dieser genügend mit der bildsamen, für organische Form
empfänglichen Materie und der dieselbe organisirenden Kraft aus. Zur
Erklärung der Blutbildung z. B. brauchen wir nicht eine derselben
vorhergehende Vorstellung des Blutes anzunehmen, sondern es
genügt, einerseits Stoffe, die so beschaffen sind, daß sich aus ihnen
Blut bilden läßt, und andererseits eine blutbildende Kraft, welche jene
Stoffe in Blut umwandelt, anzunehmen.

Aber, können Sie nun freilich fragen, hat nicht auch so noch die
teleologische Auffassung einen Rest von Dualismus in sich? Ist die
organisirende Kraft, welche dem zu organisirenden Stoff gegenüber-
steht, nicht noch ein metaphysisches, übernatürlich wirkendes, über der
Materie schwebendes und von Außen in die eigene gesetzmäßige Wirkungsweise derselben eingreifendes Princip?

Hierauf habe ich Folgendes zu erwidern. Die Bezeichnung der
zu organisirenden Materie durch Stoff und des organisirenden Princips durch Kraft hat nicht den Sinn, daß der Stoff etwas absolut
Anderes, als Kraft wäre, jener ein natürliches und gesetzmäßig wirkendes, diese ein übernatürliches und an kein Gesetz gebundenes Princip. Vielmehr ist ja aller Stoff an sich Kraft und alle Kraft nur
in der Erscheinung Stoff. In dem Gegensatz der bildenden Kraft
zu dem bildsamen Stoff steht folglich nur eine Kraft der andern
Kraft gegenüber, nämlich organisirende Kraft den unorganischen
Kräften. Jene ist nicht minder natürlich, als diese, und wirkt nicht
minder gesetzmäßig, als diese. Jene unterscheidet sich von diesen
nur, wie eine höhere Naturkraft von den niederen, und ihre Gesetze
sind blos andere, als die dieser. Von Wunder kann also bei dem
Wirken jener nur so weit noch die Rede sein, als überhaupt das Wirken jeder ursprünglichen Naturkraft, der niedrigsten so gut, wie der
höchsten, für uns etwas Wunderbares, Unerklärliches, Unergründliches
hat, das der Schwerkraft und der chemischen Kraft so gut, wie das
der Lebenskraft. Jede naturwissenschaftliche Erklärung, auch die vollkommenste und erschöpfendste, muß, wie Schopenhauer richtig bemerkt, zuletzt bei einem völlig Unerklärlichen, einer qualitas occulta
stehen bleiben; eine solche ist jede ursprüngliche Naturkraft. (S. Schopen-

hauer-Lexikon: Erklärung und Aetiologie.) Das Streben der Schwere im Steine ist gerade so unerklärlich, wie das Denken im menschlichen Gehirn. („Parerga", II, 111 fg.)

Die so gefaßte Teleologie hat, denke ich, Nichts, was die Natur= wissenschaft perhorresciren müßte. Sie ist eine monistische; denn sie erklärt Alles aus immanenten Naturkräften. Die Zweckursache ist ihr so gut eine gesetzmäßig wirkende Ursache, eine Kraft, wie die sogenannten wirkenden Ursachen. Jene ist blos eine höher wirkende Ursache, eine dominirende, die mechanischen und chemischen in ihren Dienst nehmende Ursache. Und wer will beweisen, daß es in der Natur nicht herrschende Kräfte, dominirende Ursachen giebt, welche die niedern in ihren Dienst nehmen?

Damit Sie nun aber nicht etwa meinen, daß diese Auffassung der Teleologie blos die meinige ist, Schopenhauer aber mit Recht der Vorwurf treffe, den der oben citirte anonyme Kritiker ihm sowohl, als auch Schelling und Hegeln macht, daß er die Lebensprocesse und die lebendigen Organismen als unmittelbare Realisationen der Idee betrachte, also das Wunder (im theologischen Sinne) auch bei ihm noch nicht eliminirt sei; so will ich Ihnen nun Schopenhauer's Lehre vom organisch Lebenden übersichtlich mittheilen, und Sie werden daraus entnehmen, wie unbegründet jener Vorwurf ist.

Die Lebenskraft, welche Schopenhauer für das Princip der Organismen erklärt, und die er gegen ihre Leugner und gegen die materialistische Erklärung der Organismen aus den blos mechanisch und chemisch wirkenden Kräften der Materie vertheidigt, ist nach ihm keine bloße Idee; oder da die Ideen ihm überhaupt gleichbedeutend sind mit den Naturkräften, die Stufenfolge der Ideen nach ihm die Stufenfolge der Naturkräfte ist (vergl. Schopenhauer=Lexikon unter Natur: die Stufen der Natur), so ist ihm die Idee des Lebens gleichbedeutend mit der das Leben bewirkenden Naturkraft; sie ist also keine bloße Vorstellung, sondern, gleich den wirkenden Natur= kräften, ein wirkendes Princip. Wenn nicht, lehrt er, eine eigen= thümliche Naturkraft, der es so wesentlich ist, zweckmäßig zu verfahren wie der Schwere wesentlich, die Körper einander zu nähern, das ganze complicirte Getriebe des Organismus bewegt, lenkt, ordnet; nun dann ist das Leben ein falscher Schein, eine Täuschung, und ist in Wahr=

heit jedes Wesen ein bloßer Automat, d. h. ein Spiel mechanischer, physikalischer und chemischer Kräfte. Allerdings wirken im Organis= mus physikalische und chemische Kräfte; aber was diese zusammenhält und lenkt, so daß ein zweckmäßiger Organismus daraus wird und be= steht, — das ist die Lebenskraft. Die Lebenskraft benutzt allerdings und gebraucht die Kräfte der unorganischen Natur, besteht jedoch keineswegs aus ihnen; so wenig wie der Schmied aus dem Hammer und Amboß. (Vergl. Schopenhauer=Lexikon: Lebenskraft.)

Also die Lebenskraft ist nach Schopenhauer kein übernatür= liches und kein unmittelbar, d. h. wie der theologische Gott, aus Nichts schaffendes Princip, sondern sie ist eine eigenthümliche Naturkraft und ein mittelst der Kräfte der unorganischen Natur das organische Leben erzeugendes Princip.

Zweitens aber auch wirkt sie nach Schopenhauer nicht gesetzlos, sondern gesetzmäßig, wie die andern Naturkräfte, blos mit dem Unterschiede, daß ihre Gesetze andere sind, als die der niedern Natur= kräfte. Ueber diesen Punkt lehrt Schopenhauer: Man hat einen fun= damentalen Unterschied der Lebenskraft von allen andern Naturkräften darin finden wollen, daß sie den Körper, von dem sie einmal gewichen ist, nicht wieder in Besitz nimmt. Von den Kräften der unorganischen Natur weichen einige, wie Magnetismus und Elektricität, nur aus= nahmsweise von dem Körper, den sie einmal beherrschen; andere, wie die Schwere und die chemische Qualität, weichen nie von einem Kör= per. Die Lebenskraft aber kann, nachdem sie einen Körper verlassen hat, ihn nicht wieder in Besitz nehmen. Der Grund davon ist, daß sie nicht, wie die Kräfte der unorganischen Natur, an dem bloßen Stoff, sondern zunächst an der Form haftet. Ihre Thätigkeit besteht ja eben in der Hervorbringung und Erhaltung dieser Form; daher ist, sobald sie von einem Körper weicht, auch schon seine Form zerstört. Nun aber hat die Hervorbringung dieser ihren regelmäßi= gen, planmäßigen Hergang in bestimmter Succession. Da= her muß die Lebenskraft, wo immer sie von Neuem ein= tritt, auch ihr Gewebe von vorn, ab ovo, anfangen. (Daselbst.)

Sie ersehen hieraus, daß die Lebenskraft nach Schopenhauer keine beliebig schaltende und waltende, sondern eine gesetzmäßig

wirkende Kraft ist. Dies geht auch aus Dem, was Schopen=
hauer über ihre drei Erscheinungsformen: Reproductionskraft, Irrita=
bilität und Sensibilität lehrt, hervor. Diese, lehrt er, ermüden und
bedürfen der Ruhe, weil sie allererst mittelst der Ueberwindung der
niedrigern Naturkräfte den Organismus hervorbringen, erhalten und
beherrschen. Die Lebenskraft kann nicht gleichzeitig unter ihren drei
Formen ganz und ungetheilt, also mit voller Macht wirken, sondern
immer nur unter einer. Daher die Nothwendigkeit des Schlafs.
Im Schlafe, wo die Irritabilität und Sensibilität ruhen, nimmt die
Lebenskraft durchweg die Gestalt der Reproductionskraft an.
Darum geht die Bildung und Ernährung der Theile, namentlich die
Nutrition des Gehirns, aber auch jedes Wachsthum, jeder Ersatz, jede
Heilung, hauptsächlich im Schlafe vor sich. („Parerga“, II, 174.)

Sie ersehen hieraus, wie falsch es wäre, Schopenhauer vorzu=
werfen, daß er die Lebenskraft im Sinne einer unbedingt und ge=
setzlos wirkenden Kraft, gleich einem allmächtigen Gott, auffasse. So
wenig, als er die organischen Individuen als unmittelbare Realisa=
tionen der Idee des Lebens betrachtet, eben so wenig die Arten;
denn er lehrt das Hervorgehen der höhern aus den niedern Arten
und zuletzt des Menschen aus dem Affen. Die höhern Arten haben
nach ihm die niedern zur Voraussetzung. (Vergl. Schopenhauer=Lexi=
kon: Generatio aequivoca u. Affe.) Die Natur macht überhaupt
nach Schopenhauer keinen Sprung, fängt nicht bei jedem Erzeugnisse
von vorn an, aus Nichts schaffend; sondern, gleichsam im selben Stile
fortschreitend, knüpft sie an das Vorhandene an, benutzt die frühern
Gestaltungen, entwickelt und potenzirt sie höher, ihr Werk weiter zu
führen. Als Beleg dafür führt Schopenhauer die Metamorphose der
Pflanzen, ebenso die Steigerung der Thierreihe, auch die Steigerung in
Hinsicht auf den Intellect an. Auch jedem Absterben geht nach Schopen=
hauer entsprechend dem „natura non facit saltus“, eine allmälige
Deterioration vorher. (Vergl. Schopenhauer=Lexikon unter Natur:
Continuität der Naturstufen.)

Nach allem diesem darf wohl der Vorwurf der Durchbrechung des
Causalitätsgesetzes und der Einschmuggelung des Wunders in die Er=
klärung der zweckmäßigen Naturproducte von der Schopenhauer'=
schen Teleologie mit Recht zurückgewiesen werden.

Dreißigster Brief.

Schopenhauer's Stellung zur Teleologie. (Fortsetzung.) — Vertheidigung Schopenhauer's gegen Thilo. — Realismus der Schopenhauer'schen Teleologie.

Nachdem ich, verehrter Freund, in meinem vorigen Briefe die Schopenhauer'sche Teleologie gegen den Vorwurf der Einmischung des Wunders in die Erklärung der zweckmäßigen Naturproducte vertheidigt habe, gehe ich nun dazu über, sie gegen einen andern Vorwurf zu vertheidigen, nämlich gegen den Vorwurf, daß ein Widerspruch bestehe zwischen Schopenhauer's idealistischer Behauptung, daß erst unser Intellect die Zweckmäßigkeit in die Natur hineintrage, und andererseits seiner realistischen Ableitung des Intellects als eines Organs aus dem zweckmäßig bildenden Naturwillen. Einerseits sei ihm der Intellect die Voraussetzung der Zweckmäßigkeit, und andererseits die Zweckmäßigkeit die Voraussetzung des Intellects.

Diesen Widerspruch hat besonders Thilo in seiner Kritik der Schopenhauer'schen Philosophie („Zeitschrift für exacte Philosophie", VII, 4, 336 fg.) hervorgehoben.

Thilo sagt: „Schopenhauer ist wenigstens so scharfsichtig und ehrlich, daß er dem gesammten Wollen, also dem Willen an sich, keinen Zweck zugesteht. Da er aber die besondern zweckmäßigen Formen nicht leugnen kann, so verlegt er die Zweckmäßigkeit in die einzelnen Willensacte. Nun geräth er aber in eine sonderbare Klemme. Die Zweckmäßigkeit, meint er nämlich, verstehe sich für diese einzelnen Acte, Formen oder Ideen von selbst, da die verschiedenen Vorgänge, z. B. in einem Organismus, nur die in Zeit und Raum auseinander-

gelegte Einheit der Idee seien. Nun aber sind Zeit und Raum nur
Formen des Intellects; folglich liegt die Zweckmäßigkeit nicht in dem
Einen Willensacte an sich, sondern wird nur durch unsern subjectiven
Intellect hineingetragen, der das an sich Eine in den Formen des
Raums, der Zeit und der Causalität als ein vieles schaut. In dem
wirklich Einen kann ja auch keine Zweckmäßigkeit liegen, sondern nur
in dem zu Einem Zwecke zusammenstimmenden Mannigfaltigen. Diese
Ansicht, daß im Intellect allein der Grund liegt, weshalb etwas als
zweckmäßig angeschaut wird, ist auf dem Kant'schen Standpunkte con=
sequent. Nun aber läßt Schopenhauer den Intellect selbst erst aus
einem teleologischen Grunde entstehen und giebt überhaupt keinen an=
dern Grund für das Entstehen desselben an, als daß er zur Selbst=
erhaltung der Thiere und Menschen nothwendig sei. So wird also
bald der Intellect der Zweckmäßigkeit als Voraussetzung vorgeschoben,
bald aber wiederum das zweckmäßige Verhalten des Wollens als Vor=
aussetzung für die Entstehung des Intellects angesehen." (S. 352.)

Dieser „unvereinbare Widerspruch", wie es Thilo nennt, löst
sich durch Unterscheidung der realen und idealen Seite der Zweck=
mäßigkeit. Aus dem an sich zweckmäßigen Wirken des Naturwillens
geht der Intellect als Organ hervor, und aus dem durch die reale
Zweckmäßigkeit erzeugten Intellect wiederum geht die Auseinander=
legung des einheitlichen, conspirirenden Naturwirkens in Zweck und
Mittel, also die vorgestellte Zweckmäßigkeit hervor. Diejenige Seite
der Zweckmäßigkeit also, die in dem Naturwillen ihren Ursprung hat,
ist eine andere, als die, welche in dem Intellect ihren Ursprung hat.
Schopenhauer unterscheidet beide Seiten in der Schrift „Ueber den
Willen in der Natur" (S. 56 fg.), indem er sagt: „Das wahre
Wesen jeder Thiergestalt ist ein außer der Vorstellung, mithin auch
ihren Formen Raum und Zeit, gelegener Willensact, der ebendeshalb
kein Nach= und Nebeneinander kennt, sondern die untheilbarste Ein=
heit hat. Erfaßt nun aber unsere cerebrale Anschauung jene Gestalt
und zerlegt gar das anatomische Messer ihr Inneres, so tritt an das
Licht der Erkenntniß, was ursprünglich und an sich dieser und ihren
Gesetzen fremd ist, in ihr aber nun auch ihren Formen und Gesetzen
gemäß sich darstellen muß. Die ursprüngliche Einheit und Untheil=
barkeit jenes Willensacts, dieses wahrhaft metaphysischen Wesens, er=

scheint nun auseinandergezogen in ein Nebeneinander von Theilen und Nacheinander von Functionen, die aber dennoch sich darstellen als genau verbunden, durch die engste Beziehung aufeinander, zu wechselseitiger Hülfe und Unterstützung als Mittel und Zweck gegenseitig. Der dies so apprehenbirende Verstand geräth in Bewunderung über die tiefdurchdachte Anordnung der Theile und Combination der Functionen, weil er die Art, wie er die aus der Vielheit sich wiederherstellende ursprüngliche Einheit gewahr wird, auch der Entstehung dieser Thierform unwillkürlich unterschiebt." Aehnlich sagt Schopenhauer in dem Capitel „Zur Teleologie" (vergl. „Welt als Wille und Vorstellung", Bd. II, Kap. 26, S. 373): „Die staunende Bewunderung, welche uns bei der Betrachtung der unendlichen Zweckmäßigkeit in dem Bau der organischen Wesen zu ergreifen pflegt, beruht im Grunde auf der zwar natürlichen, aber dennoch falschen Voraussetzung, daß jene Uebereinstimmung der Theile zu einander, zum Ganzen des Organismus und zu seinen Zwecken in der Außenwelt, wie wir dieselbe mittels der Erkenntniß, also auf dem Wege der Vorstellung, auffassen und beurtheilen, auch auf demselben Wege hineingekommen sei; daß also, wie sie für den Intellect existirt, sie auch durch den Intellect zu Stande gekommen wäre. Wir freilich können etwas Regelmäßiges und Gesetzmäßiges, dergleichen z. B. jeder Krystall ist, nur zu Stande bringen unter Leitung des Gesetzes und der Regel, und ebenso etwas Zweckmäßiges nur unter Leitung des Zweckbegriffs; aber keineswegs sind wir berechtigt, diese unsere Beschränkung auf die Natur zu übertragen, als welche selbst ein Prius alles Intellects ist und deren Wirken von dem unserigen sich der ganzen Art nach unterscheidet."

Es geht aus diesen Stellen klar hervor, daß Schopenhauer unter derjenigen Zweckmäßigkeit, der er den Intellect „als Voraussetzung vorgeschoben", nur unsere Auffassung des einheitlichen Wirkens der Natur, unsere Zerlegung desselben in Zweck und Mittel versteht, nicht aber dieses Wirken selbst, das er für die Entstehung des Intellects zur Voraussetzung macht, daß also kein Widerspruch ist zwischen seinem Ableiten der Zweckmäßigkeit aus dem Intellect und dem des Intellects aus der Zweckmäßigkeit, weil der Sinn der Zweckmäßigkeit beidemal nicht derselbe ist.

Doch Thilo macht noch andere Einwendungen gegen die Schopen=
hauer'sche Teleologie. Er sagt: „Jenes blinde, unbewußte Wollen,
das Ding an sich, schafft sich nach ihm selbst die Mittel, seinen Drang
zu befriedigen, oder — nach der idealistischen Seite seiner Lehre —
der Intellect ist es, welcher die Zweckmäßigkeit in die Dinge hinein=
trägt, indem er mittels seiner Formen, Zeit, Raum und Causalität,
den einen untheilbaren Willensact, welcher einer besondern organischen
Form zugehört, in zeitliche und räumliche zusammenstimmende Ursachen
und Wirkungen auseinanderlegt. Aber zunächst bleibt es bei ihm, wie
bei Allen, welche es leugnen, daß die vorhandene Zweckmäßigkeit auf
eine schöpferische Intelligenz hinweise, bei der bloßen Behauptung, daß
der immanente Zweck sich selbst die Organe seiner Ausführung schaffe.
Es heißt wohl: Zähne, Schlund, Magen u. s. w. sind der objectivirte
Hunger, die Genitalien sind der objectivirte Geschlechtstrieb, der Or=
ganismus überhaupt ist die objectivirte Idee des Lebens u. dergl.,
aber den Nachweis, daß dergleichen mehr als leere Phrasen sind, hat
noch Niemand geführt. Denn wo und wie liegt denn im Begriffe
eines Triebes die Nothwendigkeit, daß er sich selbst solche Mittel schaffe,
welche zu dem Zwecke seiner Befriedigung passen? Vielmehr sind solche
Organe die Voraussetzung, unter der allein solche Triebe als möglich
gedacht werden können. Die gegentheilige Behauptung ist nur ein
Resultat jener sehr wohlbekannten Metaphysik, welche Abstractionen
realisirt, hypostasirt und wohl gar apotheosirt." (Vergl. „Zeitschrift
für exacte Philosophie", VIII, 1., 21 fg.)

Es ist eine völlige Umkehrung des wahren Verhältnisses von
Zweck und Mittel, deren sich Thilo hier schuldig macht, indem er die
Organe zur Voraussetzung der Triebe macht, zu deren Befriedigung
sie dienen. Sollte dieses Verhältniß gelten, so müßte z. B. auch
Thilo's Feder die Voraussetzung seines Triebes zu schreiben sein.
Hätte er keine Feder, so würde es ihm nicht in den Sinn
kommen, zu schreiben. Die Absurdität der Abhängigmachung der
Triebe von den zu ihrer Befriedigung dienenden Organen liegt auf
der Hand. Alle tiefern Denker haben bisher noch immer zwar die
Ausführung des Zwecks von den Mitteln abhängig gemacht, aber
nicht das Wollen des Zwecks. Dieses haben sie vielmehr zur
Voraussetzung des Hervorbringens der Mittel gemacht. Dem=

gemäß haben sie zwar das wirkliche Sehen, Hören, Tasten u. s. w. abhängig gemacht von den entsprechenden Organen, haben jedoch diese Organe selbst wiederum bedingt sein lassen durch den Trieb oder Willen zu sehen, hören, tasten u. s. w., ganz wie zwar das wirkliche Schreiben bedingt ist durch die Feder, die Feder selbst aber ihr Dasein dem Willen zu schreiben zu verdanken hat.

Von der Thilo'schen Behauptung, daß im Begriffe des Triebes nicht die Nothwendigkeit liege, daß er sich selbst die zu seiner Befriedigung dienenden Mittel schaffe, gilt das gerade Gegentheil. Ueberall, wo ein lebendiger Trieb ist, sehen wir ihn geschäftig, die Mittel zu seiner Befriedigung zu schaffen. Kann er sie auch nicht der Materie nach schaffen, sondern ist an die gegebene Materie gebunden, so schafft er sie doch der Form nach. Die Form ist ja aber gerade das, was die Materie erst zum geeigneten Mittel für den Zweck macht. Die Materie der Feder wird erst durch die ihr gegebene Form zum Mittel für den Zweck des Schreibens. Auch die Intelligenz, die etwa zum Formiren der Materie, damit sie Mittel für den Zweck werde, nöthig ist, empfängt ihren Impuls erst von dem Triebe, der auf den Zweck gerichtet ist, und so ist für das Schaffen der Mittel zu einem Zweck immer der Trieb das Erste und Wesentlichste. Mag der Trieb die Mittel unmittelbar oder mittelbar schaffen, immer ist er es, der sie schafft, immer geht die Initiative von ihm aus.

Schwach, wie das ist, was Thilo gegen die realistische Seite der Schopenhauer'schen Teleologie vorbringt, ist auch das, was er gegen die idealistische Seite derselben einwendet. Er sagt: „Unser Intellect soll es (nach der idealistischen Ansicht) sein, welcher, indem er den an sich untheilbaren Willensact, der sich in der Erscheinung eines Thieres darstellt, mittels seiner eigenen Formen Raum, Zeit und Causalität als Object auffaßt, die Vielheit und Verschiedenheit der Theile und ihrer Functionen erst hervorbringt und dann über die aus der ursprünglichen Einheit hervorgehende vollkommene Uebereinstimmung und Conspiration derselben in Erstaunen geräth und also in gewissem Sinne sein eigenes Werk bewundert, da der Organismus ja blos die im Gehirn zu Stande gekommene Sichtbarkeit des hier vorhandenen Willens ist! Aber zunächst ist gar nicht abzusehen, wie der Intellect, wenn ihm nur etwas Untheilbares, Unterschiedsloses gegeben ist, daraus eine Verschiedenheit und Mannigfaltigkeit hervorbringen könne. Denn auf das an sich Einfache können die Formen des Raums, der Zeit und der Causalität gar nicht angewandt werden, da diese die Vielheit und Verschiedenheit schon voraussetzen. Wo nur Eins ist, kann von solchen Verhältnissen nicht die Rede sein; es kann also auch nicht mit jenen Formen aufgefaßt werden." (Vergl. „Zeitschrift für exacte Philosophie", VIII, 1, 23.)

Diese Polemik beruht auf der falschen Ansicht von dem Schopenhauer'schen Monismus, als hebe derselbe alle Unterschiede im Realen, im Willen, auf und verlege die Unterschiede lediglich in den Intellect. Diese falsche Ansicht ist schon oben widerlegt worden. Der Intellect bringt nach Schopenhauer nicht die Uebereinstimmung der Theile und Functionen der Organismen, die er bewundert, hervor, sondern er bringt nur die falsche Auslegung dieser Uebereinstimmung hervor, indem er die ursprüngliche Quelle dieser Uebereinstimmung im einheitlichen Willensact verkennend meint, die Uebereinstimmung sei auf dem Wege der Reflexion zu Stande gekommen. Er bringt also nur die Bewunderung derselben hervor. Dies ist der Sinn der Schopenhauer'schen Lehre, daß die bewunderte Zweckmäßigkeit der Natur erst durch unsern Verstand in dieselbe komme. Nicht die Zweckmäßigkeit an sich, sondern die Art, wie wir sie uns bewirkt denken, ist. hier gemeint.

Angenommen aber auch, Schopenhauer äußerte sich wirklich in widersprechender Weise über die Zweckmäßigkeit, das eine Mal idealistisch, und das andere Mal realistisch; so wäre hier wieder mein schon früher ausgesprochener Satz anzuwenden: Wo ein Philosoph einander widersprechende Behauptungen aufstellt, können nicht beide für seine eigentliche und wahre Meinung gelten, sondern nur eine von beiden; und die andere muß dann als durch seine wahre Meinung aufgegeben betrachtet werden.

Nun habe ich schon gezeigt, daß Schopenhauer's ursprünglicher Idealismus als durch die spätern realistischen Ausführungen seiner Philosophie aufgegeben betrachtet werden müsse. Die Objectivationsstufen des Willens sind ja keine bloßen Vorstellungen, sondern, als zu dem nur a posteriori Erkennbaren gehörig, sind sie reale Manifestationen, reale Erscheinungen des Willens. Da ihrer aber viele, theils coëxistirende, theils succedirende sind, ihre allmälige Steigerung eine successive, in der Zeit verlaufende ist, und sie sämmtlich wirkende Kräfte sind; so können auch Vielheit, Raum und Zeit, sowie Causalität, keine bloßen Vorstellungsformen sein, sondern müssen als reale Erscheinungsformen des Willens betrachtet werden.

Dasselbe gilt nun auch von der in den zweckmäßig gegliederten Organismen zur Erscheinung kommenden Vielheit der Organe, ihrer räumlichen Ausdehnung und Gestaltung, ihrer zeitlichen Entwickelung und ihrer causalen Wirksamkeit. Welche und wie viele und wie gestaltete Glieder ein Organismus hat, in welcher zeitlichen Folge sie sich entwickeln und wie viel Zeit sie zur Entwickelung brauchen, endlich in welchem Causalzusammenhange sie stehen und wie sie aufeinander wirken, — alles Dieses lernen wir ja nur a posteriori kennen, a priori ist uns nichts davon bekannt. Wir können folglich, gemäß dem Schopenhauer'schen Satze, daß alles Aposteriorische im Dinge an sich, im Willen wurzelt, die Erscheinung des Willens zu greifen als Hand mit fünf Fingern, die Erscheinung des Willens zu erkennen als Gehirn mit seiner complicirten Organisation u. s. w. nicht als eine blos vom Intellect producirte Vielheit, sondern müssen sie als die eigene vielheitliche Gliederung des den Leib bildenden Willens betrachten. Denn gliederte sich der Lebenswille im Allgemeinen und die verschiedenen Functionen desselben im Besondern nicht selbst, sondern würde diese Gliederung nur von unserm Intellect in ihn hineingetragen, wie käme dann der Intellect dazu, eine Hand gerade nur mit fünf Fingern, von solcher Gestalt, Länge und Anordnung anzuschauen, obgleich er doch gar keine apriorische Nöthigung dazu in sich findet?

Anstatt Schopenhauer's Teleologie als durch seinen Idealismus widerlegt zu halten, betrachte ich vielmehr seinen Idealismus als durch seine Teleologie widerlegt. Die Objectivation des Lebenswillens im zweckmäßigen Organismus ist ja nach Schopenhauer eine reale Gliederung des Willens; denn der Wille hat wirklichen, nicht blos vorgestellten Nahrungs-, Geschlechts- und Erkenntnißtrieb. Folglich können auch die diesen Trieben dienenden Organe keine bloßen Vorstellungen sein.

Daß nach Schopenhauer die Einheit des Leibeswillens nicht

blos für die Vorstellung, sondern realiter in die Vielheit der Theile auseinandertritt, sich realiter gliedert, dies können Sie besonders aus folgender Stelle entnehmen: „Wenn in der unorganischen Natur die überall als ein einziger Willensact zu betrachtende Idee sich auch nur in einer einzigen immer gleichen Aeußerung offenbart, und man daher sagen kann, daß hier der empirische Charakter unmittelbar der Einheit des intelligibeln theilhaft ist, gleichsam mit ihm zusammenfällt, weshalb hier keine innere Zweckmäßigkeit sich zeigen kann; wenn dagegen alle Organismen, durch eine Succession von Entwickelungen nach einander, welche durch eine Mannigfaltigkeit verschiedener Theile neben einander bedingt ist, ihre Idee darstellen, also die Summe der Aeußerungen ihres empirischen Charakters erst in der Zusammenfassung Ausdruck des intelligibeln ist; so hebt dieses nothwendige Nebeneinander der Theile und Nacheinander der Entwickelung doch nicht die Einheit der erscheinenden Idee, des sich äußernden Willensactes, auf: vielmehr findet diese Einheit nunmehr ihren Ausdruck an der nothwendigen Beziehung und Verkettung der Theile und Entwickelungen mit einander, nach dem Gesetz der Causalität. Da es der einzige und untheilbare und eben dadurch ganz mit sich selbst übereinstimmende Wille ist, der sich in der ganzen Idee, als wie in einem Act offenbart; so muß seine Erscheinung, obwohl in eine Verschiedenheit von Theilen und Zuständen auseinandertretend, doch in einer durchgängigen Uebereinstimmung derselben jene Einheit wieder zeigen: dies geschieht durch eine nothwendige Beziehung und Abhängigkeit aller Theile von einander, wodurch auch in der Erscheinung die Einheit der Idee wiederhergestellt wird." („Welt als Wille und Vorstellung", I, 186 fg.)

Wer so spricht, ist kein Idealist, der die Vielheit der Theile und Zustände für bloße Vorstellung hält, und ich betrachte daher die einseitig idealistischen Aeußerungen Schopenhauer's über die Zweckmäßigkeit in der Natur als durch seine realistische Auffassung der Organismen als wirklicher Gliederungen des einheitlichen Lebenswillens aufgehoben.

• ———

Einunddreißigster Brief.

Schopenhauer's Stellung zur Teleologie. (Schluß.) — Vertheidigung Schopenhauer's gegen Professor Harms. — Rolle der Intelligenz im zweckmäßigen Wirken der Natur. — Gegensatz zwischen der theistischen und atheistischen Auffassung der in der Zweckmäßigkeit der Natur sich offenbarenden Intelligenz.

Ich bin, verehrter Freund, mit den gegen die Schopenhauer'sche Teleologie erhobenen Einwürfen noch nicht fertig. Es ist noch ein Einwurf zu erörtern, der Einwurf nämlich, daß Schopenhauer, indem er die organischen Naturproducte zwar für zweckmäßig erklärt, aber sie nicht, wie die zweckmäßigen Kunstproducte der Menschen, aus einer Intelligenz, sondern aus dem blinden erkenntnißlosen Willen ableitet, den Widerspruch begehe, ein intelligentes Wirken ohne Intelligenz anzunehmen. So sagt Professor Friedrich Harms in seinem Vortrag „Arthur Schopenhauer's Philosophie" (Berlin 1874, Verlag von Wilhelm Hertz): Der blinde Wille, der erst hinterher zum Bewußtsein kommen soll, das er aber dennoch selber hervorbringen soll, — diesen Begriff könne Schopenhauer nicht durchführen. „Denn die gesammte Natur trägt auch nach ihm, in der erstaunlichen Gesetzmäßigkeit ihrer Erscheinungen, die mit Gewißheit eintritt, wie in der Planmäßigkeit ihrer Gebilde, den Charakter des Intelligenten an sich. Wie aber ein Intelligentes möglich ist ohne eine Intelligenz, davon giebt es keine Erklärung, so oft es auch versucht worden ist, als durch Annahmen, die viel räthselhafter und problematischer sind als das, was sie erklären sollen. Schopenhauer hilft sich durch das Wort: Wille, dessen Gebrauch stets die Vorstellung einer Intelligenz veranläßt, welche hinterher wieder in Abrede gestellt wird. Es ist ein Spiel mit Begriffen, wenn man ein Intelligentes annimmt ohne eine Intelligenz. Ein Intelligentes giebt es nicht ohne eine Intelligenz, mag diese in uns, oder außer uns sein; in dem einen Falle ist auch das Intelligente nur in uns, in dem andern aber auch außer uns als eine Thatsache, welche durch die Gesetzmäßigkeit und die Planmäßig= keit der Naturerscheinungen constatirt wird. Auch Kant kennt nichts Intelligentes ohne eine Intelligenz, da uns der Begriff eines Natur= zwecks nur möglich wird durch die Annahme eines intellectus arche= typus, wodurch wir auch allein die Eigenthümlichkeit unseres Verstandes begreifen können. Ein Wille zumal, der Intelligentes bewirkt, ist nicht ohne eine Intelligenz, wenn diese gleich nicht unser Bewußtsein ist." (S. 22.)

Professor Harms hält also ein zweckmäßiges Wirken ohne eine Intelligenz, die den Zweck vorher weiß, für undenkbar; Schopenhauer dagegen lehrt: Das organisirende Wirken der Natur läßt sich durch die Instincte und Kunsttriebe der Thiere erläutern. Es ist, als hätte die Natur zu ihrem Wirken nach Endursachen und der dadurch her= beigeführten bewunderungswürdigen Zweckmäßigkeit ihrer organischen Productionen dem Forscher einen erläuternden Commentar an die Hand geben wollen in den Instincten und Kunsttrieben der Thiere. Denn so, wie in diesen die Thiere auf einen Zweck hinarbeiten, ohne ihn zu erkennen, gerade so wirkt auch die organisirende Natur, weshalb sich von der Endursache in diesem Wirken der Natur die paradoxe Erklärung geben läßt, daß sie ein Motiv sei, welches wirkt, ohne erkannt zu werden. Und wie im Wirken aus dem Kunsttriebe das darin Thätige augenscheinlich der Wille ist, so ist er es auch im organischen Wirken der Natur. Die Instincte und die thierische Or= ganisation erläutern einander wechselseitig, besonders auch durch die in beiden hervortretende Anticipation des Zukünftigen. (Vergl. Schopenhauer=Lexikon unter Instinct: Wechselseitige Erläuterung des Instincts und des organisirenden Wirkens der Natur.)

Was die zuletzt erwähnte Anticipation des Zukünftigen betrifft, so weist Schopenhauer darauf hin, daß mittelst der Instincte und Kunsttriebe die Thiere für die Befriedigung solcher Bedürfnisse sorgen, die sie noch nicht fühlen, ja, nicht nur der eigenen, sondern sogar der künftigen Brut. Sie arbeiten also auf einen ihnen noch unbekannten Zweck hin; dies geht, wie das Beispiel des Bombex beweist, so weit, daß sie die Feinde ihrer künftigen Eier schon zum voraus verfolgen und tödten. „Eben so nun sehen wir in der ganzen Korporisation eines Thieres seine künftigen Bedürfnisse, seine einstigen Zwecke, durch die organischen Werkzeuge zu ihrer Erreichung und Befriedigung anticipirt; woraus dann jene vollkommene Angemessenheit des Baues jedes Thieres zu seiner Lebensweise, jene Ausrüstung desselben mit den ihm nöthigen Waffen zum Angriff seiner Beute und zur Abwehr seiner Feinde, und jene Berechnung seiner ganzen Gestalt auf das Element und die Umgebung, in welcher er als Verfolger aufzutreten hat, hervorgeht, welche ich in der Schrift „Ueber den Willen in der Natur" unter der Rubrik „Vergleichende Anatomie" ausführlich geschildert habe. — Alle diese, sowohl im Instinct, als in der Organisation der Thiere hervortretenden Anticipationen könnten wir unter den Begriff einer Erkenntniß a priori bringen, wenn denselben überhaupt eine Erkenntniß zum Grunde läge. Allein dies ist, wie gezeigt, nicht der Fall: ihr Ursprung liegt tiefer, als das Gebiet der Erkenntniß, nämlich im Willen als dem Dinge an sich, der als solcher auch von den Formen der Erkenntniß frei bleibt; daher in Hinsicht auf ihn die Zeit keine Bedeutung hat, mithin das Zukünftige ihm so nahe liegt, wie das Gegenwärtige." („Welt als Wille und Vorstellung", II, 397 fg.)

Wer hat nun in dieser Streitfrage Recht, Schopenhauer mit seiner Behauptung, daß das zweckmäßige Wirken der Natur ohne Erkenntniß des Zweckes vor sich gehe; oder seine Gegner, welche ein zweckmäßiges Wirken ohne Erkenntniß des Zweckes für unmöglich erklären?

Hierüber ist meine Ansicht diese. Ich stimme Schopenhauer bei, daß der Ursprung der zweckmäßigen Korporisation tiefer liegt, als im Gebiet der Erkenntniß, nämlich im Willen als Ding an sich. Aber daraus folgt nach meiner Ansicht nicht, daß sie ohne alle Erkenntniß zu Stande komme. Schopenhauer hat zwar das Verhältniß zwischen Wille und Erkenntniß (Vorstellung) ganz richtig dahin bestimmt, daß jener das Primäre, diese das Secundäre sei. Aber er hat, wie ich Ihnen bereits früher dargethan, den Fehler begangen,

das Erkennen, das Vorstellen, erst auf einer bestimmten Entwicke=
lungsstufe der Natur, der Stufe der Thierheit, eintreten zu lassen,
während die Consequenz seines Grundgedankens von den beiden großen
Identitäten, nämlich einerseits des Willens auf allen Stufen der
Natur und andererseits der willenbewegenden Ursachen, doch diese
ist, daß auf allen Stufen der Natur gradweise eben so Vorstellen
(perceptio), als Wollen (appetitus) anzutreffen ist. Ueberall, wo
ein Aeußeres als bewegende Ursache auf den Willen wirkt, muß es
doch irgendwie erkannt, irgendwie percipirt werden. Ein absolut un=
percipirtes Aeußeres könnte auch den Willen zu keiner Action be=
wegen.

Nun aber ist doch der Bau jeder Thierart, wie Schopenhauer
im „Willen in der Natur" zeigt, auf die äußere Umgebung, in der
sie zu leben hat, berechnet. Die äußere Umgebung wirkt bestimmend
auf den organisirenden Bildungstrieb. Folglich kann dieser nicht ohne
alle Erkenntniß der Umgebung sein. Da das Auge sich nach der Na=
tur des Lichtes, das Ohr nach der Natur des Schalls, und so jedes
Organ nach der Natur des aufzunehmenden Aeußeren richtet, so muß
der organisirende Lebenswille doch irgendwie eine Kenntniß dieses
Aeußern haben. Denn wie könnte er bei absoluter Blindheit die Or=
gane so angemessen zu dem durch sie aufzunehmenden Aeußern bilden?
Schopenhauer führt selbst Beispiele dafür an, wie das aufzunehmende
Aeußere auf den Bau der Thiere gleichsam als Motiv wirkt. Der
Ameisenbär z. B. hat nicht nur an den Vorderfüßen lange Klauen,
um den Termitenbau aufzureißen, sondern auch zum Eindringen in den=
selben eine lange cylinderförmige Schnauze, mit kleinem Maul, und eine
lange, fadenförmige, mit klebrigem Schleim bedeckte Zunge, die er tief
in die Termitennester hinein steckt und sie darauf mit jenen Insekten
beklebt zurückzieht; hingegen hat er keine Zähne, weil er keine braucht.
„Wer sieht nicht, daß die Gestalt des Ameisenbären sich zu den Ter=
miten verhält, wie ein Willensact zu seinem Motiv?" („Ueber den
Willen in der Natur", S. 40 fg.) Ferner sagt er: „Der Hals der
Vögel, wie der Quadrupeden, ist in der Regel so lang wie ihre Beine,
damit sie ihr Futter von der Erde erreichen können; aber bei Schwimm=
vögeln oft viel länger, weil diese schwimmend ihre Nahrung unter
der Wasserfläche hervorholen. Sumpfvögel haben unmäßig hohe

Beine, um waten zu können, ohne zu ertrinken oder naß zu werden, und demgemäß Hals und Schnabel sehr lang, letztern stark oder schwach, je nachdem er Reptilien, Fische oder Gewürme zu zermalmen hat, und dem entsprechen auch stets die Eingeweide; dagegen haben die Sumpfvögel weder Krallen, wie die Raubvögel, noch Schwimm= häute, wie die Enten; denn die lex parsimoniae gestattet kein über= flüssiges Organ. Gerade dieses Gesetz, zusammengenommen damit, daß andererseits keinem Thiere je ein Organ abgeht, welches seine Lebensweise erfordert, sondern alle, auch die verschiedenartigsten, über= einstimmen und wie berechnet sind auf eine ganz speciell bestimmte Lebensweise, auf das Element, in welchem sein Raub sich aufhält, auf das Verfolgen, auf das Besiegen, auf das Zermalmen und Verdauen desselben, beweist, daß die Lebensweise, die das Thier, um seinen Unterhalt zu finden, führen wollte, es war, die seinen Bau bestimmte, — nicht aber umgekehrt; und daß die Sache gerade so ausgefallen ist, wie wenn eine Erkenntniß der Lebensweise und ihrer äußern Bedingungen dem Bau vorausgegangen wäre." (Daselbst, S. 41 fg.)

Ich bin nun der Meinung, daß von dem, was „wie ein Motiv" wirkt, was wirkt, „wie wenn eine Erkenntniß davon vorausgegangen wäre", wirklich eine Art von Erkenntniß vorausgegangen sein muß. Mag immerhin der Trieb zu leben an sich ein blinder, erkenntniß= loser sein; — die äußeren Umstände und Verhältnisse, nach denen der Lebenstrieb sich bei der Bildung der Organismen richtet und denen er sich anpaßt, müssen doch irgendwie von ihm percipirt sein.

Schon das sich Suchen und Fliehen der Stoffe in der unorgani= schen Natur läßt sich nicht als ein absolut blindes, ohne alle Percep= tion des Andern, mit dem sie sich zu verbinden, oder von dem sie sich zu trennen streben, denken; noch weniger aber das Assimiliren und Secerniren in der organischen Natur. Ueberall ist allerdings Wille, Trieb, das Primäre, die willenbewegenden Ursachen das Secundäre; aber die willenbewegenden Ursachen müssen, um zu wirken, irgend wie percipirt, wahrgenommen sein. Folglich ist auch das zweckmäßige Wirken der Natur nicht ohne alle Vorstellung; die „wie ein Motiv" auf dasselbe wirkenden äußeren Umstände, denen es sich anpaßt, ge= hören, wie das Motiv, in das Gebiet der Erkenntniß.

Uebrigens erklärt Schopenhauer selbst den Unterschied zwischen dem Geleitetwerden durch Trieb (Instinct) und dem Geleitetwerden durch Motive für keinen fundamentalen, sondern nur für einen graduellen. Denn er sagt in der Lehre vom Instinct: „Der Gegensatz zwischen dem Bewegtwerden des Willens entweder durch Instinct (von Innen), oder durch Motivation (von Außen) ist kein so scharfer, wie es scheint, sondern läuft im Grunde auf einen Unterschied des Grades zurück. Denn das Motiv wirkt ebenfalls nur unter Voraussetzung eines innern Triebes, d. h. einer bestimmten Beschaffenheit des Willens, welche man den Charakter desselben nennt, und welche das jedesmalige Motiv nur für den concreten Fall individualisirt. Andererseits wirkt der Instinct, obwohl ein entschiedener Trieb des Willens, nicht durchaus nur von Innen, sondern auch er wartet auf einen dazu nothwendig erforderten äußern Umstand, welcher wenigstens den Zeitpunkt seiner Aeußerung bestimmt. Hieraus folgt, daß bei den Werken der Kunsttriebe zunächst der Instinct, untergeordnet jedoch auch der Intellect thätig ist; der Instinct nämlich giebt das Allgemeine, die Regel, der Intellect das Besondere, die Anwendung, indem er dem Detail der Ausführung vorsteht, bei welchem daher die Instinct-Arbeit offenbar sich den jedesmaligen Umständen anpaßt." (S. Schopenhauer-Lexikon: Instinct.)

Da nun nach Schopenhauer das organisirende Wirken der Natur sich durch den Instinct erläutern läßt; so folgt, daß so wenig, als das instinctive Wirken der Thiere ein absolut blindes, erkenntnißloses ist, es eben so wenig das organisirende Wirken der Natur ist. Bei letzterem so gut, wie bei ersterem spielt die Erkenntniß eine Rolle, wenngleich eine untergeordnete, im Dienste des Triebes, der das Primäre ist, stehende.

Daß diese Ansicht sehr verschieden ist von der im Eingange dieses Briefes erwähnten, gegen Schopenhauer gerichteten des Professor Harms brauche ich Ihnen wohl nicht erst zu sagen. Wenn die theistischen Philosophieprofessoren die zweckmäßige Einrichtung der Natur aus einer Intelligenz ableiten, so denken sie sich unter der Intelligenz die göttliche, über der Welt schwebende Intelligenz, welche, bevor noch die Welt existirte, aus allen möglichen Welten die beste auswählte und den Rathschluß faßte, sie ins Dasein zu rufen. Diese Intelligenz ist also das Ebenbild der menschlichen. Wenn hingegen die atheistische Philosophie die zweckmäßigen Producte der Natur als Beweise der Intelligenz der Natur betrachtet, so ist ihr darum diese Intelligenz noch keine anthropomorphische, überlegende und berathende.

Die überlegende, berathende Intelligenz ist ja nur eine besondere Art von Intelligenz, und daß gerade diese besondere Art von Intelligenz die nothwendige Voraussetzung alles zweckmäßigen Wirkens sei, das wäre doch erst zu beweisen. So lange dies nicht bewiesen ist, wird man zwar zugeben müssen, daß ein intelligentes Wirken ohne Intelligenz undenkbar sei, man wird aber nicht genöthigt sein, daraus zu folgern, daß die Intelligenz, welche im intelligenten Wirken und Schaffen sich äußert, eine discursive sei. Es giebt ja außer der discursiven auch eine intuitive Intelligenz, und wer leugnet, daß das zweckmäßige Wirken der Natur eine überlegende Intelligenz zur Voraussetzung habe, der behauptet darum noch nicht, daß es ohne alle Intelligenz zu Stande komme.

Zweiunddreißigster Brief.

Uebergang zur Aesthetik Schopenhauer's. — Widerspruch zwischen der ästhetischen Willensfreiheit und dem ästhetischen Wohlgefallen. — Kritik der Schopenhauer'schen Lösung dieses Widerspruchs. — Ursprung der Objectivität des ästhetischen Erkennens.

Ich gehe nun, verehrter Freund, nach Erledigung der wichtigsten und schwierigsten naturphilosophischen Fragen zur Aesthetik Schopenhauer's über.

Schopenhauer gerieth, nachdem er die ästhetische Contemplation als reines, willensfreies Erkennen in Gegensatz gestellt hatte zu dem im Dienste des Willens stehenden Erkennen, mit der Thatsache der ästhetischen Freude in Conflict, da doch alle Freude einen Willen voraussetzt. Er bemüht sich zwar, diesen Widerspruch zu lösen; aber es will ihm nicht gelingen: Er sagt nämlich: „Das eigentliche Problem der Metaphysik des Schönen läßt sich sehr einfach so ausdrücken: wie ist Wohlgefallen und Freude an einem Gegenstande möglich, ohne irgend eine Beziehung desselben auf unser Wollen? Jeder nämlich fühlt, daß Freude und Wohlgefallen an einer Sache eigentlich nur aus ihrem Verhältniß zu unserm Willen, oder, wie man es gern ausdrückt, zu unsern Zwecken entspringen kann; so daß eine Freude ohne Anregung des Willens ein Widerspruch zu sein scheint. Dennoch erregt, ganz offenbar, das Schöne als solches unser Wohlgefallen, unsere Freude, ohne daß es irgend eine Beziehung auf unsere persönlichen Zwecke, also unsern Willen hätte. Meine Lösung ist gewesen, daß wir im Schönen allemal die wesentlichen und ursprünglichen Gestalten der belebten und unbelebten Natur, also Plato's Ideen derselben, auffaffen, und daß diese Auffassung zu ihrer Bedingung ihr wesentliches Correlat, das willensreine Subject des Erkennens, d. h. eine reine Intelligenz ohne Absichten und Zwecke habe. Dadurch verschwindet, beim Eintritt einer ästhetischen Auffassung, der Wille ganz aus dem Bewußtsein. Er allein aber ist die Quelle aller unserer Betrübnisse und Leiden. Dies ist der Ursprung jenes Wohlgefallens und jener Freude, welche die Auffassung des Schönen begleitet. Sie beruht also auf der Wegnahme der ganzen Möglichkeit des Leidens." („Parerga und Paralipomena", II, §. 209.)

Schopenhauer fühlt selbst das Ungenügende dieser Lösung, da er einsieht, daß mit der Wegnahme der Möglichkeit des Leidens auch die Möglichkeit der Freude aufgehoben wäre; er meint aber, da nach seiner Lehre Glück, Befriedigung nur negativer Natur, nämlich blos das Ende eines Leidens, der Schmerz hingegen das Positive sei, so bleibe beim Verschwinden alles Wollens aus dem Bewußtsein doch der Zustand der Freude, d. h. der Abwesenheit alles Schmerzes, und hier sogar der Abwesenheit der Möglichkeit desselben, bestehen. (Daselbst.)

Mir hat diese Lösung der von Schopenhauer selbst gefühlten Schwierigkeit nicht genügt. Es ist nicht wahr, daß bei Abwesenheit alles Wollens dennoch Freude möglich sei. Freude ist und bleibt einmal, mag man sie nun für negativ, oder für positiv halten, Befriedigung des Willens. Wo also Freude ist, da ist Wille; wo kein Wille ist, da ist auch keine Freude. Schopenhauer hätte also consequenterweise entweder die ästhetische Freude streichen müssen, wenn er die ästhetische Willensfreiheit stehen lassen wollte; oder er hätte letztere streichen müssen, wenn er die erstere nicht aufgeben konnte. In der That ist die ästhetische Willensfreiheit, wie ich schon gegen Thilo (vergl. den neunten Brief) gezeigt habe, eine nur relative. Nur vom persönlichen, egoistischen Willen und seinen Zwecken ist das ästhetische Wohlgefallen frei, nicht aber vom objectiven, auf Schönheit, auf Harmonie gerichteten Willen. Daher ist es auch nicht wahr, was Schopenhauer behauptet, daß das ästhetische Verhalten zu den Dingen „die ganze Möglichkeit des Leidens" wegnimmt; denn es giebt ja auch ästhetisches Leiden, welches z. B. der Anblick des Häßlichen, Disharmonischen, Verzerrten verursacht. Das ästhetische Verhalten zu den Dingen befreit uns nicht vom Leiden überhaupt, sondern nur vom persönlichen Leiden, läßt aber die Möglichkeit des Leidens durch schönheitswidrige Formen übrig, so wie das wissenschaftliche und das moralische Verhalten, obgleich beide in ihrer Art eben so objec= tiv sind, wie das ästhetische Verhalten, uns nicht vom Leiden überhaupt befreit, da es die Möglichkeit des Leidens durch wissenschaftswidrige und moralwidrige Beschaffenheiten übrig läßt.

Die Objectivität, die Schopenhauer dem ästhetischen Betrach= ten zuschreibt, kommt nicht diesem allein zu, sondern auch dem wissen= schaftlichen und dem moralischen Verhalten; und sie ist keine bloße Objectivität des Erkennens, sondern auch eine Objectivität des Wollens. Denn sonst könnte von ästhetischer, wissenschaftlicher, mo= ralischer Freude und Leid nicht die Rede sein. Was in uns durch das Wahre, Gute und Schöne erfreut oder durch das Gegentheil dessel= ben betrübt wird, ist kein bloßes, reines, willenloses Erkennen, son= dern ein auf das Wahre, Gute und Schöne gerichteter Wille.

Demnach ist der Gegensatz zwischen Intellect und Wille, den Schopenhauer in der Aesthetik macht, als bemeisterte in der ästhetischen Contemplation das Accidenz (der Intellect) die Substanz (den Willen) und höbe ihn auf („Welt als Wille und Vorstellung", II, 420), da= hin zu berichtigen: Nicht der Intellect hebt den Willen auf, sondern der objective Wille den subjectiven, und dadurch gewinnt der objective, auf die Ideen gerichtete Intellect die Herrschaft über den subjectiven, auf persönliche, egoistische Zwecke gerichteten Intellect.

Ueberhaupt entspricht dem zwiefachen Intellect ein zwiefacher Wille. In dem wissenschaftlichen, ästhetischen und moralischen Verhalten kommt nicht der Intellect zur Herrschaft über den Willen, sondern der auf das Wahre, Schöne und Gute gerichtete Wille kommt zur Herrschaft über den egoistischen Willen und eben dadurch kommt der objective Intellect zur Herrschaft über den subjectiven.

Dreiunddreißigster Brief.

Kritik des Schopenhauer'schen Gegensatzes zwischen der ästhetischen Betrachtung der Dinge und ihrer Betrachtung nach dem Satz vom
Grunde. — Die Schopenhauer'sche Ideenlehre und der Darwi-
nismus.

Es ist, verehrter Freund, noch ein anderer Gegensatz, den Schopenhauer in der Aesthetik macht, ebenfalls zu berichtigen. Das ästhetische
Erkennen hat es nämlich nach ihm nicht mehr mit den Relationen
der Dinge zu thun, sondern mit dem reinen Was derselben, mit den
platonischen Ideen. Dadurch trete das ästhetische Erkennen in Gegensatz zu dem an den Satz vom Grunde gebundenen Erkennen. Der
zur ästhetischen Anschauung sich erhebende Intellect verlasse, indem er
nicht mehr auf das einzelne Ding, sondern auf die Idee, die ganze
Gattung desselben gerichtet ist, eben damit alle Relationen, die der
Satz vom Grund ausdrückt, also die ganze Betrachtung der Dinge
nach Raum, Zeit und Causalität. Darum sei es z. B. bei Betrachtung eines Baumes für die Auffassung seiner Idee ohne Bedeutung,
ob es dieser Baum oder sein vor tausend Jahren blühender Vorfahr
ist, und ebenso, ob der Betrachter dieses, oder irgend ein anderes,
irgendwann und irgendwo lebendes Individuum ist. Und nicht allein
der Zeit, sondern auch dem Raum sei die Idee enthoben; denn nicht
die mir vorschwebende räumliche Gestalt, sondern ihr innerstes Wesen
sei eigentlich die Idee und könne ganz das Selbe sein bei großem
Unterschiede der räumlichen Verhältnisse der Gestalt. (Vergl. Schopenhauer-Lexikon: Aesthetisch und unter Idee: Die Erkenntniß der
Ideen.) Der Idee komme weder Vielheit noch Wechsel zu. Während

die Individuen, in denen sie sich darstellt, unzählige sind und unaufhaltsam werden und vergehen, bleibe sie unverändert als die eine und selbe stehen, und der Satz vom Grunde habe für sie keine Bedeutung. („Welt als Wille und Vorstellung", I, 200.)

Gemäß dieser Ansicht hat Schopenhauer das dritte, die Aesthetik umfassende Buch der „Welt als Wille und Vorstellung" überschrieben: „Die Vorstellung, unabhängig vom Satze des Grundes."

So wie ich aber in meinem vorigen Briefe die von Schopenhauer behauptete Willensfreiheit des ästhetischen Subjects für keine absolute halten konnte, so kann ich nun in diesem auch die von ihm behauptete Relationslosigkeit des ästhetischen Objects für keine absolute ansehen. So wenig als die ästhetische Auffassung der Dinge den Willen absolut ausschließt, eben so wenig schließt sie die Relationen des Objects nach dem Satze vom Grunde, also nach Raum, Zeit und Causalität, absolut aus. So wie es dort nur der persönliche Wille ist, von dem das Erkennen frei wird, aber nicht der objective Wille; so sind es hier nur die unwesentlichen Relationen, die es verläßt, nicht aber die wesentlichen.

Um das Schopenhauer'sche Beispiel vom Baume beizubehalten, so ist es für die ästhetische Auffassung zwar allerdings gleichgültig, ob es dieser Baum, oder sein vor tausend Jahren blühender Vorfahr ist; aber es ist nicht gleichgültig, ob der Baum in diesem oder jenem Boden wurzelt, unter diesem oder jenem Himmelsstrich wächst, ob er in diesem, oder jenem Stadium seiner Entwickelung steht, ob er alt oder jung ist, ob er in dieser oder jener Umgebung steht u. s. w. Dies sind aber lauter Relationen nach dem Satz vom Grunde, nach Räumlichkeit, Zeitlichkeit und Causalität. Sagt doch Schopenhauer selbst, wo er von der Pflanze im Allgemeinen spricht: Jede Pflanze spricht mit Naivetät ihren ganzen Charakter durch die bloße Gestalt aus und legt ihn offen dar, ihr ganzes Sein und Wollen offenbarend; wodurch die Physiognomien der Pflanzen so interessant sind. Jede Pflanze erzählt zunächst von ihrer Heimath, dem Klima derselben und der Natur des Bodens, dem sie entsprossen ist. („Welt als Wille und Vorstellung", I, 186.) Ist nun die ästhetische Betrachtung einer bestimmten Pflanze etwa frei von der Auffassung dieser, in der Gestalt, dem Klima, Boden u. s. w. ausgesprochenen Relationen?

Anstatt also mit Schopenhauer zu sagen, die ästhetische Auffassung der Dinge habe es nur mit ihrem Was, nicht mit ihren Relatio= nen zu thun, werden wir vielmehr, erkennend, daß das Was end= licher Dinge gar nicht frei ist von Relationen, da jedes endliche Ding als solches in räumlichen, zeitlichen und causalen Beziehungen zu an= dern steht, sagen müssen: Die ästhetische Contemplation hat es zwar nicht mit den unwesentlichen, das Wesen des betrachteten Gegenstandes nicht berührenden Relationen zu thun, wohl aber mit den wesent= lichen, also mit jenen räumlichen, zeitlichen und causalen Beziehungen, in denen der specifische Charakter, das eigentliche Was der Sache zur Erscheinung kommt.

Welche Ideen auch immer ein Künstler zur Anschauung bringen will, seien es die Ideen der untersten Naturstufen, oder die Ideen organischer Wesen, immer kann er es nur, indem er uns die Dinge in ihren wesentlichen Beziehungen, also nach ihrer räumlichen Lage und Dimension, nach ihrer zeitlichen Entwickelungsstufe, nach ihrem causalen Wirken darstellt.

Am einleuchtendsten wird uns dies bei der künstlerischen Darstel= lung des Menschenlebens. Ein dramatischer Dichter z. B. kann uns einen, sei es tragischen oder komischen Helden nicht darstellen ohne Rücksicht auf Ort, Zeit und Motive (Ursachen) der Handlung, also nicht „unabhängig vom Satz des Grundes". Ort, Zeit und Ursachen spielen aber auch in der Thierwelt, in der Pflanzenwelt, ja im unorganischen Gebiete eine wichtige Rolle. Also kann der Künst= ler die Typen auch dieser Gebiete nicht „unabhängig vom Satz des Grundes" darstellen.

Stünde das Was, die Idee der Dinge außer allen räumlichen, zeitlichen und causalen Relationen, dann freilich hätte Schopenhauer Recht, die ästhetische Auffassung für eine relationslose, für eine vom Satz des Grundes unabhängige zu erklären; da jenes aber nicht der Fall ist, so kann auch dieses nicht richtig sein.

Es bleibt als wahr nur stehen, daß die ästhetische Auffassung es zwar nicht mit den unwesentlichen, zufälligen, das eigentliche Was der Wesen nicht berührenden Beziehungen zu thun hat, wohl aber um so mehr mit den wesentlichen, nothwendigen, gesetzmäßigen, zum

Charakter der Dinge gehörigen und von demselben untrennbaren Beziehungen, sowohl räumlichen und zeitlichen, als causalen.

Uebrigens wird die Schopenhauer'sche Lehre von den Ideen als den ewigen, unwandelbaren species rerum („Welt als Wille und Vor= stellung", II, 414) durch die Darwin'sche Theorie von der Ent= stehung der Arten, wenn man diese gelten läßt, widerlegt. Schopen= hauer macht zwar einen Unterschied zwischen Idee und Art, indem er sagt: „Was nun, als blos objectives Bild, bloße Gestalt, betrach= tet und dadurch aus der Zeit, wie aus allen Relationen, heraus= gehoben, die Platonische Idee ist, das ist, empirisch genommen und in der Zeit, die Species, oder Art: diese ist also das empirische Correlat der Idee. Die Idee ist eigentlich ewig, die Art aber von unendlicher Dauer; wenngleich die Erscheinung derselben auf einem Planeten erlöschen kann." (Daselbst, S. 415.) Aber wenn die Idee ewig und ihr empirisches Correlat, die Art, von unendlicher Dauer ist, so ist nicht einzusehen, wie die Erscheinung derselben auf einem Planeten erlöschen kann. Die Consequenz fordert hier vielmehr die unendliche Dauer der erscheinenden Arten. Die Annahme dieser aber widerstritte nicht blos der Naturwissenschaft, welche die Entstehung neuer und den Untergang alter Arten bezeugt, sei es nun, daß sie dieselbe nach Darwin'scher, oder anderer Theorie erklärt, sondern auch Schopenhauer's eigener Naturphilosophie, welche die Abstammung des Menschen vom Affen, überhaupt das Hervorgehen höherer Arten aus niedern und in Uebereinstimmung mit der ganzen modernen natur= wissenschaftlichen Entwickelungstheorie die successive Steigerung der Natur von der niedersten bis zur höchsten Stufe lehrt. (Vergl. Schopen= hauer=Lexikon die Artikel Natur, Generatio aequivoca, Affe, und unter Form: Zeitlicher Ursprung der Formen.)

Die Schopenhauer'sche Aesthetik mit ihrer Lehre von den ewigen (Platonischen) Ideen harmonirt also nicht mit seiner Naturphilosphie, die doch im Wesentlichen Entwickelungstheorie ist. Aber ich bin auch der Meinung, daß die Aesthetik jener Annahme der Ewigkeit der Ideen oder Typen der Dinge gar nicht bedarf. Aesthetik kann be= stehen, auch bei der Annahme der Wandelbarkeit der Arten. Die Schönheit und Erhabenheit der Natur hängt nach meiner Ansicht nicht von der Ewigkeit und Unwandelbarkeit ihrer Formen ab. Schöne Pflanzen, Thiere und Menschen kann es geben, auch wenn die in ihnen zur Erscheinung kommenden Typen nicht von ewiger Dauer sind. Das Schönste ist ja oft das Flüchtigste. Im Begriff der Schönheit liegt nur Angemessenheit der Form zum innern Wesen oder Zweck der Erscheinung; aber daß dieses Wesen ein ewiges, unvergängliches, und daher relationsloses sei, ist nicht erfordert.

————

Vierunddreißigster Brief.

Darstellung und Kritik der Schopenhauer'schen Ansicht von der Geschichte.

Mit dem dualistischen Gegensatz, den Schopenhauer zwischen der
Betrachtung der Dinge nach dem Satze vom Grunde und ihrer Betrachtung unabhängig vom Satze des Grundes macht, hängt auch seine
Ansicht von der Geschichte zusammen. Der Kunst gegenüber setzt
er die Geschichte sehr herab. (Vergl. in dem dritten, von der Kunst
handelnden Buche der „Welt als Wille und Vorstellung", I, §. 51,
und II, Kap. 38.)

Ich will Ihnen nun, verehrter Freund, im Folgenden meine Ansicht über die Stellung Schopenhauer's zur Geschichte ausführlicher
darlegen. Die Sache ist wichtig genug, um etwas länger bei ihr zu
verweilen.

Wie man Fichte Mangel an Sinn für die Natur vorgeworfen
hat, so Schopenhauer Mangel an Sinn für die Geschichte, und es
läßt sich nicht leugnen, daß die Geringschätzung der Geschichte zu den
schwachen Seiten des Schopenhauer'schen Systems gehört. Doch wie
in der Wirklichkeit Alles, was geschieht, nothwendig ist, so auch im
theoretischen Gebiete. Jedes System hat irgendeine besonders anstößige
Seite; aber in jedem wird sie sich aus den Grundgedanken erklären
und ableiten lassen. So läßt sich auch die Schopenhauer'sche Verachtung der Geschichte als eine nothwendige Folge seiner Grundgedanken
erklären. Die Ueberzeugung davon hat sich mir besonders beim Lesen
seiner hinterlassenen Erstlingsmanuscripte, welche die vereinzelten Aufzeichnungen enthalten, aus denen sein Hauptwerk: „Die Welt als

13*

Wille und Vorstellung" hervorgegangen, aufgedrängt. Hier finden sich häufig Betrachtungen über Kunst, Wissenschaft, Philosophie und Geschichte, aus denen hervorgeht, daß Schopenhauer schon frühzeitig von der Geschichte einen geringern Begriff gehabt, als die andern nachkant'schen Philosophen. Kunst, Wissenschaft, Philosophie und Geschichte werden nämlich in jenen frühesten Aufzeichnungen Schopenhauer's in einem eigenthümlichen Lichte betrachtet, in dem Lichte nämlich des Platonischen Gegensatzes zwischen dem wahrhaft Seienden und dem immer Werdenden, nie Seienden. Dieser Platonische Gegensatz ist bei Schopenhauer zum Gegensatze des dem Satze vom Grunde Unterworfenen und des von diesem Satze Freien geworden. Und unter diesen Gegensatz werden nun Kunst, Philosophie, Wissenschaft und Geschichte so subsumirt, daß Kunst und Philosophie, als miteinander verwandt, die dem Satze vom Grunde nicht unterworfene Betrachtungsweise der Dinge repräsentiren, Wissenschaft und Geschichte hingegen die dem Satze vom Grunde unterworfene. Kunst und Philosophie lehren uns also das wahrhaft Seiende, oder das immer Seiende, nie Werdende, die Wissenschaften und die Geschichte hingegen das ewig Wechselnde, immer Werdende, nie Seiende kennen. Jene haben es mit dem Außerzeitlichen, Relationslosen, diese mit dem Zeitlichen, Relativen, zu thun.

Dieser Grundgegensatz zieht sich durch alle der „Welt als Wille und Vorstellung" vorhergegangenen Aufzeichnungen Schopenhauer's wie ein rother Faden hindurch. In seinem Lichte wird alles betrachtet, und durch ihn wird die Schopenhauer'sche Geringschätzung der Wissenschaften und der Geschichte gegenüber der Kunst und Philosophie bestimmt. Auch auf das Praktische wird von ihm dieser Grundgegensatz übertragen und auf denselben der Gegensatz zwischen Tugend und Laster, zwischen Heiligkeit und Sündhaftigkeit zurückgeführt.

Zum Belege dafür mögen hier einige besonders charakteristische Stellen aus Schopenhauer's Erstlingsmanuscripten stehen:

Weimar 1814. „Man könnte sagen: alle unsere Sündhaftigkeit ist nichts als der Grundirrthum, die Ewigkeit durch die Zeit ausmessen zu wollen, ist gleichsam nur ein fortwährender Versuch der Quadratur des Cirkels. Denn sie geht einzig darauf hinaus, das zeitliche Dasein zu verlängern, theils im Individuum (Gier, Habsucht, Feindseligkeit), theils in der Species (Geschlechtstrieb). Zeitliches Dasein wollen und immerfort wollen ist Leben. Das Verkehrte davon liegt darin, daß wir nicht merken, daß dieses zeitliche Dasein, indem es gewonnen auch wieder zerronnen ist, daß es seiner Natur nach flüchtig, bestand= los ist, ein unhaltbarer Schatten, ein Faden ohne Dicke, ohne Consi= stenz, eine mathematische Linie, die auch durch unendliche Länge keine Dicke gewinnt. Dies merken wir nicht, werden nicht müde, das Sieb der Danaiden zu füllen, dem Hunde im Bratenwenderrade zu gleichen. Wir wähnen durch Succession das zu erhaschen, was nur mit Einem Schlage ergriffen werden kann, durch das Uebertreten aus der Zeit in die Ewigkeit, aus dem empirischen ins bessere Bewußtsein. Wir laufen rastlos an der Peripherie herum, statt zum ruhigen Centrum zu dringen. Jener Grundirrthum erzeugt praktisch Sündhaftigkeit, theoretisch Mangel an Genialität, Polymathie statt Philosophie."

Dresden 1814. „Plato hat die hohe Wahrheit gefunden: nur die Ideen sind wirklich, d. h. die ewigen Formen der Dinge, die anschau= lichen adäquaten Repräsentanten der Begriffe. Die Dinge in Zeit und Raum sind hinschwindende nichtige Schatten: sie und die Gesetze, nach denen sie entstehen und vergehen, sind nur Gegenstand der Wissen= schaft, ebenso auch die bloßen Begriffe und ihre Ableitung auseinander. Aber Gegenstand der Philosophie, der Kunst, deren bloßes Material die Begriffe sind, ist nur die Idee: die Ideen alles dessen, was im Bewußtsein liegt, was als Object erscheint, fasse also der Philosoph auf, er stehe wie Adam vor der neuen Schöpfung und gebe jedem Dinge seinen Namen: dann wird er die ewigen lebenden Ideen in den todten Begriffen niederlegen und erstarren lassen, wie der Bildner die Form im Marmor. Wenn er die Idee alles dessen, was ist und lebt, gefunden und dargestellt haben wird, wird für die praktische Philoso= phie ein Nichtseinwollen sich ergeben. Denn es wird sich gezeigt haben, wie die Idee des Seins in der Zeit die Idee eines unseligen Zustandes ist, wie das Sein in der Zeit, die Welt, das Reich des Zufalls, des Irrthums und der Bosheit ist; wie der Leib der sicht= bare Wille ist, der immer will und nie zufrieden sein kann; wie das Leben ein stets gehemmtes Sterben, ein ewiger Kampf mit dem Tode, der endlich siegen muß, ist; wie die leidende Menschheit und die lei= dende Thierheit die Idee des Lebens in der Zeit ist; wie das Leben=

wollen die wahre Verdammniß ist, und Tugend und Laster nur der
schwächste und stärkste Grad des Lebenwollens; wie es Thorheit ist,
zu fürchten, der Tod könne uns das Leben rauben, da leider das
Lebenwollen schon das Leben ist, und wenn Tod und Leiden dies
Lebenwollen nicht tödten, das Leben selbst aus unerschöpflicher Quelle,
aus der unendlichen Zeit, ewig fließt und der Wille zum Leben immer
Leben haben wird, mit dem Tode, der bittern Zugabe, die mit dem
Leben eigentlich Eins ist, da nur die Zeit, die nichtige, sie unterschei=
det und Leben nur aufgeschobener Tod ist."

Dresden 1814. „Meine Philosophie soll von allen bisherigen
(die Platonische gewissermaßen ausgenommen) sich im innersten Wesen
dadurch unterscheiden, daß sie nicht, wie jene alle, eine bloße Anwen=
dung des Satzes vom Grunde ist und an diesem als Leitfaden daher=
läuft, was alle Wissenschaften müssen, daher sie auch keine sein soll,
sondern eine Kunst. Vielmehr wird sie nicht an Dem, was zufolge
einer Demonstration sein muß, sondern einzig an Dem, was ist, sich
halten: aus dem Gewirre unsers Bewußtseins wird sie jede einzelne
Thatsache herausheben, benennen, wie der Bildner aus dem großen
ungestalteten Marmorfelsen bestimmte Formen heraustreten läßt. Sie
wird daher nothwendig durchweg sondernd und trennend verfahren,
da sie nichts Neues schaffen, sondern nur das Vorhandene zu unter=
scheiden lehren will: ihr wird deshalb der Name des Kriticismus im
ursprünglichen Sinn des Worts zukommen.

„Die Philosophie ist so lange vergeblich versucht, weil man sie
auf dem Wege der Wissenschaft, statt auf der Kunst suchte. Da=
her hat keine Kunst so entsetzliche Pfuscherei aufzuweisen, als diese.
Man suchte das Warum, statt das Was zu betrachten; man strebte
nach der Ferne, statt das überall Nahe zu ergreifen; man ging nach
außen in allen Richtungen, statt in sich zu gehen, wo jedes Räthsel
zu lösen ist. Man war im Theoretischen auf eben die Art thöricht,
wie wir alle es beständig im Praktischen sind, wo wir vom Wunsche
zur Befriedigung und dann zum neuen Wunsche eilen und so das Glück
endlich zu finden hoffen, statt nur ein einziges mal in uns zu gehen,
vom Wollen uns loszureißen und im bessern Bewußtsein zu verharren.

„Die horizontale Linie ist der Weg der Wissenschaft und des Ge=
nusses: die senkrechte der Weg der Kunst und der Tugend.

„Der Satz vom Grunde in seinen vier Gestalten gleicht einem
Sturme ohne Anfang und Ende, der alles mit sich fortreißt; auch die
Wissenschaft geht seinen Weg, stolzirend im Wahn eines Ziels: aber
die Kunst gleicht dem ruhigen Sonnenlichte, das kein Sturm erschüt=
tert und das den Sturm durchschneidet. Der Philosoph vergesse nie,
daß er eine Kunst treibt und keine Wissenschaft. Läßt er sich im
mindesten von jenem Sturme von der Stelle rücken, läßt er sich auf
Ursach und Wirkung, auf früher und später, oder gar auf Abspinnen
aus Begriffen ein, so ist ihm die Philosophie verloren, und an ihrer
Stelle werden ihm Mährchen. Nicht dem Warum gehe er nach, wie
der Physiker, Historiker und Mathematiker, sondern er betrachte blos
das Was, lege es in Begriffen nieder (die ihm sind, was der Mar=
mor dem Bildner), indem er es sondert und ordnet, jedes nach seiner
Art, treu die Welt wiederholend, in Begriffen, wie der Maler auf
der Leinwand.“

Dresden 1814.*) „Alle Wissenschaft ist nicht zufällig (d. h.
ihrem dermaligen Stande nach), sondern wesentlich (d. h. immer und
ewig) ungenügend. Denn wenn die Physik auch zur Vollendung ge=
diehen wäre, d. h. wenn ich auch jedes Phänomen aus einem andern
zu erklären wüßte; so bliebe damit doch die ganze Reihe der Phäno=
mene unerklärt, d. h. das Phänomen überhaupt bliebe ein Räthsel.
Es wäre, um ein scherzhaftes Gleichniß mir zu erlauben, immer als
befände ich mich in einer Gesellschaft von lauter unbekannten Perso=
nen, deren jeder mir den andern als seinen Freund und Vetter prä=
sentirte, ich aber, indem ich mich jedesmal über den Präsentirten zu
freuen versicherte, dabei doch beständig die Frage auf den Lippen hätte:
aber wie Teufel komme ich denn zu dieser ganzen Gesellschaft?“
(Dieses Gleichniß hat Schopenhauer später in die „Welt als Wille
und Vorstellung“, I, §. 17, aufgenommen.)

Wie nun in den bisher angeführten Stellen der Gegensatz der
Kunst und Philosophie gegen die Wissenschaften ausgesprochen ist, so
in andern der Gegensatz derselben gegen die Geschichte. Diese Stellen
hat Schopenhauer später, mit nur unwesentlichen Modificationen, in
die „Welt als Wille und Vorstellung“ aufgenommen. So z. B. jene

---

*) Zu dieser Stelle ist an den Rand geschrieben: De vanitate scientiarum.

Stelle, zu Dresden 1814 geschrieben, die anfängt: „Es ist in der Welt wie in den Dramen des Gozzi: in allen diesen Stücken sind dieselben Personen, sie haben dieselben Absichten und dasselbe Schicksal: die Begebenheiten sind freilich geändert, aber der Geist der Begebenheiten ist derselbe." Diese Stelle, die in ihrem weitern Verlaufe die Art, wie „dem Künstlerblick des Philosophen" die Geschichte erscheint, der Meinung der Leute entgegensetzt, welche glauben, „es geschähe beständig etwas Neues, jeder Tag brächte etwas anderes, immer träten neue Personen und Charaktere auf, ja es würde Etwas in der Zeit, das Ganze habe Anfang und Ende, Plan und Entwickelung", diese Stelle findet sich, nur unwesentlich verändert, in der „Welt als Wille und Vorstellung", I, §. 35, wieder.

Schopenhauer's Ansicht von der Geschichte, wie sie gegenwärtig in der „Welt als Wille und Vorstellung" vorliegt, ist nun ihren wesentlichen Zügen nach diese: Die Geschichte ist keine Wissenschaft; denn ihr fehlt der Grundcharakter der Wissenschaft, die Subordination des Gewußten, statt deren sie bloße Coordination aufzuweisen hat. Daher gebe es kein System der Geschichte, wie doch jeder andern Wissenschaft. Sie sei demnach zwar ein Wissen, jedoch keine Wissenschaft. Denn nirgends erkenne sie das Einzelne mittels des Allgemeinen, sondern müsse das Einzelne unmittelbar fassen und so gleichsam auf dem Boden der Erfahrung fortkriechen; während die wirklichen Wissenschaften darüber schweben, indem sie umfassende Begriffe gewonnen haben, mittels deren sie das Einzelne beherrschen. Die Wissenschaften, da sie Systeme von Begriffen sind, reden stets von Gattungen; die Geschichte von Individuen. Die Wissenschaften reden von Dem, was immer ist; die Geschichte von Dem, was nur ein mal und dann nicht mehr ist. Da ferner die Geschichte es mit dem schlechthin Einzelnen und Individuellen zu thun habe, welches seiner Natur nach unerschöpflich ist, so wisse sie Alles nur unvollkommen und halb. Dabei müsse sie zugleich noch von jedem neuen Tage, in seiner Alltäglichkeit, sich Das lehren lassen, was sie noch gar nicht wußte.

Als immer nur das Einzelne, die individuelle Thatsache zum Gegenstand habend und dieses als das ausschließlich Reale ansehend, ist die Geschichte nach Schopenhauer das gerade Gegentheil und Widerspiel der Philosophie, welche die Dinge vom allgemeinsten Ge-

sichtspunkte aus betrachtet und ausdrücklich das Allgemeine zum Gegen=
stande hat, welches in allem Einzelnen identisch bleibt. Während die
Geschichte uns lehre, daß zu jeder Zeit etwas Anderes gewesen, sei die
Philosophie bemüht, uns zu der Einsicht zu verhelfen, daß zu allen
Zeiten ganz Dasselbe war, ist und sein wird. In Wahrheit sei das
Wesen des Menschenlebens, wie der Natur, überall, in jeder Gegen=
wart ganz vorhanden, und bedürfe daher, um erschöpfend erkannt zu
werden, nur der Tiefe der Auffassung. Die Geschichte aber hoffe die
Tiefe durch die Länge und Breite zu ersetzen; ihr sei jede Gegenwart
nur ein Bruchstück, welches ergänzt werden müsse durch die Vergangen=
heit, deren Länge aber unendlich ist und an die sich wieder eine un=
endliche Zukunft schließt. Hierauf beruhe das Widerspiel zwischen
den philosophischen und historischen Köpfen; jene wollen ergründen, diese
wollen zu Ende zählen.

Wie die Geschichte nach Schopenhauer tief unter der Wissenschaft
und der Philosophie steht, so auch tief unter der Kunst. Der Stoff
der Kunst sei die Idee, der Stoff der Wissenschaft der Begriff, und
insofern sehen wir beide mit dem beschäftigt, was immer da ist und
stets auf gleiche Weise, nicht aber jetzt ist und jetzt nicht, jetzt so und
jetzt anders; daher eben haben beide es mit Dem zu thun, was Plato
ausschließlich als den Gegenstand wirklichen Wissens aufstellt. Der
Stoff der Geschichte hingegen sei das Einzelne in seiner Einzelheit
und Zufälligkeit, was ein mal ist und dann auf immer nicht mehr
ist, die vorübergehenden Verflechtungen einer wie Wolken im Winde
beweglichen Menschenwelt, welche oft durch den geringfügigsten Zufall
ganz umgestaltet werden. Von diesem Standpunkt aus erscheine der
Stoff der Geschichte kaum noch als ein der ernsten und mühsamen
Betrachtung des Menschengeistes würdiger Gegenstand.

Mit Aristoteles darin übereinstimmend, daß die Poesie philo=
sophischer sei, als die Geschichte, giebt Schopenhauer jener bei weitem
den Vorzug vor dieser. Für die Erkenntniß des Wesens der Mensch=
heit werde mehr von der Dichtung, als von der Geschichte geleistet.
Zwar lehre auch Erfahrung, lehre auch Geschichte den Menschen ken=
nen; jedoch öfter die Menschen als den Menschen, d. h. sie geben mehr
empirische Notizen vom Benehmen der Menschen gegeneinander, als daß
sie in das innere Wesen des Menschen tiefe Blicke thun ließen. Ge=

schichte verhalte sich zur Poesie wie Porträtmalerei zur Historienmalerei; jene gebe das im Einzelnen, diese das im Allgemeinen Wahre, jene habe die Wahrheit der Erscheinung, diese die Wahrheit der Idee. Der Dichter stelle mit Wahl und Absicht bedeutende Charaktere in bedeutenden Situationen dar, der Historiker nehme beide, wie sie kommen. Ja, er habe die Begebenheiten nicht nach ihrer innern, echten, die Idee ausdrückenden Bedeutsamkeit anzusehen und auszuwählen, sondern nach der äußern, scheinbaren, relativen, in Beziehung auf die Verknüpfung, auf die Folgen wichtigen Bedeutsamkeit. Denn seine Betrachtung gehe dem Satze vom Grunde nach und ergreife die Erscheinung, deren Form dieser sei. Der Dichter hingegen fasse die Ideen auf, das Wesen der Menschheit, außer aller Relation, außer aller Zeit.

Sogar den Biographien legt Schopenhauer in Hinsicht auf die Erkenntniß des Wesens der Menschheit einen größern Werth bei, als der Geschichte, theils weil bei jenen die Data richtiger und vollständiger zusammenzubringen sind, als bei dieser, theils weil in der Geschichte nicht sowohl Menschen, als Völker und Heere agiren, und die einzelnen, welche noch auftreten, in so großer Entfernung erscheinen, mit so vieler Umgebung und so großem Gefolge, dazu verhüllt in steife Staatskleider oder schwere unbiegsame Harnische, daß es schwer halte, durch alles Dieses hindurch die menschliche Bewegung zu erkennen. Hingegen zeige das treu geschilderte Leben des Einzelnen, in einer engen Sphäre, die Handlungsweise der Menschen in allen ihren Nüancen und Gestalten. Dabei sei es ja in Betreff der innern Bedeutung des Erscheinenden, auf die es doch allein ankomme, ganz gleichgültig, ob die Gegenstände, um die sich die Handlung dreht, relativ betrachtet, Kleinigkeiten oder Wichtigkeiten, Bauerhöfe oder Königreiche sind; denn alles Dieses, an sich ohne Bedeutung, erhalte solche nur durch seine Beziehung zum Willen. Wie ein Kreis von einem Zoll Durchmesser und einer von 40 Millionen Meilen Durchmesser dieselben geometrischen Eigenschaften vollständig haben, so seien die Vorgänge und die Geschäfte eines Dorfes und die eines Reiches im Wesentlichen dieselben, und man könne am einen wie am andern die Menschheit studiren und kennen lernen.

Fünfunddreißigster Brief.

Darstellung und Kritik der Schopenhauer'schen Ansicht von der Geschichte. — (Fortsetzung.)

———

Zu den im Bisherigen angegebenen Gründen der Geringschätzung der Geschichte, die sich darauf reduciren lassen, daß erstens die Geschichte keine Wissenschaft sei, weil sie es nur mit schlechthin Einzelnem, Zeitlichem, Zufälligem, Bestandlosem zu thun habe, und daß sie zweitens aus ebendiesem Grunde für die Erkenntniß des eigentlichen Wesens der Menschheit weit weniger leiste, als Kunst, Poesie und Biographie —, zu diesen beiden Gründen kommt bei Schopenhauer noch ein dritter, nämlich dieser, daß es der Geschichte an Einheit, Ganzheit, an einem sinnvollen Zusammenhang fehle. Er polemisirt sehr scharf gegen das „durch die überall so geistesverderbliche und verdummende Hegel'sche Afterphilosophie aufgekommene Bestreben, die Weltgeschichte als ein planmäßiges Ganzes zu fassen, oder, wie sie es nennen, sie organisch zu construiren". Denn da nur das Individuum, nicht aber das Menschengeschlecht wirkliche, unmittelbare Einheit des Bewußtseins habe, so sei die Einheit des Lebenslaufes des letztern eine bloße Fiction. Zudem, wie in der Natur nur die species real, die genera bloße Abstractionen seien, so seien im Menschengeschlechte nur die Individuen und ihr Lebenslauf real, die Völker und ihr Leben bloße Abstractionen. Endlich laufen nach Schopenhauer die Constructionsgeschichten, vom platten Optimismus geleitet, zuletzt immer auf einen behaglichen, nahrhaften, fetten Staat, mit wohlgeregelter Constitution, guter Justiz und Polizei, Technik und Industrie und höchstens auf intellectuelle Vervollkommnung hinaus, weil diese die allein mögliche sei, da das Moralische im Wesentlichen unverändert bleibe. Auf das Moralische aber komme Alles nach dem Zeugnisse unsers innersten Bewußtseins an, und dieses liege allein im Individuum, als die Rich= tung seines Willens. In Wahrheit habe nur der Lebenslauf jedes Einzelnen Einheit, Zusammenhang und wahre Bedeutsamkeit; er sei als eine Belehrung anzusehen, und der Sinn derselben sei ein mora= lischer. Nur die innern Vorgänge, sofern sie den Willen betreffen, haben wahre Realität, und seien wirkliche Begebenheiten, weil der Wille allein das Ding an sich sei. „In jedem Mikrokosmos liegt der ganze Makrokosmos, und dieser enthält nichts mehr, als jener. Die Vielheit ist Erscheinung, und die äußern Vorgänge sind bloße Con= figurationen der Erscheinungswelt, haben daher unmittelbar weder Realität noch Bedeutung, sondern erst mittelbar durch ihre Beziehung auf den Willen der Einzelnen. Das Bestreben, sie unmittelbar deuten und auslegen zu wollen, gleicht sonach dem, in den Gebilden der Wolken Gruppen von Menschen und Thieren zu sehen. Was die Geschichte erzählt, ist in der That nur der lange, schwere und ver= worrene Traum der Menschheit.“

An einer andern Stelle sagt Schopenhauer: „In dieser Welt der Erscheinung ist so wenig wahrer Verlust, als wahrer Gewinn möglich. Der Wille allein ist: er, das Ding an sich, er, die Quelle aller jener Erscheinungen. Seine Selbsterkenntniß und darauf sich entscheidende Bejahung oder Verneinung ist die einzige Begebenheit an sich.“

Vergleichen Sie nun diese in der „Welt als Wille und Vorstellung“ enthaltene Geschichtsauffassung mit den oben mitgetheilten Stücken aus Schopenhauer’s Erstlingsmanuscripten, so werden Sie finden, daß zwar der Grundgedanke, der Gegensatz nämlich zwischen der zeitlichen, dem Satze vom Grunde unterworfenen Erscheinung, und dem ewigen, von den Relationen des Satzes vom Grunde unabhängigen Wesen an sich in beiden derselbe geblieben ist, daß aber, während in den Erst= lingsmanuscripten noch die Wissenschaft gleich schlecht wegkommt, wie die Geschichte, da beide der Kunst und Philosophie entgegengesetzt wer= den, — in der „Welt als Wille und Vorstellung“ dagegen die Wissen= schaft schon eine günstigere Stellung erhält, da anerkannt wird, daß sie, wenngleich in einem andern Stoffe, als die Kunst, doch ebenso wie diese mit Dem beschäftigt sei, was immer da ist und stets auf gleiche Weise, nicht aber jetzt ist und jetzt nicht, jetzt so und jetzt anders.

In den Erstlingsmanuscripten Schopenhauer's hat also die Geschichte noch an der Wissenschaft einen Gefährten ihrer Nichtigkeit, in der „Welt als Wille und Vorstellung" hingegen steht sie allein als nichtig der Wissenschaft, Kunst und Philosophie gegenüber. Die Stellung der Wissenschaft ist insofern eine günstigere geworden. Zwar stellt auch in der „Welt als Wille und Vorstellung" Schopenhauer die Wissenschaft noch immer nicht so hoch, wie die Kunst und Philosophie; denn er subsumirt sie noch (im ersten Buche) unter die dem Satze vom Grunde unterworfene Vorstellung und theilt die Wissenschaften ein nach den vier Gestalten des Satzes vom Grunde, während er die Philosophie als die nicht dem Satze vom Grunde nachgehende Betrachtungsweise aus der Reihe der Wissenschaften ausschließt und der Kunst als der vom Satze vom Grunde unabhängigen Vorstellungsweise gleichstellt. Aber im Ganzen kommt doch die Wissenschaft in der „Welt als Wille und Vorstellung" schon besser weg, als die Geschichte, Schopenhauer spricht von jener nicht so geringschätzig, wie von dieser.

Sollte sich nun aber nicht auch für die Geschichte eine bessere Stellung aus seinen eigenen Grundgedanken ergeben? Ich bin der Meinung, Schopenhauer würde günstiger über die Geschichte geurtheilt haben, wenn er den Gegensatz zwischen Ewigem und Zeitlichem, zwischen Wesen und Erscheinung, zwischen dem vom Satze vom Grunde Unabhängigen und dem ihm Unterworfenen minder dualistisch aufgefaßt hätte. Die Schopenhauer'sche Philosophie hat gleich der Platonischen, aus der sie im Vereine mit der Kant'schen erwachsen, wie ich dies schon in der Schrift: „Arthur Schopenhauer. Von ihm, über ihn" (Berlin 1863) nachgewiesen habe, noch deren Dualismus im Leibe. Die wesenlose Erscheinung freilich, das von allem ewigen Gehalte entblößte Zeitliche ist nichtig, ist wahrheitslos, werthlos, wie das erscheinungslose Wesen unwirklich ist. Ersterm fehlt die Wahrheit, letzterm die Wirklichkeit. Wäre also der Stoff der Geschichte nur das ganz Individuelle, schlechthin Einzelne, Zufällige, Unwesentliche, einmal und dann nicht wieder Seiende, wie nach dem Begriffe Schopenhauer's von der Geschichte, — dann freilich wäre sie werthlos und stände tief unter der Wissenschaft, Kunst und Philosophie. Aber dies ist nicht der Fall, auch nach Schopenhauer's eigenen anderweitigen Aeußerungen nicht. Denn so dualistisch auch die Schopenhauer'sche Philosophie, namentlich in ihrer frühesten, in den Erstlingsmanuscripten niedergelegten Form noch ist, so durchbricht sie doch andererseits den Dualismus, indem sie das ewige Wesen in der zeitlichen Erscheinung gegenwärtig, immanent sein läßt, ja die Kunst und Philosophie als diejenige Betrachtungsweise der Dinge bezeichnet, welche im Zeitlichen das Ewige, in der Erscheinung das Wesen, die Idee ergreift. Wie könnten Kunst und Philosophie dies, wenn das Zeitliche des ewigen Gehalts beraubt, wenn die Erscheinung von der Idee entblößt wäre?

Nun, ist aber einmal das Ewige dem Zeitlichen, das Wesen der Erscheinung, das vom Satze vom Grunde Freie dem nach ihm Verketteten immanent, so muß es auch in der geschichtlichen Erscheinung gegenwärtig, muß auch in ihr ergreifbar sein, und es käme also, um die Geschichte aus einem Werthlosen zu einem höchst Werthvollen zu machen, nur darauf an, sie so zu behandeln, daß in dem Wechselnden das Bleibende, in dem Zeitlichen das Ewige, in der Erscheinung die zu Grunde liegende Idee erkannt würde. Damit würde dann die Geschichte ihre inferiore Stellung aufgeben und sich zum Range der Wissenschaft, der Kunst, der Philosophie erheben, wie sie es bereits bei den wirklich wissenschaftlichen, künstlerischen und philosophischen Historikern gethan hat, welche in ihren Geschichtsdarstellungen ja nicht blos „ein Kehrichtfaß und eine Rumpelkammer und höchstens eine Haupt- und Staatsaction" geben, sondern uns in das innere Wesen der Menschheit und in die Gesetze ihrer Entwickelung den Blick eröffnen.

Schopenhauer gesteht selbst zu, daß auch bei der dem Historiker nothwendigen, dem Satze vom Grunde nachgehenden Betrachtungsart das innere Wesen, die Bedeutsamkeit der Erscheinungen, „der Kern aller jener Schalen", nie ganz verloren gehen kann, und wenigstens von Dem, der ihn sucht, sich noch finden und erkennen läßt. Ferner betrachtet er ebendies als die Aufgabe einer philosophischen Behandlung der Geschichte, den sich gleichbleibenden, identischen Kern in den mannigfaltigen und wechselnden Schalen aufzuzeigen. Folglich muß doch die Geschichte einer solchen Behandlung fähig, und ihr Stoff

kann folglich nicht so werthlos sein, wie es nach Schopenhauer's gering=
schätzendem Urtheile scheint, sondern es kommt eben nur darauf an,
ihm durch die tiefere Auffassung und Behandlung Werth zu verleihen.
Nicht die Geschichte an sich ist werthlos, sondern nur jene oberfläch=
liche, geistlose Auffassung und Behandlung derselben, die an den
Schalen kleben bleibt, anstatt zum Kern durchzudringen. Buckle und
andere haben in neuester Zeit einen Anfang gemacht, die Geschichte
zum Range einer wirklichen, das Einzelne aus allgemeinen Gesetzen
erklärenden Wissenschaft zu erheben. Von den großen alten Histori=
kern rühmt Schopenhauer selbst, daß sie „das Einzelne doch so dar=
stellen, daß die sich darin aussprechende Seite der Idee der Mensch=
heit hervortritt".

Die Schopenhauer'sche Entgegensetzung der Geschichte gegen die
Wissenschaft, Kunst und Philosophie scheint mir nach allem Diesem nicht
gerechtfertigt. Die Geschichtschreibung braucht sich nur mit Wissen=
schaft, Kunst und Philosophie zu verbinden, braucht ihren Stoff nur
mit wissenschaftlichen, künstlerischen und philosophischen Augen anzu=
sehen, um demselben Werth zu verleihen, um ihn der Verachtung zu
entreißen, um ihn für die Erkenntniß des Wesens der Menschheit
lehrreich zu machen.

Wenn Schopenhauer den Biographien, vornehmlich den Autobio=
graphien, in Hinsicht auf die Erkenntniß des Wesens der Menschheit
einen größern Werth beilegt, als der Geschichte, so muß ich hierzu be=
merken, daß doch auch die Biographien, um lehrreich zu sein, das
Individuum nicht losgerissen von seinem geschichtlichen Boden, sondern
in stetem Zusammenhange mit der Geschichte seiner Zeit darstellen
müssen. Was macht Goethe's Autobiographie so interessant und lehr=
reich, als der Blick in die geschichtliche Umgebung, den sie uns eröff=
net? Jedes bedeutende Individuum, das überhaupt einer Biographie
werth ist, steht doch in thätigem und leidendem Zusammenhange mit
seiner Zeit, greift in dieselbe ein und erfährt Eingriffe von ihr in
seinem Lebenslaufe. Folglich wäre eine Biographie, die diesen Zu=
sammenhang nicht abspiegelte, mangelhaft, und die Biographie kann
also nicht im Gegensatze zur Geschichte, sondern nur im Vereine mit
derselben den Werth erhalten, den ihr Schopenhauer beilegt. Ja
nicht blos Biographien, sondern auch epische und dramatische Dich=

tungen sind um so werthvoller, jemehr sie sich auf geschichtlichem Boden bewegen. Die rein erdichteten Charaktere und Handlungen können
uns bei weitem nicht das Interesse einflößen, können bei weitem nicht
so ergreifend wirken, als die historischen, die uns die wirklichen Kämpfe
und Schicksale der Menschheit zur Anschauung bringen. Darum suchen
auch alle wirklich großen Dichter ihre Stoffe in der Geschichte.

Unser Gefallen am Trauerspiele gehört nach Schopenhauer nicht
dem Gefühle des Schönen, sondern dem des Erhabenen an; ja es ist
der höchste Grad dieses Gefühls. Aber, wo sind erhabenere Charaktere und Handlungen anzutreffen, als in den großen Actionen und
Kämpfen der Geschichte? Wenn Schopenhauer sagt, in Betreff der
innern Bedeutung des Erscheinenden sei es ganz gleichgültig, ob die
Gegenstände, um die sich die Handlung dreht, relativ betrachtet,
Kleinigkeiten oder Wichtigkeiten, Bauerhöfe oder Königreiche sind
(„Welt als Wille und Vorstellung“, I, §. 51, S. 291 fg.),
so kann ich Dem nicht ohne weiteres beistimmen. Der Fall eines
Königreichs hat doch mehr zu bedeuten, als der eines Bauerhofs.
Die Tragödie einer Königsfamilie ist erhabener, als die einer Bauern-
familie. Schopenhauer selbst sagt, indem er den Grund sucht, warum
die Griechen und meistentheils auch die Neuern zu Helden des Trauer-
spiels durchgängig königliche Personen nahmen: „Personen von großer
Macht und Ansehen sind deswegen zum Trauerspiele die geeignetsten,
weil das Unglück, an welchem wir das Schicksal des Menschenlebens
erkennen sollen, eine hinreichende Größe haben muß, um dem Zuschauer, wer er auch sei, als furchtbar zu erscheinen. Nun aber sind
die Umstände, welche eine Bürgerfamilie in Noth und Verzweiflung
versetzen, in den Augen der Großen oder Reichen meistens sehr geringfügig und durch menschliche Hülfe, ja bisweilen durch eine Kleinigkeit, zu beseitigen, solche Zuschauer können daher von ihnen nicht
tragisch erschüttert werden. Hingegen sind die Unglücksfälle der Großen
und Mächtigen unbedingt furchtbar, auch keiner Abhülfe von außen
zugänglich, da Könige durch ihre eigene Macht sich helfen müssen oder
untergehen. Dazu kommt, daß von der Höhe der Fall am tiefsten ist.
Den bürgerlichen Personen fehlt es demnach an Fallhöhe.“

Wenn nun aber die Poesie in ihrer höchsten Gattung, dem
Drama, und in der ergreifendsten Art derselben, dem Trauerspiele,

ihre Stoffe aus der Geschichte nehmen muß, kann dann diese noch so
geringfügig, so verächtlich sein, wie sie Schopenhauer der Poesie gegen=
über darstellt? Muß nicht die Poesie schon tief in der Geschichte selbst
stecken, um von dem Dichter aus ihr herausgeholt werden zu können?
Kann überhaupt einem Hohen, Edlen, Werthvollen Stoff bieten, was
nicht selbst hoch, edel, werthvoll ist?

Ich komme zu dem dritten und letzten Grunde, aus welchem,
wie ich oben gezeigt, Schopenhauer die Geschichte geringschätzt, dem
Mangel nämlich eines sinnvollen Zusammenhanges, eines einheitlichen
Plans mit Anfang, Mittel und Ende. Nur der Lebenslauf jedes Ein=
zelnen, sagt Schopenhauer, hat Einheit, Zusammenhang und Bedeu=
tung. Nur das Individuum, nicht aber das Menschengeschlecht hat
Einheit des Bewußtseins, hat einen einheitlichen Lebenslauf. Die
Geschichte wiederhole von Anfang bis zu Ende stets nur Dasselbe unter
anderm Namen und in anderm Gewande. Die wahre Philosophie der
Geschichte bestehe in der Einsicht, daß man bei allen diesen endlosen
Veränderungen und ihrem Wirrwarr doch stets nur dasselbe, gleiche
und unwandelbare Wesen vor sich habe, welches heute Dasselbe treibt
wie gestern und immerdar. Die Devise der Geschichte müsse lauten:
„Eadem, sed aliter.“ Was die Geschichte erzähle, sei in der That
nur der lange, schwere und verworrene Traum der Menschheit.

Wie mit dieser Leugnung eines Plans, einer Entwickelung, eines
Fortschritts, eigentlich noch das Lob zusammen bestehen kann, das
Schopenhauer schließlich doch noch der Geschichte zu geben sich ge=
drungen fühlt, um den Schein zu vermeiden, als wolle er ihr allen
Werth absprechen, sehe ich nicht recht ein. Das Lob ist nämlich die=
ses: Nach der Besiegung von der Kunst und Abweisung von der
Wissenschaft bleibe der Geschichte noch ein von beiden verschiedenes,
ganz eigenthümliches Gebiet, auf welchem sie höchst ehrenvoll dastehe.
Was die Vernunft dem Individuum, das sei die Geschichte dem mensch=
lichen Geschlechte. Vermöge der Vernunft nämlich sei der Mensch
nicht wie das Thier auf die enge anschauliche Gegenwart beschränkt,
sondern erkenne auch die ungleich ausgedehntere Vergangenheit, mit der
sie verknüpft und aus der sie hervorgegangen sei; hiedurch aber erst
habe er ein Verständniß der Gegenwart selbst und könne sogar auf
die Zukunft Schlüsse machen. Ein Volk, das seine eigene Geschichte

nicht kenne, sei auf die Gegenwart der jetzt lebenden Generation be=
schränkt, daher verstehe es sich selbst und seine eigene Gegenwart nicht,
weil es sie nicht auf eine Vergangenheit zu beziehen und aus dieser
zu erklären vermöge; noch weniger könne es die Zukunft anticipiren.
Erst durch die Geschichte werde ein Volk sich seiner selbst vollständig
bewußt. Demnach sei die Geschichte als das vernünftige Selbst=
bewußtsein des menschlichen Geschlechts anzusehen und sei diesem das,
was dem Einzelnen das durch die Vernunft bedingte, besonnene und
zusammenhängende Bewußtsein sei, durch dessen Ermangelung das
Thier in der engen, anschaulichen Gegenwart befangen bleibe. Daher
sei jede Lücke in der Geschichte wie eine Lücke im erinnernden Selbst=
bewußtsein eines Menschen; „und vor einem Denkmale des Uralter=
thums, welches seine eigene Kunde überlebt hat, wie z. B. die Phra=
miden, Tempel und Paläste in Yukatan, stehen wir so besinnungslos
und einfältig wie das Thier vor der menschlichen Handlung, in die
es dienend verflochten ist, oder wie ein Mensch vor seiner eigenen
alten Zifferschrift, deren Schlüssel er vergessen hat, ja, wie ein Nacht=
wandler, der, was er im Schlafe gemacht hat, am Morgen vor=
findet. In diesem Sinne also ist die Geschichte anzusehen als die
Vernunft oder das besonnene Bewußtsein des menschlichen Ge=
schlechts, und vertritt die Stelle eines dem ganzen Geschlechte un=
mittelbar gemeinsamen Selbstbewußtseins, sodaß erst vermöge ihrer
dasselbe wirklich zu einem Ganzen, zu einer Menschheit wird."
   Was hülfe, muß ich hier fragen, dieser Dienst, den die Ge=
schichte leistet, wenn sie doch nur, wie Schopenhauer vorher gesagt,
der lange, schwere und verworrene Traum der Menschheit wäre, wenn
in ihr kein vernünftiger Zusammenhang, kein Plan, keine Entwicke=
lung, kein Fortschritt wäre, wenn nichts Neues in ihr geschähe, son=
dern stets nur Dasselbe in aller Verschiedenheit des Costüms sich
wiederholte? Wäre es da noch der Mühe werth, sich der Vergangen=
heit zu erinnern und die Zukunft zu anticipiren? Wäre eine Lücke in
der geschichtlichen Rückerinnerung noch als ein Verlust zu betrachten?
Müßte die Rückerinnerung für das Menschengeschlecht nicht ebenso
werthlos sein, wie für das der Entwickelung und des Fortschritts ent=
behrende Thier?
   Nur unter der Voraussetzung, daß in der Geschichte ein Zweck,

ein Plan waltet, der die ganze Entwickelung bestimmt und beherrscht, kann es von Werth sein, die Vergangenheit zu kennen, um aus ihr die Gegenwart zu deuten und aus beiden die Zukunft zu anticipiren. Ein langer, schwerer und verworrener Traum ist der Rückerinnerung nicht werth und läßt keine Deutung zu.

Also stimmt die zuletzt von Schopenhauer der Geschichte zugewiesene „ehrenvolle Stellung" nicht zu der vorher von ihm ausgesprochenen Geringschätzung derselben. Entweder die letztere muß fallen, oder die erstere muß aufgegeben werden. Denn beide zusammen können nicht bestehen. Freilich ließe sich vom Schopenhauer'schen Standpunkte aus erwidern, die Rückerinnerung an den langen, schweren und verworrenen Traum der Menschheit sei darum werthvoll, weil durch diese Rückerinnerung eben die Menschheit es sich zum Bewußtsein bringe, daß sie bisher geträumt habe, und dieses Bewußtsein die Bedingung zum Erwachen sei. Mit andern Worten: Das Bewußtwerden des Unheils, welches die in der Geschichte zur Erscheinung kommende Bejahung des Willens im Gefolge habe, sei die Selbsterkenntniß des Willens im Spiegel der Geschichte, und diese Selbsterkenntniß sei die Bedingung zur Verneinung des Willens, in welcher allein das Heil zu finden. „Der Wille allein ist. Seine Selbsterkenntniß und darauf sich entscheidende Bejahung oder Verneinung ist die einzige Begebenheit an sich."

So freilich wäre der oben bemerklich gemachte Widerspruch im Sinne Schopenhauer's gelöst. Der Werth der Geschichte würde dann darin bestehen, daß sie zur Erkenntniß der Werthlosigkeit und Verwerflichkeit des ganzen geschichtlichen Thuns und Treibens und damit zur Aufgebung und Aufhebung der Geschichte, zum Nirwana, führt.

Daß diese Ansicht ein nothwendiges Ergebniß der Schopenhauer'schen Grundgedanken mit ihrem den metaphysischen Gegensatz des Ewigen und Zeitlichen in einen moralischen Gegensatz verwandelnden Dualismus sei, ist leicht einzusehen und ist von mir schon anderwärts (in der Schrift: „Arthur Schopenhauer. Von ihm, über ihn") gezeigt worden. Aber eben so leicht läßt sich auch einsehen, daß, wo die Consequenzen der Grundgedanken solche sind, die Grundgedanken selbst einer Correctur bedürfen. Diese Correctur habe ich bereits in der erwähnten Schrift geliefert. Ich habe dort gezeigt, daß das Zeitliche, dem Satze vom Grunde Unterworfene, nicht ohne weiteres mit dem Bösen zu identificiren sei und daß es sich folglich nicht darum handeln könne, das Leben und die Geschichte entweder zu bejahen, oder zu verneinen, sondern sie in der rechten Weise zu bejahen und zu verneinen. Sicher giebt es im Leben und in der Geschichte Richtungen, die zu verneinen, zu bekämpfen und zu überwinden sind, aber eben so sicher auch andere, die zu bejahen, zu unterstützen, auf alle Weise zu fördern sind. Weder die optimistische Geschichtsauffassung, welche in der Geschichte das Böse und Unheilvolle verkennt, hat Recht, noch die pessimistische, welche nur das Böse und Unheilvolle in ihr sieht. Kampf des bösen Princips mit dem guten — das ist es, was bisher die Geschichte auf allen ihren Blättern gezeigt hat.

Sechsunddreißigster Brief.

Ernst Otto Lindner's Kritik der Schopenhauer'schen Aesthetik.

Eine eigenthümliche und beachtenswerthe, gewissermaßen ergänzende Stellung zur Aesthetik Schopenhauer's hat einer seiner eifrigsten Anhänger, Ernst Otto Lindner, der Verfasser der „Vertheidigung" Schopenhauer's in dem von mir nach seinem Tode herausgegebenen Memorabilienwerk: „Arthur Schopenhauer. Von ihm, über ihn u. s. w.", eingenommen.

Bei allem Eifer, den Lindner für Schopenhauer an den Tag legte, war er doch keineswegs ein unselbständiger Anhänger desselben. Er war nicht, wie die Schüler Hegel's und anderer philosophischer Meister, in den Banden des Systems gefesselt, sondern bewegte sich frei. Ueberhaupt ist dieses das Kennzeichen der Schüler Schopenhauer's, wodurch sich dieselben vor den Schülern anderer Philosophen vortheilhaft auszeichnen, daß sie bei aller Verehrung des Meisters und bei aller Anhängerschaft doch auch ihren eigenen Kopf haben. Es gereicht dies ebenso dem Meister, wie den Schülern zur Ehre. Ein Selbstdenker, wie Schopenhauer war, konnte seine Schüler nicht zu Nachbetern machen, sondern mußte in ihnen das Selbstdenken wecken, mußte befreiend auf ihren Geist wirken. Wer überhaupt, der einen Blick in Schopenhauer's Schriften gethan, hätte nicht sofort die befreiende Wirkung derselben gespürt?

Am 17. April 1853 schrieb Schopenhauer an Lindner in einem längern Briefe unter anderm: „Wenn Sie über Musik schreiben, hoffe ich, daß Sie meine Metaphysik der Musik berücksichtigen werden, auf die ich viel Werth lege." Lindner beabsichtigte nämlich eine

„Aesthetik der Tonkunst" zu schreiben, zu der er als gründlicher Musik= kenner besonders befähigt war. Aber es kam nur zu einer Samm= lung von Abhandlungen, die unter dem gemeinschaftlichen Titel „Zur Tonkunst" erst nach Schopenhauer's Tode erschienen (Berlin, Gutten= tag, 1864).

In dieser Sammlung nun ist das bedeutendste und umfangreichste Stück die Schlußabhandlung: „Ueber künstlerische Weltanschauung" (11 Druckbogen stark), und in dieser Abhandlung hat Lindner Schopen= hauer's zehn Jahre früher ausgesprochenen Wunsch, seine Metaphysik der Musik zu berücksichtigen, erfüllt. Ja, Lindner hat in dieser Ab= handlung nicht blos Schopenhauer's Metaphysik der Musik, sondern, da diese mit dessen Metaphysik des Schönen und der Kunst über= haupt zusammenhängt, auch diese im Ganzen berücksichtigt und einer Prüfung unterworfen.

Der eigentliche Gegenstand der Abhandlung ist die Genesis der künstlerischen Weltanschauung, ihr Ursprung aus dem Leben, aus dem Eindruck, den das Leben auf Geist und Gemüth macht.

Wer über künstlerische Weltanschauung schreibt, kann dieselbe nach ihrem Inhalt und nach ihrer Form betrachten. Lindner betrachtet sie nach beiden: vorzugsweise ist es aber doch der Inhalt, der ihn fes= selt. Man findet daher bei ihm keine Untersuchungen über das Schöne und Erhabene, wie sie sonst in Aesthetiken üblich sind, son= dern in der Erwägung, daß es das Leben ist, was die Kunst dar= stellt, legt er seiner Untersuchung die Frage zu Grunde? Was ist das Leben? „Ist das Wesen und die Bedeutung des Lebens richtig erkannt, so wird es auch weniger schwierig sein, die einzelnen Erschei= nungsformen desselben und ihre künstlerische Darstellung zu erklären; geht man aber nicht auf diesen Punkt ein, dann wird es kaum mög= lich sein, über bloße Gefühlseindrücke und mehr oder weniger willkür= liche Vorstellungen hinauszukommen."

Nun führt Lindner aus, daß weder der Materialismus, noch der Spiritualismus uns eine verständliche Antwort auf die Frage nach dem Wesen und der Bedeutung des Lebens geben, sondern lediglich die Erfahrung, die der Mensch von sich und seinem Verhältniß zur Welt macht. „Der Mensch hält das Leben für das, was er von ihm erfährt. Diese Erfahrung, wodurch er sich und die umgebende Welt kennen lernt, giebt schließlich die Hauptsumme aller Lehren, aller Weisheit für ihn ab. Sie ist das Ergebniß des Lebens selber und zugleich das Urtheil darüber." „Die Erfahrung wird für jeden Einzelnen zu dem Schlüssel, mit welchem er sich und Andern die Erscheinungen des Lebens, ja das Wesen dieses Lebens selbst zu erklären sucht; — sie zeigt sich allenthalben als der Maaßstab für Wissen und Handeln; — sie ist es, aus welcher die Ueberlieferung hervorgeht; — sie ist es, welche die Hervorragendsten des Geschlechts in tiefsinniger Weise zusammenfassend als Heilsordnung für die Gesammtheit verkündigten."

Sind nicht aber die Erfahrungen der Einzelnen einander widersprechend? Lindner erwidert hierauf, daß, so verschieden auch die einzelnen Sätze, ja ganze Systeme lauten mögen, durch die sich die Menschen die Erfahrung auslegen, doch überall eine und dieselbe Erfahrungsart sich geltend macht und gewisse grundwesentliche Erfahrungen von Jedem gemacht werden müssen.

Jedes Wesen, so lehrt nach Lindner die Erfahrung, ist bereits bei seinem Eintritte in die Welt ein bestimmtes, von andern unterschiedenes, und der Zweck seines Lebens ist zunächst nur der, diese seine bestimmte Art zur Geltung zu bringen, sich auszuleben, oder, wie man auch sagen könnte, sein Leben zu genießen, indem es sich zeitlich und räumlich entfaltet. Jedes Wesen bringt vermöge seines zeitlichen Lebens sein Sein zum Dasein; auf dieser seiner Selbstbethätigung beruht sein Wohlbefinden, und je ungehinderter, ungestörter es sich ausleben kann, desto mehr erscheint ihm das Leben als höchstes, ja als einziges Gut.

Dieser Grundzug geht, wie Lindner zeigt, durch die ganze Natur. „Alles, was ins Leben der Erscheinungswelt eingeht, strebt sonach nur danach, sich selbst zur Geltung zu bringen; es strebt danach, sein eigenes Wesen zu verwirklichen, sich selbst zu bejahen." Daraus erkläre sich auch der natürliche, unbefangene Optimismus eines Jeden. Der Mensch in seiner Unmittelbarkeit finde das Leben schön und kenne keinen höhern Zweck, als es zu genießen. „Dazusein, in der Entwickelung dieses Daseins, in der Pflege desselben sich selbst zu genießen, die eigene natürliche Beschaffenheit unmittelbar entfaltend, diese, wie die ganze Welt, in der dieselbe zur Aeußerung kommt, mit mehr oder weniger Bewußtsein, als unfehlbar, unbedingt berechtigt und gut zu betrachten — das ist das wesentliche Kennzeichen alles Lebendigen. Jedes Wesen, das in der Erscheinungswelt auftaucht, sucht zunächst und vor allem eben sich selbst zum Dasein zu bringen, sucht gewisser= maßen sich selber, und als der Grundzug alles Lebens erscheint so= nach rein und ohne alle schlimme Nebenbedeutung die Selbstsucht."

Aber bald macht jedes Selbst die Erfahrung, daß doch das Leben nicht so schön ist, wie es in seinem natürlichen, unbefangenen Opti= mismus anfangs glaubte. Der Mensch wird gar bald aus dem Pa= radiese, in dem er anfangs lebt, vertrieben. Das goldene Zeitalter nimmt gar bald ein Ende. Denn was das Selbst sucht, wozu es sich ohne weiteres vollkommen berechtigt glaubt: die Befriedigung sei= nes Verlangens, die Bejahung seiner Bedürfnisse, die nie versagenden Mittel zur Erfüllung seines natürlichen Daseins — welchem Wesen würde dies je völlig zutheil! Dasselbe Leben, in welches das Einzelne hineintritt, in welchem es sich zum fröhlichen Dasein entfalten will, hemmt sein Emporblühen, droht allerwegen mit Hindernissen, verwan= delt die Freuden des Genusses in Qualen der Entbehrung und setzt an Stelle fortdauernd erhöhter Bejahung der Selbstsucht die entschie= benste Verneinung derselben: den Tod.

Daher schlägt dann der anfängliche Optimismus so leicht in Pessimismus um, in jene Klagen, denen Hiob, Sophokles und andere Dichter der alten und der neuen Zeit so ergreifenden Ausdruck ge= geben. Lindner citirt mehrere derartige poetische Herzensergießungen über die Nichtigkeit und den Jammer des Lebens und fügt dann hinzu: „Es sind dies alles Gedanken, die in einer oder der andern Weise an jeden Lebenden gelegentlich herantreten. Jeder macht die Erfah= rung, daß das Leben in den meisten Fällen nicht hält, was es zu versprechen scheint; Alter und Tod verschont Keinen, den körperlichen Schmerzen gesellt sich Enttäuschung und Kummer der verschiedensten Art, und daraus entwickelt sich eine der ersterwähnten völlig ent= gegengesetzte Weltanschauung: Die Welt ist nicht gut, sondern schlecht, das Leben kein Gut, sondern ein Uebel, das ganze Dasein der Mühe nicht werth, die man sich darum giebt; das einzig Richtige ist dem= nach das Einschlagen eines Weges, der am sichersten wieder aus dem Leben hinausführt."

Am schärfsten tritt dieser Pessimismus im Buddhaismus auf, der sich in dem Gegensatze von Sansara und Nirwana bewegt. Minder scharf tritt der Gegensatz von Bejahung und Verneinung in der griechisch-römischen Weltanschauung auf, in welcher die vergänglichen Güter des Lebens geschieden werden von dem höchsten Gut, welches im Allgemeinen in der männlichen Hingabe an den Staat, unter Ueberwindung individueller Empfindungen und Begehren, sowie in dem unsterblichen Nachruf und dem Aufenthalt der Verstorbenen am Sitze der Seligen besteht. Das Christenthum ist durch seine Betonung der Sinnesläuterung, der Reinheit des Herzens, der Barmherzigkeit und Nächstenliebe dem Buddhaismus verwandt. Es führt folgerichtig zur völligen Weltentsagung, zur Askese, zum Mönchsthum.

„Was aber", fragt Lindner nach Durchmusterung der verschiedenen Welt- und Lebensanschauungen, „zeigt sich überall als der Kern jener (wie aller) Weltanschauungen? Daß das unmittelbare selbstische Leben im Leben selber, während es seine Befriedigung sucht, auf Verneinung stößt; die Genüsse und Freuden haben keine Dauer, gewähren nicht die erwartete Befriedigung; Leiden und Schmerz sind ihr unvermeidliches Gefolge, und es bedarf einer Erhebung über die Selbstsucht, um dauernden Frieden, untrügliches Glück zu erlangen. Das Leben ist somit ein Kampf, als dessen Ziel die sittliche Erhebung über die Selbstsucht erscheint."

Mehr oder weniger sei dies der Inhalt jeder religiösen Weltanschauung. Die mythische Verschiedenheit der Religionssysteme berühre das Praktische nicht. Selbstsüchtig handeln gelte überall für schlecht, Ueberwindung der blinden Begierden und Leidenschaften, Verwandlung des selbstischen Wollens in Wohlwollen überall für gut.

„Bejahung des unmittelbaren Daseins, der ursprünglichen Selbstsucht, — Verneinung derselben in Erfahrung von Leid und Schmerz, Krankheit und Tod, — Erhebung über beides durch Brechung des Eigenwillens und damit ein neues Dasein, eine neue andere Bejahung der Welt, das ist der Inhalt des Lebens. Das Leben ist der sittliche Proceß des Einzelnen wie der Gesammtheit."

Dies ist nach Lindner die allgemeine Erfahrung von dem, was das Leben sei, die Erfahrung, welche das Leben selber einem Jeden entgegenbringt, mag das Dogma seiner Religion, seiner Philosophie noch so verschieden lauten. Eine theoretische Erklärung der Welt sei bisher stets mißrathen; praktisch hingegen sei das Räthsel gelöst von Anbeginn an, wiewohl Jeder für sich von neuem es zu lösen habe. Daß dem so sei, daß das Leben seiner innersten Natur nach eine sittliche Aufgabe, nicht ein Verstandesräthsel stelle, das bedürfe keiner künstlichen, weit hergeholten Beweise.

Die Erfahrung, die wir über unser eigenes Wollen und sein Verhältniß zur Außenwelt machen, gestalte sich nach und nach zu einer mehr oder weniger umfassenden Weltanschauung im Großen und Ganzen, und hierauf beruhe es, daß dieselbe niemals eine bloße Naturwissenschaft sein könne, sondern stets auf die Frage nach dem sittlichen Endzweck hinauslaufe. Da aber die Erfahrung eben nur allmälig zu Stande komme, so sei klar, daß die Weltanschauung jedes Einzelnen vermöge der Erfahrung so lange einer stetigen Umbildung unterworfen sei, als er über das Wesen und die Beschaffenheit des Lebens zweifelhaft bleibe, oder nur seinem Eigenwillen nachlaufe; ganz abgesehen von der Eigenthümlichkeit eines Jeden in Bezug auf seine besondern Neigungen wie auf den Grad seines Erkenntnißvermögens. Je nach dem Grade der Bildung müsse der gesammte Vorstellungskreis des Einzelnen unendliche Verschiedenheiten an sich tragen. Derselbe Mensch sehe die Welt anders an als Knabe, als Mann und Greis; das Weib anders, als der Mann; ganze Geschlechter, ganze Völker weichen wesentlich von einander ab. „Nichtsbestoweniger wird Jeder durch die unmittelbarste Erfahrung über die Nichtigkeit des bloßen Eigenwillens durch Schmerz und Leiden aufgeklärt, und die Grundfrage des Lebens: was ist gut? allenthalben praktisch, d. h. ohne Rücksicht auf die Form der Erkenntniß, übereinstimmend in die Selbstüberwindung gesetzt. Hier, innerhalb unsers eigensten Wesens allein, ist ein wirklicher Abschluß der Erfahrung möglich; nach außen hin gerichtet, lediglich als der Kreis unserer Vorstellungen betrachtet, ist die Reihe der Wahrnehmungen endlos, in steter Veränderung begriffen, und eine fertige Wissenschaft dafür giebt es nicht. Die Frage des Pilatus: Was ist Wahrheit? hat daher zu aller Zeit nur in Betreff der Wahrhaftigkeit, d. h. der Tugendhaftigkeit, der sittlichen Güte des Menschen eine ebenso einfache, als allgemein verständliche Antwort erfahren; in Bezug auf das Wissen aber ist dieselbe vermöge der in fortwährendem

Wechsel befindlichen, in unsicherer Begrenzung schwankenden Vorstel=
lungen nie vollständig zu erledigen.“

Ich übergehe die psychologischen Erörterungen, durch die Lindner
in einem besondern Abschnitt die allmälige Entwickelung des Einzelnen,
das Werden und Wachsen des Selbst= und Weltbewußtseins, zu zeigen
sucht, wobei er mit Schopenhauer auf die Anschauung als das Fun=
dament aller Erkenntniß großes Gewicht legt, sowie auch den Einfluß
des Willens auf den Intellect darlegt. Ich komme zur Hauptsache,
zur Ableitung der künstlerischen Weltanschauung aus der Lebenserfah=
rung, aus der Erfahrung von der sittlichen Bedeutung des Lebens.

Die Lebenserfahrung gestaltet sich zunächst zu einer Religion.
Der Mensch, der nur durch die Erfahrung nach und nach mit sich
selber bekannt wird, sucht eine Ursache, sucht nach einem Erklärungs=
grunde seines Schicksals, durch die Vorstellung eines fremden, ihn
und die umgebende Welt beeinflussenden Willens. Diese Vorstellung
bildet den Abschluß seiner gesammten Weltanschauung; alle einzelnen
Vorstellungen, die er von sich und der Welt nach und nach gewonnen
hat, erhalten dadurch einen allgemeinen, auf die innere (moralische)
Beschaffenheit der Welt bezüglichen Hintergrund. Und, der Bildungs=
stufe des Geschlechts entsprechend, bildet diese Grundlage einer be=
stimmten Weltanschauung seine gemeinschaftliche Ueberzeugung. Diese
Ueberzeugung aber wird den Nachgeborenen gegenüber Tradition,
Ueberlieferung, sie werden in eine bestimmte Weltanschauung hinein=
geboren, und dieser Vorstellungskreis wirkt von vornherein außer=
ordentlich ein auf die Art ihrer Vorstellungsweise überhaupt.

Feste Gestalt aber, eine bestimmte Form, vermöge deren sein
Inhalt Gemeingültigkeit und die Möglichkeit der Ueberlieferung er=
langt, dieses gewinnt jener gemeinsame Vorstellungskreis nur dadurch,
daß er aus dem beweglichen Flusse innern Vorstellens und Empfin=
dens in die festbegrenzte Form gegenständlicher Vorstellung gebannt
wird. Die durch die gegenständliche Welt gewonnenen Anschauungen,
das dadurch geweckte Bewußtsein des Menschen von sich selbst und
der Gegenständlichkeit, werden vermöge der Einbildungskraft zu einer
angeblich objectiven Weltanschauung gestaltet, die ihrerseits für die
allein wahre und wirkliche Darstellung der Welt gelten will. Diese
Gestaltung aber, dieses Formgeben und Fixiren ist nicht das gemein=

ſame Werk der Geſellſchaft; ſie liefert nur die Elemente, das Mate=
rial dazu; — nein, jenes objective Anſchauen der ſubjectiven Welt=
anſchauung iſt Sache einer geſtaltungsfähigen, ſchöpferiſchen
Einbildungskraft, welche in hervorſtechendem Maße eben nur als
Eigenſchaft einzelner Menſchen ſich geltend macht. Der Dichter
iſt es, der den geſammten Gedankeninhalt ſeiner Zeit geſtaltend zu=
ſammenfaßt und für ſeine Zeitgenoſſen in gegenſtändliche Form bringt,
ſo daß ſie ſich ſelbſt darin wiederfinden, ihrer eigenen Weltanſchauung
ſich dadurch klarer bewußt werden. Der Stoff iſt durch die Gemein=
ſamkeit Aller hervorgebracht, die bleibende Geſtalt verleiht ihm die
dichteriſche (verdichtende) Einbildungskraft eines Einzelnen. Hieraus
erklärt ſich, warum man ſagen kann: die Dichter ſind die erſten
Lehrer des Menſchengeſchlechts, und ſie haben ihm ſeine Götter ge=
macht.

Was aber von der Dichtung, das gilt nach Lindner auch von
den andern Arten ſchöpferiſcher Einbildungskraft. Gegebener Inhalt
erhält Form; dieſer Inhalt beſteht in dem, was der Menſch von ſich
und der Welt vernommen; die Form aber beruht in der Umbildung
jenes vernünftigen Inhalts in beſtimmte Vorſtellungen. Die Einbil=
dungskraft des Dichters und Künſtlers faßt die geſammte innere Vor=
ſtellungswelt, in der Bilder und Gedanken undeutlich durcheinander=
wogen, und giebt ihr eine den Anſchauungen der wirklichen, gegen=
ſtändlichen Welt ähnliche Beſtimmtheit der Form. Sie iſt alſo keine
die äußere Welt nachahmende, ſondern eine ſchöpferiſche Thätig=
keit; ſie ſchafft eine zweite, neue Welt, indem ſie, was im Innern des
Menſchen als Reſultat ſeiner geſammten Erfahrung und Erkenntniß
lebt, gegenſtändlich, in beſtimmter Geſtalt, zur Anſchauung bringt.
Lindner kehrt daher das Goethe'ſche Wort:

> Und was in ſchwankender Erſcheinung ſchwebt,
> Befeſtiget mit dauernden Gedanken

um, indem er ſagt: „Die ſchwankenden Gedanken werden in dauernder
Erſcheinung befeſtigt.“

Die alſo wirkende ſchöpferiſche Einbildungskraft iſt nach ihm
die künſtleriſche, und Kunſt im Allgemeinen iſt das Vermögen, die
innere, gedankenhafte Weltanſchauung in die anſchauliche Gegenſtänd=

lichkeit bestimmter Vorstellungen umzubilden, oder: anschauliche Ge=
danken zu schaffen. Das Wesen der Kunst als solcher, im Gegensatz
zu andern Thätigkeiten des bewußten Menschen, ist daher nach Lindner
in die Formgebung zu setzen; nicht einen neuen, bis dahin uner=
hörten Inhalt bringe die Kunst hervor, sondern einen bereits vorhan=
denen Inhalt menschlichen Bewußtseins gestalte sie in anschaulicher
Form und stelle somit dem Menschen seine eigene Weltanschauung als
gegenständliche Vorstellung gegenüber.

Bei dieser Formgebung ist die künstlerische Thätigkeit an die drei
Grundformen des menschlichen Vorstellens: Raum, Zeit und Causa=
lität, gebunden; denn aus diesen kann der Mensch überhaupt, also
auch der Künstler, nicht heraus. Was die Vernunft als Ergebniß der
Gesammterfahrung allgemein hinstellt, das Erzeugniß der zeitweiligen
Bildung, — das wandelt die künstlerische Einbildungskraft vermöge
jener drei Grundformen in anschauliche Gestalten um, nicht aber in
solche, welche den Erscheinungen der Außenwelt durchweg entsprächen,
einen Abklatsch der Wirklichkeit gäben, sondern in solche, die den Inhalt
des menschlichen Bewußtseins durch ihre durchsichtigen Formen hin=
durch erkennen lassen.

Ich kann nun Lindner hier nicht in die Ableitung der einzelnen
Künste aus den drei Grundformen: Raum, Zeit und Causalität,
folgen, obwohl es in diesem Theile seiner Abhandlung an treffenden
Bemerkungen nicht fehlt. Mir war es hier nur darum zu thun, seine
Grundansicht von der Kunst und der künstlerischen Weltanschauung
darzustellen.

Vergleichen wir diese Ansicht mit der Schopenhauer'schen, so fin=
den wir einen bemerkenswerthen Unterschied. Schopenhauer's Kunst=
auffassung knüpft sich an seine Lehre von den (Platonischen) Ideen
als den allgemeinen, dabei aber doch durchgängig bestimmten und an=
schaulichen Wesenheiten der Dinge. Diese sind es, die uns die
Kunst zur Anschauung bringt, und demgemäß ist die Kunst, wie die
Philosophie, eine Lehrerin der Wahrheit; denn sie bringt uns, wenn=
gleich in einem andern Material als die Philosophie, nämlich nicht in
Begriffen, sondern in anschaulichen Gestalten das wahre und
eigentliche Wesen der Welt zum Bewußtsein. Lindner dagegen faßt
die Kunst mehr geschichtlich auf. Ihm ist sie die Verkörperung des

jedesmaligen Welt- und Selbstbewußtseins der Menschheit, also nicht eine Lehrerin der objectiven Wahrheit, sondern eine Darstellerin des subjectiven Bewußtseinsinhalts. Schopenhauer faßt die Kunst auf nach dem, was sie sein soll; Lindner hingegen nach dem, was sie factisch ist; jener faßt sie nach ihrer Idee, dieser hingegen nach ihrer geschichtlichen Wirklichkeit auf.

Diese doppelte Auffassung läßt aber auch jedes andere Gebiet geistiger Thätigkeit zu. Auch die Religion, auch die Philosophie, auch die Wissenschaft kann entweder nach ihrer Idee, nach dem, was sie sein soll und was sie in ihrer Vollendung ist, oder nach ihrer geschichtlichen Entwickelung aufgefaßt werden. Beiderlei Auffassungen müssen sich, dünkt mich, ergänzen. Man hat stets die geschichtliche Wirklichkeit von der Idee der Sache zu unterscheiden und jene an dieser zu messen.

Ich kann daher in der Lindner'schen Kunstauffassung nicht eine Widerlegung der Schopenhauer'schen, sondern nur eine Ergänzung derselben sehen. Es ist, wie wenn mir Einer sagt: Die Philosophie ist Erkenntniß der Wahrheit, und nun ein Anderer kommt und sagt: Die Philosophie ist, was die Philosophen für wahr halten. Jener spricht von der Philosophie nach ihrer Idee, dieser von ihr nach ihrer geschichtlichen Wirklichkeit. Hat Letzterer den Erstern widerlegt? Nein, denn er hat von der Sache nach einer ganz andern Beziehung gesprochen. So hat denn auch Lindner Schopenhauer's Kunsttheorie nicht widerlegt, sondern hat von der Kunst nur nach einer andern Beziehung als Schopenhauer gesprochen. Schopenhauer hat Recht, die Kunst nach ihrem wahren Wesen, aber auch Lindner hat Recht, die Kunst nach ihrer geschichtlichen Erscheinung zu definiren.

Doch Lindner faßt die Kunst nicht blos im Allgemeinen von einem andern Standpunkt aus auf, als Schopenhauer, sondern er polemisirt auch im Einzelnen gegen diesen. Die Schopenhauer'sche Ideenlehre mit ihrem angeblichen Nunc stans der Platonischen Ideen will ihm nicht in den Sinn. Er nennt das „Nunc stans der angeblichen Ideen", mit denen die Kunst zu thun haben soll, eine „völlig unfaßbare Annahme." Schon in seinem dem Werke „Arthur Schopenhauer. Von ihm, über ihn" einverleibten „Wort der Vertheidigung" sagt er (S. 129): „Die ganze Ideenlehre Schopenhauer's ist meiner Ansicht

nach unhaltbar, und zwar darum, weil Schopenhauer das Wesen der
Phantasie so gut wie gar nicht untersucht hat, dagegen hier in den=
selben Fehler abstracter Construction verfallen ist, den er an Andern
mit Recht so bitter tadelte."

Lindner vermißt an den „Ideen" die Bestimmtheit, die doch
das Wesen jeder künstlerischen Darstellung sei. Selbst Schopenhauer
hebe hervor, daß es das Auszeichnende der Idee der Menschheit, also
der höchsten auf der Stufenleiter der Ideen sei, daß in ihr der In=
dividualcharakter mehr als auf den untergeordneten Stufen her=
vortrete, die Kunst also hier nicht mehr den bloßen Gattungs=, sondern
den Individualcharakter darzustellen habe. Zwischen Schopenhauer's
Ideenlehre und seiner Lehre vom Individualcharakter sei daher ein
Widerspruch. Selbst diejenige Kunst, welche nach Schopenhauer die
allgemeinste, die unbestimmteste, weil die Willensbewegungen am un=
mittelbarsten darstellende ist, die Tonkunst, drücke nicht, wie Schopen=
hauer behauptet, die Freude, die Betrübniß, das Entsetzen ꝛc. in
ihrer abstracten Allgemeinheit aus, sondern eine ganz bestimmte
Freude, Betrübniß ꝛc. „Wie hätten wir uns Freude, Betrübniß ꝛc.
vorzustellen im Willen an sich, d. h. bevor wir ihn als Eigenwillen,
als bestimmtes Individuum finden? Es ist klar, daß hierauf gar keine
Antwort möglich ist, sondern die Freude, die Betrübniß sind eben
nichts weiter, als der allgemein menschliche Ausdruck der Freude, der
Betrübniß. Nun aber haben wir bereits bemerkt, daß auch diese Zu=
stände, diese Stimmungen erfahrungsgemäß sehr verschieden sind, die
kindliche Freude wird von dem stürmischen Liebesjubel, von dem Be=
hagen der Weinseligkeit an und für sich sehr verschieden sein, — wo
aber in aller Welt, in welchem Tonwerke wäre die Freude, das
Entsetzen ꝛc. ausgesprochen? Es ist bezeichnend, daß Schopenhauer
gerade Rossini als den Hauptdarsteller der der Musik eigenen
Sprache hinstellt. Rossini's Darstellung der Willensstimmungen ist
allerdings allgemein, aber auch gar sehr oberflächlich, und daß sein
di tanti palpiti in Wirklichkeit die Freude oder gar näher bestimmt
das höchste Liebesentzücken ausdrücke, wird wohl Niemand im Ernste
zugeben wollen. Nein, überall, wo der Wille zur Darstellung kom=
men soll, ist derselbe bereits ein bestimmter, auch da, wo Freude,
Entsetzen, Jubel ꝛc. im Allgemeinen zum Ausdruck kommen. Wir

haben aber außerdem auch gefunden, daß diese Stimmungen stets mit bestimmten Vorstellungen in Verbindung stehen, daß der Zustand des Willens immer ein besonderes Verhältniß zur Weltanschauung des Einzelnen hat; daß, soweit der Wille ins Bewußtsein tritt, sofort eine bestimmte Beziehung desselben zur Gegenständlichkeit sich bemerkbar macht. Schon aus dieser Erkenntniß im Allgemeinen ergiebt sich, daß das Verhältniß der Tonkunst zur Vorstellungswelt nicht so als rein nebensächlich behandelt werden kann, wie Schopenhauer von seinem Standpunkt aus ganz folgerichtig thut."

Außerdem findet Lindner einen Widerspruch darin, daß einerseits nach Schopenhauer die Musik, als ein Bild des Willens an sich gebend, uns nie Leiden verursacht, sondern auch in ihren schmerzlichsten Accorden noch erfreulich bleibt und wir gern in ihrer Sprache die geheime Geschichte unsers Willens und aller seiner Regungen und Strebungen, mit ihren mannigfaltigen Verzögerungen, Hemmnissen und Qualen, selbst noch in den wehmüthigsten Melodien vernehmen, — daß aber andererseits doch nach Schopenhauer das Ansich des Lebens, der Wille, das Dasein selbst, ein stetes Leiden und theils jämmerlich, theils schrecklich ist. „Und die Darstellung dieser Jämmerlichkeit und dieser Schrecken durch die Musik", fragt hier Lindner, „sollte uns auch noch in den schmerzlichsten Accorden erfreulich sein?"

Wenn dies aber ein Widerspruch wäre, daß der Gegenstand, den die Musik darstellt, schrecklich, die Darstellung hingegen erfreulich ist, so müßte es ja auch ein Widerspruch sein, wenn Goethe sagt:

Was im Leben uns verdrießt,
Man im Bilde gern genießt.

Und auch das Wohlgefallen am Tragischen müßte ein Widerspruch sein. Dennoch ist es thatsächlich der Fall, daß, was im Leben tragisch erschütternd, Furcht und Mitleid erregend ist, in der Kunstdarstellung uns gefällt. Also kann dies kein Widerspruch sein. Das Gefallende, Erfreuende, ist ja nicht der Gegenstand, sondern die künstlerische Darstellung desselben, die uns contemplativ stimmt und daher über den Jammer des Lebens erhebt, wie ich dies schon früher in meinen „Aesthetischen Fragen" auseinandergesetzt habe.

Was die andern bereits angeführten Punkte der Lindner'schen

Polemik betrifft, die Unhaltbarkeit der Schopenhauer'schen Ideenlehre
und den Mangel einer Untersuchung des Wesens der Phantasie, so
kann ich ihnen nur theilweise beistimmen. Die Schopenhauer'sche
Ideenlehre hat allerdings Fehler, aber nicht den Fehler, den ihr
Lindner vorwirft, daß es den Ideen an derjenigen Bestimmtheit
fehle, die das Wesen jedes Kunstobjects ausmache. Denn Schopen=
hauer unterscheidet ausdrücklich zwischen der abstracten Allgemein=
heit des Begriffs und der concreten, durchgängig bestimmten
der Idee. Die Ideen sind ihm die ewigen, von allem Unwesent=
lichen, Zufälligen gereinigten Typen der Dinge, und wer möchte
leugnen, daß es diese sind, welche die Kunst in den einzelnen Gegen=
ständen, die sie darstellt, zur Anschauung zu bringen hat? Lindner
selbst hat ja wiederholt gesagt, daß die Kunst nicht Nachahmung der Na=
tur, d. h. daß sie nicht ein Abklatsch der realen Dinge in ihrer Zufällig=
keit sei. Nun, dasselbe meint Schopenhauer, wenn er es für Aufgabe
der Kunst hält, im Einzelnen, Anschaulichen die Ideen, die vollkom=
menen Ur= und Musterbilder der Dinge zur Anschauung zu bringen.

Zweitens fehlt es bei Schopenhauer nicht an einer Erkennt=
niß und Angabe des Wesens der Phantasie. Denn die Phan=
tasie ist ihm eben dieses Vermögen, in den Dingen nicht das zu
sehen, was die gemeine, nackte Realität in ihrer Zufälligkeit und Un=
vollkommenheit darbietet, sondern etwas Höheres und Besseres, ihr
ideales Urbild, oder das, was die Natur eigentlich gewollt, aber
wegen störender Zufälligkeiten nicht zur Erscheinung bringen gekonnt hat.
Schopenhauer erklärt ausdrücklich die Phantasie für einen wesentlichen
Bestandtheil der Genialität (s. „Welt als Wille und Vorstellung",
I, §. 36). Da die Objecte des Genius als solchen die ewigen Ideen,
die beharrenden wesentlichen Formen der Welt und ihrer Erscheinungen
sind, die Erkenntniß der Idee aber nothwendig anschaulich, nicht ab=
stract ist, so würde (nach Schopenhauer) die Erkenntniß des Genius
beschränkt sein auf die Ideen der seiner Person wirklich gegenwärtigen
Objecte und abhängig von der Verkettung der Umstände, die ihm jene
zuführten, wenn nicht die Phantasie seinen Horizont weit über die
Wirklichkeit seiner persönlichen Erfahrung erweiterte und ihn in den
Stand setzte, aus dem Wenigen, was in seine wirkliche Apperception
gekommen, alles übrige zu construiren und so fast alle möglichen

Lebensbilder an sich vorübergehen zu lassen. „Zudem sind die wirk=
lichen Objecte fast immer nur sehr mangelhafte Exemplare der in ihnen
sich darstellenden Idee: daher der Genius der Phantasie bedarf, um
in den Dingen nicht das zu sehen, was die Natur wirklich gebildet
hat, sondern, was sie zu bilden sich bemühte, aber wegen des Kampfes
ihrer Formen untereinander nicht zu Stande brachte. Die Phantasie
also erweitert den Gesichtskreis des Genius über die seiner Person sich
in der Wirklichkeit darbietenden Objecte, sowohl der Qualität, als der
Quantität nach. Deswegen nun ist ungewöhnliche Stärke der Phan=
tasie Begleiterin, ja Bedingung der Genialität.“

Wenngleich also Schopenhauer keine besondere Abhandlung über
die Phantasie geschrieben, sondern von derselben nur innerhalb des
Systems an der Stelle, wo sie in Betrachtung kommt, gesprochen hat;
so hat er doch an dieser Stelle so von ihr gesprochen, daß deutlich
genug daraus hervorgeht, wie hoch er die Phantasie in künstlerischer
Hinsicht anschlägt, welche große Bedeutung er ihr beilegt und wie
richtig er ihr Wesen erkennt. In dem Kapitel „Vom Genie“ („Welt
als Wille und Vorstellung“, II, Cap. 31, S. 431) sagt er noch:
„Wäre unsere Anschauung stets an die reale Gegenwart der Dinge
gebunden, so würde ihr Stoff gänzlich unter der Herrschaft des
Zufalls stehen, welcher die Dinge selten zur rechten Zeit her=
beibringt, selten zweckmäßig ordnet und meistens sie in sehr man=
gelhaften Exemplaren uns vorführt. Deshalb bedarf es der Phan=
tasie, um alle bedeutungsvollen Bilder des Lebens zu vervoll=
ständigen, zu ordnen, auszumalen, festzuhalten und beliebig zu wieder=
holen, je nachdem es die Zwecke einer tief eindringenden Erkenntniß
und des bedeutungsvollen Werkes, dadurch sie mitgetheilt werden soll,
erfordern. Hierauf beruht der hohe Werth der Phantasie, als welche
ein dem Genie unentbehrliches Werkzeug ist. Denn nur vermöge der=
selben kann dieses, je nach den Erfordernissen des Zusammenhanges
seines Bildens, Dichtens oder Denkens, jeden Gegenstand oder Vor=
gang sich in einem lebhaften Bilde vergegenwärtigen und so stets
frische Nahrung aus der Urquelle aller Erkenntniß, dem Anschaulichen,
schöpfen. Der Phantasiebegabte vermag gleichsam Geister zu citiren,
die ihm, zur rechten Zeit, die Wahrheit offenbaren, welche die nackte
Wirklichkeit der Dinge nur schwach, nur selten und dann meistens

zur Unzeit darlegt. Zu ihm verhält sich daher der Phantasielose, wie zum freibeweglichen, ja geflügelten Thiere die an ihren Felsen gekittete Muschel, welche abwarten muß, was der Zufall ihr zuführt. Denn ein solcher kennt keine andere, als die wirkliche Sinnesanschauung: bis sie kommt, nagt er an Begriffen und Abstractionen, welche doch nur Schalen und Hülsen, nicht der Kern der Erkenntniß sind. Er wird nie etwas Großes leisten; es wäre denn im Rechnen und der Mathematik. Die Werke der bildenden Künste und der Poesie, imgleichen die Leistungen der Mimik, können auch angesehen werden als Mittel, denen, die keine Phantasie haben, diesen Mangel möglichst zu ersetzen, denen aber, die damit begabt sind, den Gebrauch derselben zu erleichtern."

Der Unterschied zwischen Lindner's und Schopenhauer's Auffassung der Phantasie ist nur dieser, daß jener von seinem Standpunkte aus, wonach die Kunst Darstellung des subjectiven Bewußtseinsinhalts ist, sie als das Vermögen betrachtet, diesem im Innern noch unbestimmt, in schwankenden Vorstellungen lebenden Bewußtseinsinhalt äußerlich feste, bestimmte Form zu geben; während Schopenhauer von seinem Standpunkte aus, wonach die Kunst Darstellung der objectiven Ideen der Dinge ist, die Phantasie als das Vermögen betrachtet, diese objectiven Ideen, die in den realen Dingen wegen ihrer Mangelhaftigkeit nur unvollkommen erscheinen, innerlich (gewissermaßen a priori) zu schauen und äußerlich zur Anschauung zu bringen.

Bei Lindner ist also die Phantasie, sowie die Kunst überhaupt, ein subjectiv, bei Schopenhauer ein objectiv gerichtetes Vermögen. Bei Lindner hängt die künstlerische Phantasie noch mit der religiösen, mythenbildenden zusammen, weshalb er auch ausdrücklich auf das Herauswachsen der Kunst aus der Religion hinweist. So sagt er z. B.: „Das Götterbild, — dies ist es, was die unmittelbare Verbindung der Baukunst mit der Kunst des Bildhauers am deutlichsten aufweist. Alle Kunst, haben wir gesagt, ist Darstellung menschlicher Weltanschauung, Darstellung der gemeinsamen Bildung eines bestimmten Geschlechts in einer bestimmten Zeit. Das erste Gemeinsame und Allgemeinste, was noch über die Gemeinsamkeit des geselligen Zusammenseins hinausreicht, ist der Abschluß der Gesammtvorstellung von der Welt durch einen dem Warum des Causalitätsgesetzes ein

Ziel setzenden Mythos. Die Vorstellung dieses Mythos, die festere Gestaltung desselben zunächst durch die dichterische Einbildungskraft, wird aber je nach der besondern Anschauungs- und Denkweise des besondern Volkes, auch zur räumlichen Darstellung führen, und mit dem Tempel entsteht das Götterbild."

Schopenhauer betrachtet die Kunst nicht in diesem ihrem geschichtlichen Zusammenhange mit der Religion, sondern nach ihrem objectiven Wesen an sich. Deshalb ist, wie ich bereits gesagt habe, die Lindner'sche historische Auffassung eine die Schopenhauer'sche ergänzende.

Siebenunddreißigster Brief.

Uebergang zu den ethischen Fragen. — Vertheidigung Schopenhauer's gegen Professor Friedrich Harms. — Schopenhauer's Verallgemeinerung des Ethischen. — Vorgänger und Nachfolger hierin.

––––––––

Nachdem ich, verehrter Freund, die wichtigsten, an das dritte, ästhetische Buch der „Welt als Wille und Vorstellung" sich knüpfenden Fragen erörtert habe, komme ich nun zu den an das vierte, ethische Buch sich knüpfenden Fragen. Auch hier werde ich wieder, wie bisher, Schopenhauer gegen ungerechtfertigte oder schlecht gerechtfertigte Angriffe seiner Gegner vertheidigen, werde Ihnen aber auch zeigen, in welchen Punkten ich selbst als Gegner Schopenhauer's aufzutreten mich genöthigt fühle.

Zuerst will ich hier die Anklage erörtern, daß Schopenhauer das Ethische zu einem physischen Proceß begrabire. Diese Anklage hat Professor Friedrich Harms in seinem Vortrage: „Arthur Schopenhauer's Philosophie" (Berlin, 1874, Verlag von W. Hertz) erhoben. Der Wille, sagt er, will nach Schopenhauer in allen animalen Wesen Dasselbe, sich selbst erhalten und den Genuß des Lebens. Alle Veranstaltungen des Lebens, alle Vorstellungen, Erkenntnisse und Wissenschaften sollen nach Schopenhauer im Dienste dieses Lebens stehen, welches sich selbst erhalten und genießen will. Der blinde Wille bringe das Bewußtsein nur für seine Zwecke hervor. Die Vernunft könne nichts Anderes, als abstracte Vorstellungen aus den Anschauungen bilden.

In dieser Auffassung, wonach alle Erkenntnisse und Wissenschaften nur Mittel seien zur Befriedigung der Lebensbedürfnisse, stimme

Schopenhauer völlig überein mit der Moral der gallikanischen Schule und documentire darin von Neuem den Standpunkt der Philosophie des gesunden Menschenverstandes. Schopenhauer habe, wie die gallikanische Schule, den Willen, wie er ist, in seiner Facticität, den begehrlichen Willen zum Wesen des Menschen gemacht und die Vernunft begrabirt, indem er ihr ihren praktischen Charakter abspricht, den vor Allen Kant und Fichte geltend gemacht haben. Sie bringe nur Vielheit der Bedürfnisse, und Erkenntnisse nur zu ihrer Befriedigung hervor, besitze aber durch ihre Gedanken und Ideen keine gesetzgebende Macht über dieses vielbedürftige und begehrliche Leben. „Diese Auffassungen Schopenhauer's haben daher auch keine Anknüpfungspunkte in der deutschen Philosophie seit Kant, zu deren Wesen die ethische Richtung gehört, welche Kant mit der ganzen Strenge seines Charakters ihr gegeben hat, im Gegensatze zu der gallikanischen, wie auch zu der anglikanischen Schule, der sich Schopenhauer in einem Punkte nähert." (S. 25 fg.)

Weiter führt nun Harms aus, daß nach Schopenhauer die Freiheit nicht im Handeln (operari), sondern im Sein (esse) bestehe. Schopenhauer's Ansicht sei ein Prädeterminismus; denn er lehre, daß der Wille vor allem Bewußtsein in seiner Richtung, in dem, was und wie er will, schon vor dem Beginne des individuellen Lebens, durch die Geburt des Menschen, bestimmt sei, und daß demnach alle Vorstellungen und Erkenntnisse keine Macht über den Willen haben. Im Leben und Handeln des Menschen sei daher Alles eine nothwendige Folge dieser ursprünglichen Determination des Willens. Hierin bestehe der dem Menschen angeborene Charakter, den er nicht ändern könne, und der mit Nothwendigkeit im Handeln und Leben des Menschen sich verwirkliche. Warum der Eine boshaft, der Andere gut ist, das hänge nicht von Motiven und äußern Einwirkungen ab, etwa von Lehren und Predigten, und sei daraus schlechthin unerklärlich. Nur modificiren können die Motive das Handeln nach den Umständen und Verhältnissen im Raume und in der Zeit, aber nicht die ursprüngliche Richtung des Willens bestimmen.

Um nun aber, fährt Harms fort, nicht zugleich alle Verantwortlichkeit zu tilgen, nehme Schopenhauer's Prädeterminismus eine Freiheit des Seins an. Diese Theorie negire aber die Freiheit da, wo sie zu suchen und wo sie für den Menschen allein werthvoll ist, im Leben desselben, die Freiheit der That; und nehme eine Freiheit des Seins an vor allem wirklichen Leben, gleich als wenn der Mensch sich selber ursprünglich seinen Charakter, sein Sein gegeben habe. „Diese Freiheit des Seins erscheint uns nur als ein Mißbrauch des Begriffs der Freiheit, den wir gar nicht anders, denn als ein mögliches Prädicat einer That zu gebrauchen verstehen. Alle Verantwortung bezieht sich außerdem auf einzelne Thaten, nicht aber auf das Sein in Bausch und Bogen. Die Freiheit mag im Begriffe oder dem Vermögen und der Bestimmung des Menschen liegen und dies sein ursprünglicher Charakter sein, wirklich und werthvoll ist sie erst in ihrer Vollziehung durch einzelne Handlungen. Wie es sich aber auch mit dieser Freiheit des Seins verhalten mag, aus ihrer Annahme folgt jedenfalls, daß, wenn es keine Freiheit der That giebt, das gesammte geistige und sittliche Leben nur noch als ein physischer Proceß aufgefaßt werden kann. Eine sittliche Welt ist nur möglich, wenn das Bewußtsein selber productiv ist, und Productivität aus dem Bewußtsein, denke ich, ist Freiheit. Wo aber das Bewußtsein selber ohnmächtig ist, nur beschauet, stets hinterher kommt und höchstens das Handeln begleitet, kann auch das geistige Leben nur als nothwendiger Naturproceß sich darstellen. Und als ein solcher Proceß erscheint bei Schopenhauer das sittliche Leben in Folge seiner Freiheitslehre. Daher verwirft er auch den Begriff des Sollens, der Verpflichtung, der moralischen Nothwendigkeit, der nur statthaft ist unter der Voraussetzung, daß es eine Freiheit der That und nicht blos eine Freiheit des Seins giebt. Nichts ist moralisch, sondern Alles nur physisch nothwendig, wenn es kein Handeln aus dem Bewußtsein giebt, sondern dieses nur hinterher kommt." (S. 26—29.)

In dieser ganzen Anklage ist zweierlei enthalten: 1) das Factum, daß Schopenhauer die Handlungen für nothwendig erklärt; 2) die Folgerung, er mache dadurch das sittliche Leben zu einem physischen Proceß, und raube folglich den Handlungen ihren ethischen Werth.

Was nun zuerst das Factum betrifft, so stehen die Gründe, aus denen Schopenhauer die Nothwendigkeit der Handlungen behauptet, bisjetzt noch unwiderlegt da. So lange daher Harms dieselben nicht widerlegt hat, und er hat sie nicht widerlegt, schwebt seine entgegen-

gesetzte Behauptung von der Freiheit der That in der Luft. Die
unwiderleglichen Gründe, aus denen Schopenhauer die Handlungen für
nothwendig, also für nicht frei, nicht anders sein könnend, erklärt,
sind folgende: Jede Handlung ist das nothwendige Product zweier
Factoren. Wie jede Wirkung in der unbelebten Natur ein nothwen=
diges Product zweier Factoren ist, nämlich der hier sich äußernden
allgemeinen Naturkraft und der diese Aeußerung hier hervorrufenden
einzelnen Ursache; gerade so ist jede Handlung eines Menschen das
nothwendige Product seines Charakters und des eingetretenen Mo=
tivs. Sind diese beiden gegeben, so erfolgt sie unausbleiblich. Da=
mit eine andere entstände, müßte entweder ein anderes Motiv, oder ein
anderer Charakter gesetzt sein. Auch würde jede Handlung sich mit
Sicherheit vorher sagen, ja berechnen lassen, wenn nicht theils der
Charakter sehr schwer zu erforschen, theils auch das Motiv oft ver=
borgen und stets der Gegenwirkung anderer Motive, die allein in der
Gedankensphäre des Menschen, Andern unzugänglich, liegen, bloßgestellt
wäre. (Vergl. Schopenhauer=Lexikon: Handlung.)

Wenn Harms meint: „Productivität aus dem Bewußtsein" allein
verleihe den Handlungen den Charakter der Freiheit, so irrt er.
Denn, ob man nun das Bewußtsein zum Urheber der Hand=
lungen macht, oder, wie Schopenhauer, den Willen, immer sind die
Handlungen nothwendig, können nicht nicht und nicht anders er=
folgen. Denn was heißt nothwendig sein? Es heißt Folge aus
einem Grunde sein. Wenn nun die Handlungen Folge des Be=
wußtseins als ihres Grundes sind, so sind sie ja nicht minder noth=
wendig, als wenn sie Folge des Willens sind. Es ist also nur
Täuschung, wenn Harms der von Schopenhauer behaupteten Noth=
wendigkeit der Handlungen dadurch zu entgehen meint, daß er die
Quelle derselben aus dem Willen in das Bewußtsein verlegt.
Um nicht nothwendig zu sein, müßten die Handlungen überhaupt
keinen Grund haben, müßten grundlos, müßten unbedingt sein.
Dies widerspräche aber ihrem Begriff. Denn die Handlungen fallen
unter die allgemeine Kategorie des Geschehens, jedes Geschehen aber
hat als Veränderung einen Grund.

Was nun zweitens die Folgerung aus der von Schopenhauer be=
haupteten Nothwendigkeit der Handlungen betrifft, daß Schopenhauer

daburch das sittliche Leben zu einem physischen Proceß mache; so
ist dies zum Theil wahr, zum Theil falsch. Wahr ist es insofern,
als Schopenhauer in allem Geschehen, also in dem ethischen so gut,
wie in dem physischen, in formeller Hinsicht Homogeneität, näm=
lich Entspringen aus einem innern und einem äußern Factor, aus
dem Willen und den willenbewegenden Ursachen, annimmt. Falsch
hingegen ist jene Anklage insofern, als sie übersieht, daß Schopen=
hauer ebenso, wie einerseits die formelle Homogeneität des Phy=
sischen und Ethischen, andererseits auch den qualitativen Unter=
schied zwischen Beiden hervorhebt. Denn zieht nicht Schopenhauer
eine scharfe Scheidelinie schon zwischen Handlungen überhaupt und
bloßen physischen Bewegungen, obgleich er jene für ebenso noth=
wendig erklärt, wie diese? Zieht er nicht zweitens eine scharfe Scheide=
linie zwischen rein thierischen und specifisch menschlichen Hand=
lungen, obgleich er beide für gleich nothwendig hält? Zieht er endlich
nicht drittens innerhalb der menschlichen Handlungen eine scharfe
Scheidelinie zwischen tugendhaften und egoistischen, obgleich er auch
hier beide für gleich nothwendig erklärt? Hat er nicht überall das
Gesetz der Specification eben so, wie das der Homogeneität
angewendet?

Die Anklage, daß er das Ethische zu einem rein Physischen be=
grabire, wäre nur dann begründet, wenn er über der formellen
Gleichheit alles Geschehens den qualitativen Unterschied zwischen dem
physischen Processe und den ethischen Handlungen übersehen hätte.
Da dieses aber nicht der Fall ist; so kann von Degradation des Ethi=
schen zu einem blos Physischen bei ihm nicht die Rede sein, oder es
kann nur in demjenigen Sinne davon die Rede sein, in welchem die
Identität des Ethischen mit dem Physischen eine unleugbare Wahr=
heit ist.

Während Harms Schopenhauer beschuldigt, das Ethische zu
einem Physischen herabzusetzen, so rühmt Schopenhauer selbst von
sich, umgekehrt, daß er das Physische durch Zurückführung auf den
Willen zu einem Ethischen erhoben und dadurch die ethische Auffas=
sung erweitert, sie über das ganze Universum ausgedehnt habe. Daß
die Welt blos eine physische, keine moralische Bedeutung habe, sei
der größte, verderblichste Irrthum. Durch den Nachweis, daß die in

der Natur treibende und wirkende Kraft identisch ist mit dem Willen in uns, trete die moralische Weltordnung in unmittelbaren Zusammenhang mit der das Phänomen der Welt hervorbringenden Kraft. Denn der Beschaffenheit des Willens müsse seine Erschei= nung genau entsprechen. Hierauf beruhe die ewige Gerechtigkeit, und die Welt, obgleich aus eigener Kraft bestehend, erhalte durchweg eine moralische Tendenz. (S. Schopenhauer=Lexikon unter Mora= lisch: Moralische Bedeutung der Welt.)

In der That hat Schopenhauer das Ethische nicht zu einem Phy= sischen herabgesetzt, sondern hat es verallgemeinert, und anstatt ihm hieraus einen Vorwurf zu machen, sollte man es ihm vielmehr, wie die Verallgemeinerung des Willens, zum Verdienst anrechnen. Denn er hat dadurch unsere Erkenntniß erweitert, hat gezeigt, daß Das, was wir bisher nur in der engen Sphäre des menschlichen Willens und Handelns vorhanden glaubten, der ethische Grundunter= schied des bösen und guten Princips, des Egoismus und der Sym= pathie, der Selbstsucht und der Liebe, durch die ganze Welt gehe, die ganze Natur von der untersten bis zur höchsten Stufe hinauf durch= ziehe, und daß der Unterschied zwischen dem Ethischen in der Men= schenwelt und dem Ethischen in der Natur nur ein gradueller, kein fundamentaler, nur ein Unterschied in der Art der Erscheinung, nicht im Wesen sei. In der Natur ist die Sittlichkeit eine unbe= wußte, in der Menschenwelt eine bewußte. Der Natur alle ethische Qualität absprechen, weil ihr das Bewußtsein des Ethischen abgeht, hieße ein unwesentliches Merkmal zu einem wesentlichen machen, und wäre gerade so, wie wenn man der Natur die ästhetischen Präbicate absprechen wollte, weil ihr das Bewußtsein des Aestheti= schen abgeht. Ist etwa eine schöne Pflanze, ein schönes Thier darum nicht schön, weil sie keinen Begriff von Schönheit haben? —

Wenn der Begriff der sittlichen Güte die Quelle derselben wäre, dann müßte ja Jeder, der den Begriff hat, auch die Sache selbst haben. Dies ist aber durchaus nicht der Fall. Der Begriff ist, wie Schopenhauer mit Recht bemerkt, für die Tugend eben so un= fruchtbar, wie für die Kunst. Daher vermögen auch alle Ethiken der Welt eben so wenig einen Tugendhaften zu erzeugen, als alle Aesthe= tiken ein künstlerisches Genie.

Uebrigens steht Schopenhauer mit der Verallgemeinerung des Sittlichen nicht isolirt da. Harms selbst führt als seine Vorgänger hierin Plato und Fichte an, deren Weltanschauungen durchweg ethisch seien. Aber auch Nachfolger Schopenhauer's in der Verallgemeinerung des Sittlichen lassen sich anführen. Droßbach z. B. in seiner Schrift: „Ueber die verschiedenen Grade der Intelligenz und der Sittlichkeit in der Natur" (Berlin, 1873, Verlag von F. Henschel) und Koerner in seiner „Natur-Ethik" (Hamburg, 1873, Otto Meißner) — Beide haben — Jeder in seiner Weise — das Sittliche als ein Allgemeines, die ganze Natur Durchziehendes aufgefaßt.

Achtunddreißigster Brief.

Ein Bedenken gegen die Schopenhauer'sche Verallgemeinerung des Ethi-
schen. — Lösung dieses Bedenkens. — Verbindung der Freiheit mit der
Nothwendigkeit bei Schopenhauer. — Consequenz der All=Einheits-
lehre für die Zurechnungsfrage. — Kritik der Schopenhauer'schen
Unterscheidung zwischen dem empirischen und intelligibeln Charakter.
— Aseität als alleinige Bedingung der Zurechnung.

————

Sie finden, verehrter Freund, gegen die Verallgemeinerung des
Sittlichen ein schweres Bedenken in der Zurechnung. Wenn man,
wie Schopenhauer, die ganze Natur ethisch auffaßt, so müsse man,
meinen Sie, einen Tiger eben so verantwortlich für sein Morden
machen, wie in der Menschenwelt einen Thrannen für seines; oder,
wenn man den Tiger für unverantwortlich hält, dann müsse man consequenterweise den Thrannen auch so ansehen; denn die Handlungen
Beider seien ja nach Schopenhauer gleich nothwendig als Product
ihres angeborenen Charakters und der auf diesen wirkenden Motive.

Allerdings betrachtet Schopenhauer die Handlungen der Menschen
für eben so streng nothwendig, wie die der Thiere, ja wie das Fallen
eines Steines. Aber er ist nicht der Ansicht, daß die Nothwendigkeit der Handlungen die Zurechnung aufhebe, weil jene sehr wohl
mit der Freiheit des Willens, welche die alleinige Bedingung der
Zurechnung sei, zusammen bestehen könne.

Anknüpfend an Kant, rühmt sich Schopenhauer, in einem um-
fassenderen Sinne, als Kant, die Freiheit mit der Nothwendigkeit
vereinigt zu haben, indem er nicht blos dem Menschen, sondern der
ganzen Natur, eben so Freiheit, wie Nothwendigkeit beilege. Noth=

wendigkeit komme nämlich überall der Erscheinung zu, Freiheit hin=
gegen überall dem Ding an sich, also dem Willen.

Schopenhauer rechtfertigt diese Verallgemeinerung damit, daß
nicht angenommen werden dürfe, der Mensch sei von den übrigen
Wesen in der Natur toto genere und von Grund aus verschieden,
sondern nur dem Grade nach. (Vergl. „Welt als Wille und Vor=
stellung", II, 192; I, 593.)

Demgemäß lehrt Schopenhauer: Jedes Ding ist als Erscheinung,
als Object, durchweg nothwendig; dasselbe ist aber an sich Wille
und als solcher für alle Ewigkeit frei. Die Erscheinung, das Object,
ist nothwendig und unabänderlich in der Verkettung der Gründe und
Folgen bestimmt, die keine Unterbrechung haben kann. Das Dasein
überhaupt aber dieses Objects und die Art seines Daseins, d. h. die
Idee, welche in ihm sich offenbart, oder mit andern Worten sein
Charakter, ist unmittelbar Erscheinung des Willens. In Gemäßheit
der Freiheit dieses Willens könnte es also überhaupt nicht da sein,
oder auch ursprünglich und wesentlich ein ganz Anderes sein; wo dann
aber auch die ganze Kette, von der es ein Glied ist, die selbst Er=
scheinung desselben Willens ist, eine ganz andere wäre; aber einmal
da und vorhanden, ist es in die Reihe der Gründe und Folgen ein=
getreten, in ihr stets nothwendig bestimmt und kann demnach weder
ein Anderes werden, d. h. sich ändern, noch auch aus der Reihe aus=
treten, d. h. verschwinden. (S. Schopenhauer=Lexikon unter Frei=
heit: Vereinigung der Freiheit mit der Nothwendigkeit.)

Schopenhauer hat hiermit den alten Dualismus zwischen Mensch
und Natur, demzufolge in der Natur Nothwendigkeit, in der
Menschenwelt Freiheit herrscht, aufgehoben, indem er nachgewiesen
hat, daß einerseits das Handeln des Menschen ebenso streng noth=
wendig sei, wie die Bewegungen und Veränderungen in der Natur,
und andererseits, daß das Wesen an sich der Natur, der Wille,
eben so frei sei, wie das Wesen an sich des Menschen. Freiheit und
Nothwendigkeit vertheilen sich demnach bei ihm nicht mehr so, daß die
eine dem Menschen, die andere der Natur zukommt, sondern so, daß
die eine dem Wesen an sich aller Dinge, die andere der Erschei=
nung dieses Wesens zukommt. Der Gegensatz von Freiheit und
Nothwendigkeit durchzieht die ganze Welt auf allen Stufen, bildet die

zwei Seiten der Welt. Ueberall liegt den nach dem Satze vom Grunde verknüpften und folglich nothwendigen Erscheinungen, zu welchen die Handlungen des Menschen ebenso gut gehören, wie die Bewegungen und Veränderungen in der Natur, ein an sich freies Wesen, der Wille, zum Grunde.

Freiheit ist nach Schopenhauer eigentlich ein negativer Begriff, indem sein Inhalt blos die Verneinung der Nothwendigkeit, d. h. des als Folge durch einen Grund Bestimmtseins, ist. Freiheit bedeutet also so viel, als Grundlosigkeit, Ursprünglichkeit. Der Wille ist frei, weil er das grundlose, ursprüngliche Wesen ist. (Vergl. Schopenhauer-Lexikon unter Freiheit: Begriff der Freiheit und Subject der Freiheit.)

Nehmen Sie nun hierzu noch, daß nach Schopenhauer der Wille, dem er als dem Ding an sich die Freiheit zuschreibt, einer ist, da Schopenhauer den pantheistischen Grundgedanken des All-Einen festhält und nur die Benennung desselben als Gott verwirft (vergl. Schopenhauer-Lexikon: All-eins-Lehre); so beantwortet sich die Zurechnungsfrage nach Schopenhauer'schen Principien folgendermaßen:

Das Subject der Zurechnung, d. h. das Wesen, dem alle Erscheinungen der Welt zuzurechnen sind, ist der all-eine Weltwille. Die ganze Beschaffenheit der Welt ist seine Objectivation, seine Erscheinung, seine Verwirklichung; ihm ist sie also zuzurechnen. Er ist dafür verantwortlich; denn er hat sie so gewollt und will sie fortwährend, so lange er sie bejaht, so.

Demnach ist Alles, was zur Erscheinung gehört, Object der Zurechnung, d. h. Das, was zugerechnet wird. Hingegen Subject der Zurechnung, d. h. Das, dem es zuzurechnen ist, ist lediglich der all-eine Wille. Dieser trägt die Schuld von Allem.

Da nun die Ideen, d. h. die specifischen Naturstufen, nach Schopenhauer, wenngleich sie die unmittelbare Erscheinung des Willens sind, doch immer noch zur Erscheinung gehören, und jede Erscheinung als solche nothwendig ist (vergl. Schopenhauer-Lexikon unter Erscheinung: Unterschied zwischen der unmittelbaren und mittelbaren Erscheinung, und Nothwendigkeit der Erscheinungen); so folgt als Consequenz der Schopenhauer'schen Grundgedanken dieses, daß nicht blos die Individuen, sondern auch die Gattungen der Natur (die Ideen) unverantwortlich sind für ihren Charakter. Sie können nicht dafür, daß sie diesen bestimmten, sei es bös- oder gutartigen Charakter haben; denn sie sind nicht frei, d. h. nicht ursprünglich, nicht grund= los. Sie sind das Object der Zurechnung, aber nicht das Sub= ject derselben. Und der Mensch macht hiervon keine Ausnahme.

So stellt sich die Sache, wenn man die richtige Consequenz aus der Schopenhauer'schen Lehre von der Freiheit und von dem all= einen Willen zieht. Ob aber Schopenhauer selbst diese Consequenz gezogen habe, das ist freilich eine andere Frage. Die Philosophen ziehen nicht immer die richtigen Consequenzen aus ihrer eigenen Lehre.

Schopenhauer macht nämlich zu Gunsten des Menschen eine Aus= nahme, indem er lehrt, daß beim Menschen die Freiheit in die Er= scheinung eintrete. Im Menschen als der vollkommensten Erscheinung des Willens könne der Wille zum völligen Selbstbewußtsein, zum deut= lichen und erschöpfenden Erkennen seines eigenen Wesens, wie es sich in der ganzen Welt abspiegelt, gelangen. Aus dem wirklichen Vor= handensein dieses Grades von Erkenntniß gehe nicht nur die Kunst hervor, sondern es werde durch sie auch, indem der Wille sie auf sich selbst bezieht, eine Aufhebung und Selbstverneinung desselben in seiner vollkommensten Erscheinung möglich; so daß die Freiheit, welche sonst, als nur dem Ding an sich zukommend, nie in der Erscheinung sich zeigen kann, in solchem Falle auch in dieser hervortritt und, indem sie das der Erscheinung zum Grunde liegende Wesen aufhebt, während diese selbst in der Zeit noch fortbauert, einen Widerspruch der Er= scheinung mit sich selbst hervorbringt und gerade dadurch die Phäno= mene der Heiligkeit und Selbstverleugnung darstellt. Der Mensch unterscheide sich also von allen andern Erscheinungen des Willens da= durch, daß die Freiheit, d. h. Unabhängigkeit vom Satze des Grundes, welche nur dem Willen als Ding an sich zukommt und der Erschei= nung widerspricht, dennoch bei ihm möglicherweise auch in die Erschei= nung eintreten kann, wo sie aber dann nothwendig als ein Widerspruch der Erscheinung mit sich selbst sich darstellt. In diesem Sinne könne nicht nur der Wille an sich, sondern sogar der Mensch allerdings frei genannt und dadurch von allen andern Wesen unterschieden werden.

(Vergl. Schopenhauer=Lexikon unter Freiheit: Eintritt der Freiheit in die Erscheinung beim Menschen.)

Durch diese Annahme widerspricht Schopenhauer seiner sonstigen Lehre, daß zwar der Wille frei sei, aber nur an sich selbst und außerhalb der Erscheinung; in dieser hingegen stelle er sich schon mit einem bestimmten Charakter dar, der nur unter der Bedingung nicht dasein, oder auch ein wesentlich anderer sein könnte, daß die ganze Kette, von der er ein Glied ist und die selbst Erscheinung desselben Willens ist, eine ganz andere wäre. Einmal da und vor= handen, sei er in die Reihe der Gründe und Folgen eingetreten, in ihr stets nothwendig bestimmt und könne demnach weder ein anderer werden, d. h. sich ändern, noch auch aus der Reihe austreten, d. h. verschwinden. (Vergl. Schopenhauer=Lexikon unter Freiheit: Ver= einigung der Freiheit mit der Nothwendigkeit.)

Die richtige Consequenz aus dieser Lehre ist, daß der Einzelne keine Freiheit hat, nicht zu sein oder ein wesentlich Anderer zu sein; da er ein nothwendiges Glied einer Kette ist und, so lange der Weltwille diese in ihrem Dasein und ihrer Beschaffenheit bejaht, eo ipso auch unaufheblich und unveränderlich ist. Ja nicht blos das Individuum, sondern auch die Idee, die in ihm sich darstellt, ist als Glied einer Kette unaufheblich und unveränderlich.

Es hilft daher nichts, daß Schopenhauer, um die Freiheit des Individuums zu retten, den intelligibeln Charakter als Princip des empirischen Charakters aufstellt, jenem Freiheit, diesem Nothwen= digkeit zuschreibend. Was, lehrt er, durch die nothwendige Entwicke= lung in der Zeit und das dadurch bedingte Zerfallen in einzelne Handlungen als empirischer Charakter erkannt wird, ist mit Ab= straction von dieser zeitlichen Form der Erscheinung, der intelligible Charakter, nach dem Ausdrucke Kant's. Der intelligible Charakter fällt also mit der Idee oder noch eigentlicher mit dem ursprünglichen Willensact, der sich in ihr offenbart, zusammen. Insofern ist also nicht nur der empirische Charakter jedes Menschen, sondern auch jeder Thierspecies, ja jeder Pflanzenspecies und sogar jeder ursprünglichen Kraft der unorganischen Natur, als Erscheinung eines intelligibeln Charakters, b. h. eines außerzeitlichen untheilbaren Willensacts anzu= sehen. Der intelligible Charakter ist in allen Thaten des Individuums

gleichmäßig gegenwärtig und in ihnen allen, wie das Petschaft in tausend Siegeln, ausgeprägt. Von ihm erhält der empirische Charakter,
der in der Zeit und Succession der Acte sich darstellt, seine Bestimmtheit und zeigt in allen von den Motiven hervorgerufenen Aeußerungen
die Constanz eines Naturgesetzes. (Vergl. Schopenhauer-Lexikon
unter Charakter: Verhältniß des intelligibeln zum empirischen
Charakter.)

Es geht aus dieser Bestimmung des Gegensatzes zwischen dem
intelligibeln und dem empirischen Charakter hervor, daß der Inhalt
Beider derselbe ist, da der empirische Charakter nur in der Zeit und
Succession der einzelnen Handlungen Dasselbe ausprägt, was im intelligibeln als einheitlichen Willensact vorgezeichnet ist, wie ja auch
Petschaft und Siegel dem Inhalt nach identisch sind. Aber dieser
Gegensatz ist durchaus nicht gleichbedeutend mit dem Gegensatz zwischen
Freiheit und Nothwendigkeit; denn der intelligible Charakter als
einheitlicher Willensact ist, wie jeder Act, nothwendig und ist, wie
jeder Act, Glied einer Kette, kann folglich nicht nicht und nicht anders sein. Die Außerzeitlichkeit, die ihm Schopenhauer beilegt, kann
nur eine relative sein; denn nur in Beziehung zu den zeitlich successiven einzelnen Handlungen, in denen er sich, als das Princip derselben, ausprägt, kann er gewissermaßen außerzeitlich oder überzeitlich
genannt werden. An sich aber ist er als Willensact eben so innerhalb
der Zeit, wie jeder andere Act.

Kurz, der intelligible Charakter gehört nicht minder zur Erscheinung, als der empirische, und ist daher nicht minder nothwendig,
als dieser. Der ganze Unterschied zwischen Beiden ist nur der, daß
jener die unmittelbare, dieser hingegen die mittelbare Erscheinung
des Willens ist.

Also auch bei der Annahme des intelligibeln Charakters kommt
Freiheit und Zurechnung nicht dem Individuum zu, sondern lediglich dem all-einen Weltwillen, dessen unmittelbare Erscheinung der intelligible Charakter ist. So wenig als das Petschaft, das sich in den
einzelnen Siegeln ausprägt, darum frei ist, weil es das bestimmende
Vorbild dieser ist, eben so wenig ist der intelligible Charakter frei,
weil er das Princip der einzelnen Handlungen ist.

Der Schopenhauer'sche Gedanke daher, daß Schuld und Verdienst des Menschen in seinem Sein (Esse), d. h. in seiner Essenz liege, weil er ein Anderer hätte sein können, scheint mir aufgegeben werden zu müssen. Er folgt nicht aus dem pantheistischen Grundgedanken Schopenhauer's, weil nach diesem Alles, was zur Erscheinung ge- hört, nothwendig ist, und die Essenzen der Wesen, die Ideen, nicht minder zur Erscheinung gehören, als ihre Actionen, von welchen letz- tern sie sich nur wie die unmittelbare Erscheinung von der mittelbaren unterscheiden.

Aber sogar auch dem all-einen Weltwillen kann Freiheit nicht in dem Sinne beigelegt werden, daß seine Essenz auch eine an- dere sein könnte, als sie ist, sondern nur in dem Sinne, daß seine Essenz die ursprüngliche, unabhängige, unbedingte ist. Die Annahme, daß der Weltwille ein anderer sein könnte, als er wesentlich ist, widerspricht dem Grundgedanken Schopenhauer's von dem Verhältniß der Essentia zur Existentia.

Schopenhauer lehrt nämlich: Jede Existentia setzt eine Essentia voraus, d. h. jedes Seiende muß eben auch Etwas sein, ein bestimm- tes Wesen haben. Es kann nicht dasein und dabei doch nichts sein; sondern so wenig eine Essentia ohne Existentia eine Realität lie- fert, eben so wenig vermag dies eine Existentia ohne Essentia. Denn jedes Seiende muß eine ihm wesentliche, eigenthümliche Natur haben, vermöge welcher es ist, was es ist. Eine Existenz ohne Essenz läßt sich nicht einmal denken. (Vergl. Schopenhauer-Lexikon: Essentia und Existentia.)

Die Willensfreiheit in dem Sinne des liberi arbitrii indifferen- tiae wäre nach Schopenhauer eine Existentia ohne Essentia. Die Erwartung, daß ein Mensch bei gleichem Anlaß, ein Mal so, ein anderes Mal aber ganz anders handeln werde, wäre gleich der Er- wartung, daß der selbe Baum, der diesen Sommer Kirschen trug, im nächsten Birnen tragen werde. Die Willensfreiheit bedeute, genau betrachtet, eine Existentia ohne Essentia, welches heiße, daß Etwas sei und dabei doch Nichts sei. (Daselbst.)

Nun, der Weltwille muß ebenfalls eine bestimmte Essenz haben, aus der seine Acte mit Nothwendigkeit hervorgehen. Meinen, daß er auch wesentlich ein anderer sein könnte, heißt meinen, daß er auch eine andere Essenz annehmen könnte, heißt folglich meinen, daß er eine Existenz ohne Essenz sei.

Kurz, die Freiheit im Sinne des essentiellen Anders-sein-könnens kommt nicht blos dem individuellen Willen nicht zu, sondern auch dem Allwillen nicht. Freiheit in diesem Sinne ist aber auch keine Bedingung der Zurechnung. Zur Zurechnung genügt, daß der Wille, dessen Aeußerung eine That ist, ein unabhängiger, selbstständiger, unerschaffener, daß er der wirkliche und letzte Urheber der That sei. Also Aseität des Willens ist Bedingung der Zurechnung; aber daß der Wille auch die Macht habe, eine andere Essenz, als die, aus welcher die That mit Nothwendigkeit hervorgeht, anzunehmen, ist durchaus keine Bedingung der Zurechnung. Die Nothwendigkeit der That schließt die Zurechnung nicht aus, wenn der Wille, aus dem sie mit Nothwendigkeit hervorgeht, ein ursprünglicher, selbstständiger ist. Verantwortlichkeit, sagt Schopenhauer mit Recht, läßt sich ohne die Voraussetzung der Aseität des Willens wohl mit Worten behaupten, aber nicht denken. Verantwortlichkeit hat Freiheit, diese aber Ursprünglichkeit zur Bedingung. Aseität des Willens ist also die erste Bedingung einer ernstlich gedachten Ethik. Abhängigkeit dem Sein und Wesen nach, verbunden mit Freiheit dem Thun nach, ist ein Widerspruch. (Vergl. Schopenhauer-Lexikon: Aseität, und unter Freiheit: Unvereinbarkeit der Freiheit mit dem Theismus.)

Aseität oder Ursprünglichkeit des Willens ist aber durchaus nicht gleichbedeutend mit Anders-sein-können.

Neununddreißigster Brief.

Ob mit pantheistischer Metaphysik überhaupt eine Ethik vereinbar sei. — Gegensatz der pantheistischen und individualistischen Ethik. — Welche von beiden bei Jedem thatsächlich über die andere siegt. — Welche von beiden die Wahrheit für sich hat. — Vereinbarkeit des ethischen Werthurtheils mit pantheistischer Nothwendigkeitslehre.

———————

Sie sind, verehrter Freund, durch meine letzten Auseinandersetzungen zwar überzeugt worden, daß die Consequenz des pantheistischen Grundgedankens des All=Einen, den auch Schopenhauer festhalte, diese sei, daß Freiheit und folglich Verantwortlichkeit nicht dem Individuum, sondern lediglich dem All=Einen zukomme. Aber Sie fragen, ob denn damit überhaupt noch eine Ethik vereinbar sei. Bei pantheistischer Metaphysik scheint Ihnen Ethik überhaupt nicht mehr bestehen zu können, wenigstens nicht in dem Sinne, in dem sie bisher bestanden hat. Denn die Ethik im bisherigen Sinne mache den Einzelnen zum Subject der Zurechnung, die pantheistische Metaphysik dagegen lediglich das All=Eine; die Ethik im bisherigen Sinne fordere vom Einzelnen Aenderung der Gesinnung, Besserung des Charakters, die pantheistische Metaphysik hingegen erkläre den angeborenen Charakter für unveränderlich und unverbesserlich. Höchstens eine Verbesserlichkeit der Handlungsweise gebe sie zu, nicht aber eine des Esse, d. i. der Essenz.

Hieraus folgern Sie, daß entweder die pantheistische Metaphysik, oder daß die bisherige Ethik aufgegeben werden müsse. Denn Beide könnten nicht gleichzeitig bestehen. Das pantheistische All=Eine hebe die individuelle Freiheit und Verantwortlichkeit auf; diese wiederum hebe jenes auf.

Aber welches von Beiden dem Andern weichen solle, darüber haben Sie sich nicht ausgesprochen. Thatsächlich weicht in einem solchen Streite bei Jedem Dasjenige, was ihm zweifelhaft ist, dem Andern, das ihm wohl begründet und unwiderleglich scheint. Wem also der pan= theistische Grundgedanke des All=Einen feststeht, der wird die indi= vidualistische Ethik aufgeben; wem diese hingegen feststeht, der wird jenen fahren lassen. Wer mit Schopenhauer überzeugt ist, daß alles Beson= dere und Einzelne in der Welt, alle Gattungen (Ideen) und Indivi= duen nur Erscheinungen des Allwillens sind, und daß dieser als das ursprüngliche Wesen allein frei, jene als secundär hingegen noth= wendig sind und nicht anders sein können, der wird es consequenter= weise aufgeben müssen, den Einzelnen für sein Wesen, seine Essenz verantwortlich zu machen und zu verlangen, daß er eine andere Essenz annehmen solle. Wer hingegen überzeugt ist, daß der Einzelne frei und für seine Essenz verantwortlich ist, der wird es aufgeben müssen, die Welt monistisch als Erscheinung des allumfassenden Einen zu be= trachten.

Wenn es sich nun aber um die Frage handelt, auf welcher von beiden Seiten die Wahrheit sei, so habe ich Folgendes zu sagen. Der pantheistische Grundgedanke des All=Einen ist eine Denk= nothwendigkeit; daher er in der Geschichte der Philosophie immer wiederkehrt. Die Annahme der individualistischen Ethik hingegen, daß der Einzelne frei sei, ist ein bloßer Glaubensartikel, dem die Erfahrung gar sehr entgegensteht. Woher weiß denn die indivi= dualistische Ethik, daß der Einzelne frei sei und folglich auch einen wesentlich andern Charakter sich geben könne, als den, den er von Hause aus hat? Jeder Einzelne ist, wie die Erfahrung lehrt, Glied einer Kette, lebt an einem bestimmten Orte auf der Erde, zu einer bestimmten Zeit der geschichtlichen Entwickelung, steht in einem be= stimmten physischen, intellectuellen und moralischen Zusammenhange mit der Familie, dem Staat, der Nation, dem Zeitalter, denen er an= gehört, und trägt folglich das Gepräge von allen diesen. Alle Welt= mächte in Raum und Zeit haben ihn zu dem gemacht, der er ist, und ein solches durch und durch bedingtes und determinirtes Wesen, eine solche Erscheinung allgemeiner Mächte sollte sich der Kette, von der es ein Glied ist, entreißen und seine Beschaffenheit nach Belieben ändern können? Dem widerspricht nicht blos die Logik, sondern auch die Erfahrung. Sollte der Einzelne sich wesentlich (essentiell) ändern, so müßte das Ganze, dessen Glied er ist, sich essentiell ändern. Sollte die Frucht eines Baumes eine wesentlich andere werden, so müßte der ganze Baum ein wesentlich anderer werden, müßte aus anderm Samen entspringen, in anderm Boden wurzeln, in anderm Klima wachsen u. s. w.

Aber darum, verehrter Freund, hört noch nicht alle Ethik auf. Die Ethik bekommt auf pantheistisch=metaphysischer Grundlage blos einen andern Charakter, als sie auf individualistischer hat. Das ethische Werthurtheil bleibt bestehen, wenngleich wir überzeugt sind, daß kein Einzelwesen, und keine besondere Gattung von Wesen, ja, daß das All= Eine selbst nicht wesentlich anders sein kann, als es ist. Denn würden Sie etwa das ästhetische Urtheil über die verschiedenen, theils häßlichen, theils schönen Gestalten aufgeben, wenn Sie einsähen, daß die einen, wie die andern, nothwendige Producte sind und nicht anders sein können? Würden Sie einem Buckligen das Prädicat häßlich nicht mehr beilegen, weil Sie den Buckel als nothwendige Folge der Ursachen erkennen, die ihn hervorgebracht haben? Und würden Sie das logische Verwerfungsurtheil über einen falschen Satz aufgeben, weil Sie ihn als nothwendiges Erzeugniß des irrenden Intellects erkennen? Hört etwa der Arzt auf, einen Kranken krank zu finden, wenn er die Krankheit als eine nothwendige erkennt?

Nun, eben so wenig hört das ethische Werthurtheil auf, wenn die beurtheilten Charaktere und Handlungen als nothwendige Folgen aus den sie hervorbringenden Ursachen erkannt werden. Das Werthurtheil ist überhaupt ganz unabhängig von dem Gedanken der Freiheit als der Möglichkeit des Anders=sein=könnens. Das Falsche, Häßliche, Schlechte bleibt, was es ist, bleibt ein Verwerfliches, auch wenn es nicht anders sein kann.

———————

Vierzigster Brief.

Ob mit der Schopenhauer'schen Lehre von der Unveränderlichkeit des Charakters die ethische Forderung der Besserung und die ethischen Besserungsversuche zusammen bestehen können.

———

Sie erwidern, verehrter Freund, auf mein Letztes, daß zwar das ethische Werthurtheil allerdings bestehen bleibe, auch wenn der Charakter und die aus ihm folgende Handlungsweise als nothwendig erkannt werden. Aber anders, meinen Sie, verhalte es sich mit dem ethischen Sollen, mit dem Pflichtbegriff. Die Ethik stelle doch an den Egoistischen und Boshaften, an den Ungerechten und Schadenfrohen die Forderung, daß er sich bessere, daß er ein Anderer werde. Wie könne er aber Das, wenn sein Charakter ein nothwendiger und unveränderlicher ist, wie Schopenhauer lehrt? Besserung habe doch die Veränderlichkeit des Charakters zur Voraussetzung. Sie knüpfen an mein Beispiel vom Arzt an und fragen, ob denn der Arzt noch versuchen würde, einen Kranken zu heilen, wenn er seinen Zustand für unveränderlich, folglich für unverbesserlich hielte? Entweder also, folgern Sie, muß die Annahme der Unveränderlichkeit des Charakters, oder es muß die ethische Forderung der Besserung und der ethische Besserungsversuch desselben aufgegeben werden.

Hierauf nun habe ich Folgendes zu erwidern. Der Satz: der Charakter ist unveränderlich, und der andere Satz: dieses Individuum ist unverbesserlich — sind zwei gänzlich verschiedene Sätze; so wie es zwei gänzlich verschiedene Sätze sind: diese Krankheit ist unheilbar, und: dieses Individuum ist unheilbar. Aus dem ersten Satze folgt nach nicht der zweite. Aus dem Satze, daß eine

gewiſſe Krankheit unheilbar iſt, folgt nur dann, daß ein gewiſſes In=
dividuum unheilbar iſt, wenn dieſes Individuum jene Krankheit hat;
und eben ſo folgt aus dem Satze, daß der angeborene Charakter un=
veränderlich iſt, nur dann, daß ein laſterhaftes Individuum unver=
beſſerlich iſt, wenn das Laſter, mit dem wir es behaftet finden, aus
ſeinem angeborenen Charakter entſpringt.

Daß der Charakter unveränderlich ſei, folgt ſchon aus dem
ſtrengen Begriff des Charakters. Verſtehen wir nämlich unter
Charakter das eigenthümliche Weſen eines Dinges oder diejenige
herrſchende Eigenſchaft, die es zu Dem macht, was es im Unter=
ſchiede von andern Dingen iſt, ſo verſteht es ſich von ſelbſt, daß der
Charakter unveränderlich iſt. Denn alle Veränderungen eines Dinges
können doch nur auf Grund ſeines Weſens vorgehen, das Weſen ſelbſt
aber kann ſich nicht ändern; denn es bildet ja die beharrliche Grundlage
aller Veränderungen. Würde das Weſen ſelbſt ein anderes, ſo würde es
ipſo auch das Ding zerſtört, und es träte ein anderes an ſeine Stelle.
Das Weſen kann alſo zwar aufgehoben werden, aber es kann, ſo
lange, als es dauert, ſich nicht ändern. Das Weſen des Meſſers
z. B. iſt, ein Inſtrument zum Schneiden, beſtehend aus Stiel und
Klinge, zu ſein. Dieſer Charakter iſt unveränderlich. Ein Meſſer
kann groß oder klein, ſcharf oder ſtumpf, ein= oder zweiſchneidig ſein.
In dieſer Art von Eigenſchaften iſt es veränderlich. Aber ſein We=
ſen, ſeinen ſpecifiſchen Charakter, ein Schneideinſtrument mit Stiel und
Klinge zu ſein, behält es unveränderlich trotz aller Veränderlichkeit in
jenen Eigenſchaften. Verlöre es den Stiel, oder verlöre es die Klinge,
ſo wäre es kein vollſtändiges Meſſer mehr, ſondern nur noch ein Theil
eines Meſſers. Es kann alſo aufgehoben, zerſtört werden, aber es
kann, ſo lange, als es dauert, ſeinen weſentlichen Charakter nicht
ändern.

Daſſelbe nun gilt auch von allen Naturdingen und zuletzt auch
vom Menſchen. Die unweſentlichen Eigenſchaften eines Steines, einer
Pflanze, eines Thieres, eines Menſchen können ſich ändern; aber alle
dieſe Veränderungen gehen nur innerhalb der Sphäre ſeines Weſens
vor, das Weſen ſelbſt bleibt, ſo lange, als es dauert, unveränderlich
daſſelbe. Dies folgt ſchon aus dem logiſchen Satze der Identität.
Die Unveränderlichkeit des Charakters ſteht alſo a priori feſt. Wir

lernen sie nicht etwa erst aus der Erfahrung kennen, sondern sie ist a priori gewiß. Was sich an den Dingen verändert, das rechnen wir nicht zu ihrem Wesen, nicht zu ihrem specifischen Charakter.

Nur wenn man das Wort Charakter nicht in diesem strengen, sondern in jenem laxeren Sinne nimmt, wonach man den Complex sämmtlicher sowohl angeborener, als erworbener Eigenschaften eines Individuums, durch die es sich von andern Individuen unterscheidet, seinen Charakter nennt, nur dann kann man von Veränderlichkeit des Charakters sprechen. Denn aus diesem Complex von Eigenschaften können einige austreten, andere eintreten; das Individuum kann Eigenschaften, die es bisher besessen hat, verlieren und andere, die es bisher nicht besessen hat, erwerben. In diesem laxeren Sinne fassen die Darwinianer und mit ihnen der Philosoph des „Unbewußten", E. von Hartmann, den Charakter auf. Zwar definirt E. von Hartmann in dem Kapitel: „Das Unbewußte in Charakter und Sittlichkeit" (Abschnitt B, Kap. IV) den Charakter noch in wesentlicher Uebereinstimmung mit Schopenhauer, indem er sagt: „Der Charakter ist der Reactionsmodus auf jede besondere Klasse von Motiven, oder, was dasselbe sagt, die Zusammenfassung der Erregungsfähigkeiten jeder besondern Klasse von Begehrungen." („Philosophie des Unbewußten", 3. Aufl., S. 234.) „Wenn man eingestehen muß, daß die Erregung des Willens für uns ewig mit dem Schleier des Unbewußten bedeckt bleiben wird, so ist es nicht zu verwundern, daß wir auch die Ursachen nicht so leicht zu durchschauen vermögen, welche die verschiedene Erregungsfähigkeit der verschiedenen Begehrungen, oder die verschiedene Reaction des Willens verschiedener Individuen auf dieselben Motive bedingen; wir müssen uns eben vorläufig begnügen, in ihnen die innerste Natur des Individuums zu sehen, und nennen darum ihre Wirkung sehr bezeichnend Charakter, d. h. Merkmal oder Kennzeichen des Individuums." (Daselbst, S. 236.) Dieses ist doch nur mit andern Worten dasselbe, was Schopenhauer deutlicher so ausdrückt: „Die speciell und individuell bestimmte Beschaffenheit des Willens, vermöge deren seine Reaction auf die selben Motive in jedem Menschen eine andere ist, macht Das aus, was man dessen Charakter nennt. Durch ihn ist die Wirkungsart der verschiedenartigen Motive auf den gegebenen Menschen bestimmt. Denn er liegt allen Wirkungen, welche

die Motive hervorrufen, so zum Grunde, wie die allgemeinen Natur=
kräfte den durch Ursachen im engsten Sinne hervorgerufenen Wir=
kungen, und die Lebenskraft den Wirkungen der Reize." („Die beiden
Grundprobleme der Ethik", S. 48.)

Aber während Schopenhauer den individuellen Charakter für
unveränderlich erklärt, indem er lehrt: „Die in den verschiedenen
Menschen so höchst verschiedene Empfänglichkeit für die Motive
des Eigennutzes, der Bosheit und des Mitleids, worauf der ganze
moralische Werth des Menschen beruht, ist nicht etwas aus einem
Andern Erklärliches, noch durch Belehrung zu Erlangendes und daher
in der Zeit Entstehendes und Veränderliches, ja, vom Zufall Ab=
hängiges, sondern angeboren, unveränderlich und nicht weiter erklär=
lich" („Die beiden Grundprobleme der Ethik", S. 258); so nimmt
E. von Hartmann (Abschnitt C, Kap. X, 2, „Der Individualcharak=
ter") vom Darwinistischen Standpunkt aus eine Variabilität des indi=
viduellen Charakters an. Jedoch sieht auch er sich genöthigt, zuzugeben,
daß der Haupttheil des Charakters unveränderlich ist, daß es nur
die unwesentlicheren, unwichtigeren Eigenschaften desselben sind, die sich
variiren lassen. Er sagt nämlich: „Nach der Descendenztheorie, wo
der Artbegriff etwas Flüssiges geworden ist, steht ja jedes organische
Individuum (also auch der erste Mensch) in einer organischen Ent=
wickelungsreihe, innerhalb deren er von seinen unmittelbaren Vorfahren
einen ganzen Schatz charakterologischer Eigenthümlichkeiten als Erbtheil
übernimmt, den er seinerseits wieder durch die Eindrücke seines Lebens
(bis zur Zeugung) modificirt seinen Nachkommen hinterläßt. Jeder
Mensch bringt demnach den Haupttheil seines Charakters mit auf
die Welt; wie groß im Verhältniß zu diesem der Theil ist, den er
sich hinzu erwirbt, hängt von der Ungewöhnlichkeit und abnormen Be=
schaffenheit der Verhältnisse ab, in denen er sich bewegt. In den
allermeisten Fällen reicht die Gewohnheit eines Menschenlebens nicht
aus, um in dem ererbten Charakter tief eingreifende Veränderungen
hervorzubringen. Gewöhnlich beschränkt sich der erworbene Theil des
Charakters auf neu hinzutretende unwichtigere Eigenschaften, oder Ver=
stärkung vorhandener, oder Schwächung anderer durch Nichtgebrauch.
Das letztere findet relativ im geringsten Maaße statt, denn wie von
allem Lernen das schwerste das Vergessen des Erlernten ist, so von

allen Charakterveränderungen die schwierigste die Unterdrückung und
Abschwächung vorhandener Eigenschaften. Dieses ist es besonders,
was Schopenhauer dazu veranlaßte, die Unveränderlichkeit des
Charakters zu behaupten." („Philosophie des Unbewußten", 3. Aufl.,
S. 610 fg.)

Also auch, wenn man das Wort Charakter in weiterem Sinne
nimmt und darunter nicht blos die angeborenen, sondern auch die er=
worbenen Eigenschaften, durch die sich ein Individuum von andern
unterscheidet, versteht, ergiebt sich, was den Haupttheil des Charak=
ters, die angeborenen Eigenschaften betrifft, die Unveränderlichkeit
desselben.

Aber diese Erkenntniß der Unveränderlichkeit des Charakters hindert
in praxi gar nicht, ethische Besserungsversuche zu machen. Denn,
welches der unveränderliche Charakter eines Individuums sei, das wissen
wir nicht a priori, sondern lernen es erst a posteriori, bei den Ver=
suchen, es zu ändern und zu bessern, kennen. Auch der Arzt wird ja
durch die Erkenntniß, daß gewisse Krankheiten unheilbar sind, nicht ab=
gehalten, an einem Patienten Heilungsversuche zu machen, so lange er
noch nicht weiß, ob die Krankheit, mit der der Patient behaftet ist, zu
den unheilbaren gehört. Erst wenn er dieses weiß, giebt er alle
Heilungsversuche auf. Und eben so hätte der ethische Erzieher erst
dann die moralischen Besserungsversuche an einem Individuum auf=
zugeben, wenn er weiß, daß die Laster desselben die nothwendige Folge
seines unveränderlichen Charakters sind. Vielleicht sind dieselben aber
nur von Außen, durch Erziehung, Gewohnheit, Beispiel u. s. w. er=
worben, und die eigentlichen, bessern Charaktereigenschaften sind bisher
blos unterdrückt worden, sind unentwickelt geblieben, haben nicht Ge=
legenheit gehabt, sich zu äußern und zu üben. Dann bedarf es blos
einer entgegengesetzten Erziehung, entgegengesetzter Gewohnheit und ent=
gegengesetzten Beispiels, um das Individuum zu bessern.

Auch Schopenhauer hat schon in seiner Weise gezeigt, daß aus
der Unveränderlichkeit des Charakters nicht das Aufgeben der Versuche,
den Charakter zu bessern, folge. „Aus der Unveränderlichkeit des em=
pirischen Charakters", sagt er, „könnte sehr leicht die Folgerung zu
Gunsten der verwerflichen Neigungen gezogen werden, daß es vergeb=
liche Mühe wäre, an einer Besserung seines Charakters zu arbeiten,

ober der Gewalt böser Neigungen zu widerstehen, daher es gerathe=
ner wäre, sich dem Unabänderlichen zu unterwerfen und jeder Nei=
gung, sei sie auch böse, sofort zu willfahren. Diese Folgerung aber
ist falsch. Denn obgleich unsere Thaten immer unserm Charakter
gemäß ausfallen, so ist uns doch keine Einsicht a priori in diesen ge=
geben; sondern nur a posteriori, durch die Erfahrung lernen wir,
wie die Andern, so auch uns selbst kennen. Brachte der intelligible
Charakter es mit sich, daß wir einen guten Entschluß nur nach langem
Kampf gegen eine böse Neigung fassen konnten; so muß dieser Kampf
vorhergehen und abgewartet werden. Die Reflexion über die Unver=
änderlichkeit des Charakters, über die Einheit der Quelle, aus welcher
alle unsere Thaten fließen, darf uns nicht verleiten, zu Gunsten des
einen, noch des andern Theiles, der Entscheidung des Charakters vor=
zugreifen; am erfolgenden Entschluß werden wir sehen, welcher Art
wir sind, und uns an unsern Thaten spiegeln." (Vergl. Schopenhauer=
Lexikon unter Charakter: Beseitigung einer falschen Folgerung aus
der Unveränderlichkeit des empirischen Charakters.)

Einundvierzigster Brief.

Schopenhauer's verschiedene Stellung zu Kant im ersten und im zweiten der „beiden Grundprobleme der Ethik". — Dr. Friedrich Zange's gekrönte Preisschrift zur Vertheidigung Kant's gegen Schopenhauer. — Kritik dieser Preisschrift.

———

Das erste der beiden Schopenhauer'schen „Grundprobleme der Ethik", die Freiheit des menschlichen Willens und die Fragen, die sich daran knüpfen, habe ich, verehrter Freund, in meinen vorigen Briefen, wie ich hoffe, genügend genug erörtert, um Sie erkennen zu lassen, in welchen Punkten ich mit Schopenhauer übereinstimme und in welchen ich von ihm abweiche und seine Lehre einer Correctur bedürftig halte.

Ich gehe nun zu seinem zweiten „Grundproblem der Ethik" über, zu dem „Fundament der Moral".

In der Lehre von der Freiheit des Willens stand Schopenhauer mit seinem Gegensatze zwischen dem empirischen und intelligibeln Charakter noch ganz auf Kant'schem Standpunkte, gerieth aber durch diesen dualistischen Gegensatz in Widerspruch mit dem monistischen Grundgedanken seiner Philosophie, dem pantheistischen All=Einen.

In der Lehre vom Fundament der Moral hat er sich hingegen ganz von Kant losgemacht und hat ihn glücklich bekämpft.

Während nämlich Kant, nach Verbannung aller Neigungen, die Achtung vor dem Sittengesetz allein zur Quelle aller Handlungen von ächt moralischem Werth machte, so erklärt dagegen Schopenhauer das Mitleid für die alleinige Quelle derselben. Die moralische Triebfeder, lehrt Schopenhauer, muß schlechterdings eine reale,

von selbst auf uns eindringende, und zwar mit solcher Gewalt ein=
dringende sein, daß sie die entgegenstehenden, riesenstarken antimora=
lischen Triebfedern zu überwinden vermag. Dies könne nur das
Mitleid, aber nicht der abstracte Pflichtbegriff, der kategorische
Imperativ. Der Begriff sei überhaupt ebenso unfruchtbar für die
Tugend, wie für die Kunst. Daß das Mitleid, als die einzige nicht
egoistische, auch die alleinige ächte moralische Triebfeder sei, werde
durch die Erfahrung und die Aussprüche des allgemeinen Menschen=
gefühls bestätigt. (Vergl. Schopenhauer=Lexikon unter Moralisch,
Moralität: die moralische Triebfeder.)

Gegen diese Lehre Schopenhauer's nun haben Andere wieder die
Kant'sche Ansicht vertheidigt. Ja, die philosophische Facultät der Leip=
ziger Universität hat für das Jahr 1869—70 eine „Untersuchung
von Schopenhauer's Kritik des Kant'schen Fundaments der Ethik und
Prüfung seines eigenen Moralprincips" zur Preisaufgabe gemacht und
hat eine gegen Schopenhauer gerichtete, die Kant'sche Ansicht verthei=
digende Schrift gekrönt, welche alsdann unter dem Titel erschienen ist:
„Ueber das Fundament der Ethik. Eine kritische Untersuchung über
Kant's und Schopenhauer's Moralprincip. Von E. M. Friedrich
Zange. Gekrönte Preisschrift." (Leipzig, 1872, Breitkopf und Härtel.)

Daß sich der gekrönte Verfasser dieser Preisschrift die beabsich=
tigte Widerlegung Schopenhauer's und Vertheidigung Kant's recht
sauer hat werden lassen, das wird ihm gewiß Niemand bestreiten.
Aber daß er mit seinen gewundenen und erkünstelten Beweisen Schopen=
hauer's so einfache und einleuchtende Kritik der Kant'schen Lehre wirk=
lich widerlegt habe, das muß ich bestreiten. Zange's 220 Seiten um=
fassende Kritik kann gegen den einfachen Grundgedanken der Schopen=
hauer'schen Kritik nicht aufkommen. Wie kurz und doch schlagend ist
nicht Schopenhauer's Kritik: „Mit jener Forderung Kant's, daß jede
tugendhafte Handlung aus reiner, überlegter Achtung vor dem Gesetz
und nach dessen abstracten Maximen, kalt und ohne, ja gegen alle
Neigung geschehen solle, ist es gerade so, wie wenn behauptet würde,
jedes echte Kunstwerk müßte durch wohlüberlegte Anwendung ästhetischer
Regeln entstehen. Eins ist so verkehrt wie das andere." („Welt als
Wille und Vorstellung", I, 624.)

Man kann sich in der That das Falsche von Kant's Ansicht nicht besser zum Bewußtsein bringen, als durch Vergleichung des Ethischen mit dem Aesthetischen. Was würde man wohl zu einem Kunstkritiker sagen, der behauptete, nur dasjenige Kunstwerk sei echt und habe künstlerischen Werth, das nicht aus künstlerischer Neigung, aus einem schöpferischen, zum Produciren drängenden Kunsttriebe, sondern wider alle künstlerische Neigung und Trieb aus reiner Achtung vor dem Kunstgesetz entsprungen ist? Man würde ihn auslachen. Denn man sieht sofort ein, daß zum Produciren von Kunstwerken die abstracte Vorstellung des Kunstgesetzes oder der Kunstregel und die Achtung vor derselben nichts hilft, sondern vor allen Dingen künstlerische Kraft und künstlerischer Trieb dazu nöthig ist. Denn sonst könnten ja alle Kunsttheoretiker auch Künstler sein, was aber durchaus nicht der Fall ist.

Nun, mit der Tugend verhält es sich ebenso, wie mit der Kunst. Der Begriff ist für jene so unfruchtbar, wie für diese. Zur Tugend ist nicht minder Kraft und Trieb wie zur Kunst erfordert. Die bloße Vorstellung der Pflicht, des Sollens, des kategorischen Imperativs, ist den antimoralischen Triebfedern, dem Egoismus und der Bosheit gegenüber viel zu machtlos, um aus einem Sünder einen Tugendhelden machen zu können. Solche reale Mächte, wie die antimoralischen Neigungen und Triebe können nur durch eine ihnen überlegene reale Macht überwunden werden, und eine solche ist wahrlich nicht der Pflichtbegriff, sondern der natürliche mächtige Drang des Herzens zur Gerechtigkeit und Wohlthätigkeit. Wo dieser Drang fehlt, da bleibt der Pflichtbegriff völlig machtlos, ja es kommt gar nicht einmal zur lebendigen Vorstellung der Pflicht. Die Vorstellung dessen, was geschehen soll, ist überhaupt in keinem praktischen Gebiete das Primäre, sondern ist überall secundär, ist Folge eines Willens, der das will, was als ein Geschehensollendes vorgestellt wird. Erst wenn ich etwas, das noch nicht realisirt ist, entschieden will, dann entsteht in mir die Vorstellung, daß es realisirt werden soll.

Man braucht also nur mit Schopenhauer das Verhältniß des Willens zur Vorstellung richtig zu erkennen, braucht nur einzusehen, daß der Wille das Primäre, die Vorstellung secundär ist, um das Unhaltbare der Kant'schen Gründung der Moralität auf den Pflichtbegriff zu erkennen. Aber eben an jener Einsicht fehlt es den Herbartianern, und daher konnte der herbartianische Verfasser den Versuch machen, Kant gegen Schopenhauer zu rechtfertigen.

Dieser Versuch ist aber in meinen Augen völlig misglückt. Denn was der Verfasser gegen Schopenhauer's Moralitätsprincip, das Mitleid, einwendet, trifft theils gar nicht zu, theils läßt sich dasselbe auch gegen das Kant'sche, die Achtung vor dem Gesetz, einwenden. Der Verfasser leugnet nämlich zwar nicht, daß das Mitleid, welches den Menschen nicht kalt und gleichgültig am leidenden Nebenmenschen vorübergehen, welches aus den Frauen die „barmherzigen Schwestern" hervorgehen läßt, welches überhaupt schon so viel Gutes gestiftet und sich während des letzten Krieges von 1870—71 wieder so vortrefflich bewährt hat, etwas sehr Werthvolles und für die Sittlichkeit von großer fördernder Bedeutung sei. Dann aber fährt er fort:

„Ist es aber auch in diesem Betracht eine sehr gute und die Sittlichkeit unter günstigen Umständen sehr fördernde Regung des Herzens, so ist es doch ein Product des Augenblicks, abhängig von den zufälligen oder natürlichen Umständen und Verhältnissen und dem Wechsel unterworfen wie diese; es ist keine bleibende, über dem Wechsel der Erscheinungen schwebende, beharrliche und jederzeit gegenwärtige Gesinnung."

Hiergegen ist erstens zu sagen: Es ist nicht wahr, daß das von Schopenhauer zur Quelle der echten Tugend gemachte Mitleid eine zufällige, dem Wechsel unterworfene Regung des Herzens sei; es ist vielmehr eine bleibende, beharrliche Gesinnung, so gut wie die Kant'sche Achtung vor dem Gesetz. Denn das Schopenhauer'sche Mitleid ist die aus der Durchschauung des principii individuationis, d. h. aus der intuitiven Erkenntniß der Wesenseinheit der in der Erscheinung getrennten Individuen entspringende Willensrichtung, die sich das „Neminem laede, imo omnes quantum potes juva" zum Grundsatz des Handelns macht. Daher ist der Feind in diesem Mitleid so gut eingeschlossen, wie der Freund, das Thier so gut, wie der Mensch; woraus schon herausgeht, daß dieses Mitleid ein allgemeines, über alle Wesen sich erstreckendes, also kein subjectives, sondern ein objectives, keine vorübergehende Anwandlung oder Laune, sondern eine feste, beharrliche Gesinnung ist. Sieht sich doch der Verfasser selbst genöthigt, zu sagen: „Müssen wir uns nun aber auch wundern, daß

ein so tief= und scharfsinniger Philosoph wie Schopenhauer nach dem
Vorgange Kant's, den er seinen Meister nennt, wieder eine empirische
Triebfeder wie das Mitleid zum Princip der Ethik machen konnte, so
würden wir doch Schopenhauer im höchsten Grade Unrecht thun, wenn
wir meinten, er habe mit seinem Mitleid nicht mehr bezeichnen wollen
als die oben besprochene materielle oder empirische Triebfeder. Er sagt
vielmehr: „Alle Liebe ist Mitleid." Er hält sein Mitleid für identisch
mit der Liebe, welche der Apostel Paulus in seinem hohen Lied der
Liebe 1. Kor. 13 schildert, und welche Christus durch sein Leben und
seinen Tod verkündigte. Er hält deshalb seine Ethik für die eigent=
lich christliche Philosophie" u. s. w.

Nun, wenn das Schopenhauer'sche Mitleid mehr ist, als eine
wandelbare empirische Triebfeder, — wozu alsdann der ganze Gegensatz,
den der Verfasser zwischen Kant und Schopenhauer aufstellt, daß jener
eine bleibende Gesinnung, dieser hingegen eine wandelbare Regung des
Herzens zum Princip der Ethik mache? Dieser Gegensatz ist hin=
fällig.

Zweitens aber, wenn gegen das Schopenhauer'sche Mitleid ein=
gewendet wird, daß es eine Triebfeder sei, die nicht zu allen Zeiten
und unter allen Umständen wirksam sei, eine Quelle, die nicht immer
fließe, sondern mitunter versiege, so läßt sich ganz Dasselbe gegen die
Kant'sche Achtung vor dem Sittengesetz einwenden. Denn es giebt
überhaupt keine Triebfeder, die zu allen Zeiten und unter allen Um=
ständen wirksam, kräftig, lebendig wäre, die nicht zu Zeiten und unter
Umständen von andern, augenblicklich stärkern Triebfedern überwältigt
würde. Die Achtung vor dem Sittengesetz ist so wenig eine perenni=
rende Quelle wie das Mitleid oder die christliche Liebe. Jene ver=
siegt unter Umständen so gut, wie diese. Denn es giebt psychische
Zustände, wo das Sittengesetz, trotz aller Achtung vor demselben, ent=
weder gar nicht oder nur sehr schwach und verdunkelt zum Bewußt=
sein gelangt, so gut wie es Zustände giebt, wo das Mitleid nicht
aufkommt, sondern durch Hartherzigkeit überwältigt wird. Auch der
Kunsttrieb ist ja nicht zu allen Zeiten thätig und lebendig, sondern
intermittirt bisweilen. So wenig es aber einem echten Kunstwerk sei=
nen Werth rauben kann, daß der Trieb und die Kraft, aus der es
entsprungen, nicht zu allen Zeiten und unter allen Umständen wirksam

ist, so wenig kann es einer echt sittlichen Handlung ihren Werth rauben, daß die Quelle, aus der sie entsprungen, bisweilen intermittirt.
Es ist Schulmeinung, die durch die Erfahrung widerlegt wird, daß die
sittliche Triebfeder etwas Beharrliches in dem Sinne sei, daß sie zu
jeder Zeit und unter allen Umständen wirke. Dasein und Wirksamsein
ist zweierlei. Die sittliche Gesinnung mag zwar immer da sein, aber
darum ist sie noch nicht immer eine sich wirksam äußernde, sondern ist
häufig, wie andere Kräfte, latent. Und dies begegnet der Kant'schen
Achtung vor dem Sittengesetz nicht minder, als dem Schopenhauer'schen
Mitleid. Darum hielt auch Schopenhauer das Mitleid allein nicht
für ausreichend zu einem moralischen Lebenswandel, sondern hielt daneben auch noch Grundsätze für nöthig. Obwohl nämlich Grundsätze
und abstracte Erkenntniß überhaupt keineswegs die Urquelle oder erste
Grundlage der Moralität seien, so seien sie doch zu einem moralischen
Lebenswandel unentbehrlich, als das Behältniß, das Reservoir, in
welchem die aus der Quelle der Moralität (dem Mitleid), welche nicht
in jedem Augenblick fließt, entsprungene Gesinnung aufbewahrt wird,
um, wenn der Fall der Anwendung kommt, durch Ableitungskanäle
dahin zu fließen. Ohne festgefaßte Grundsätze würden wir den antimoralischen Triebfedern, wenn sie durch äußere Eindrücke zu Affecten
erregt sind, unwiderstehlich preisgegeben sein. (Vgl. „Die beiden
Grundprobleme der Ethik", S. 214 fg.)

Hieraus geht genugsam hervor, daß Schopenhauer den Werth
der Grundsätze, folglich der Vernunft, für die Sittlichkeit nicht leugnet, daß er in ihnen nur nicht die eigentliche Quelle derselben
sieht, sondern nur ein Hülfsmittel. Und darin müssen wir ihm beistimmen. Auch der Künstler bedarf neben dem schöpferischen Produc-
tionstriebe der Grundsätze, um jenen zur freien, reinen Wirksamkeit zu
bringen und alle kunstwidrigen Neigungen zu unterdrücken. Aber die
Grundsätze sind darum noch nicht die Quelle seiner Productionen.
Es käme ja gar nicht zum Fassen solcher Grundsätze, wenn nicht künstlerischer Trieb in ihm vorhanden wäre, und eben so wenig käme es
zum Fassen ethischer Grundsätze, wenn nicht ethischer Trieb vorhanden
wäre. Der Wille im Schopenhauer'schen Sinne bleibt also im Ethischen, so gut wie im Aesthetischen, das Primäre, der Intellect mit seinen
Grundsätzen das Secundäre. Wo kein Trieb, kein Wille zu einer

bestimmten Thätigkeit ist, da kommt es auch gar nicht zu leitenden und regelnden Grundsätzen dieser Thätigkeit.

Die Schopenhauer'sche Anerkennung der Unentbehrlichkeit der Grundsätze zum moralischen Lebenswandel ist dem gekrönten Verfasser sehr unbequem; er sucht sie daher für eine Inconsequenz, für einen Abfall vom System auszugeben: „Wenn Schopenhauer sagt: Ohne festgefaßte Grundsätze würden wir den antimoralischen Triebfedern, wenn sie durch äußere Eindrücke zu Affecten erregt sind, unwiderstehlich preisgegeben sein, — so erkauft er dieses Zugeständniß offenbar durch eine Inconsequenz, durch einen Abfall von seinem eigenen System. Denn was verbirgt sich denn hinter jenen «Ableitungskanälen, durch welche die in den Grundsätzen aufbewahrte Gesinnung fließen soll», Anderes, als daß die Grundsätze selbst nun auf den Willen bestimmend einwirken sollen an Stelle des versiegten oder durch Leidenschaften abgesperrten Mitleids? Daß sie also noch viel größere Macht über den Willen haben sollen, als das Mitleid; denn «ohne sie würden wir den antimoralischen Triebfedern preisgegeben sein». Schopenhauer gesteht uns also hier indirect, ohne daß er es will, das zu, was wir oben behaupteten, daß im Kampfe der Leidenschaften und Gefühle feste Grundsätze, d. h. eine von jenen Triebfedern unabhängige sittliche Gesinnung allein die Sittlichkeit bewahren kann."

Gewiß gesteht Schopenhauer dies zu; aber inwiefern dieses Zugeständniß wider seinen Willen und ein Abfall von seinem System sein soll, ist nicht einzusehen. Denn dieses Zugeständniß hebt ja den Schopenhauer'schen Satz, daß das aus der Durchschauung des principii individuationis entspringende Mitleid die Quelle aller echten Tugend sei, nicht auf, sondern besagt nur, daß diese Quelle, um immer ungehemmt zu fließen, einer Unterstützung durch die Vernunft bedarf. Die Vernunft mit ihren Grundsätzen soll ja das Mitleid nicht wegräumen, sondern ihm Raum schaffen durch Wegräumung der dem Mitleid entgegenwirkenden antimoralischen Antriebe. Es ist also ganz falsch, was der Verfasser folgert, „daß die Grundsätze also noch viel größere Macht über den Willen haben sollen, als das Mitleid". Dies heißt Schopenhauer nicht auslegen, sondern ihm etwas unterlegen, was gar nicht in seinem Sinne liegt. Nach Schopenhauer sollen die Grundsätze nicht „an Stelle des abgesperrten Mitleids" treten, wie der Verfasser folgert, sondern sie sollen dem abgesperrten Mitleid zum Durchbruch verhelfen, sollen es von seinen Hemmungen befreien.

Unverständig, wie das bisher vom Verfasser gegen das Schopenhauer'sche Mitleid Vorgebrachte, ist auch der Vorwurf, daß dasselbe eine eudämonistische Triebfeder sei, weil es auf das fremde Wohl gerichtet ist. Wohl und Wehe seien überhaupt in der Schopenhauer'schen Ethik die ersten leitenden Begriffe, seien das Ziel, an welchem der sittliche Werth gemessen werde. Bezwecke die Handlung das eigene Wohl des wollenden Subjects, so sei sie egoistisch, bezwecke sie hingegen das fremde Wohl, so sei sie moralisch. Damit aber lege die Schopenhauer'sche Ethik die Entscheidung über den Werth oder Unwerth einer Handlung in die rein empirischen, materiellen Triebfedern des Willens, in das eigene oder fremde Wohl oder Wehe, woraus, wie Kant und Herbart überzeugend nachgewiesen haben, immer nothwendig Eudämonismus entstehen müsse. Schopenhauer suche zwar dem Eudämonismus durch die „Verneinung des Willens" zu entgehen. Aber das, worein Schopenhauer von diesem seinem „höhern Standpunkte" aus das Wesen der Tugend setzt, stehe sozusagen nur im conträren, nicht im contradictorischen Gegensatze zu dem, worein die offenkundigen Eudämonisten jenes Wesen setzen. Diese nämlich halten im Grunde die von Schopenhauer sogenannte „Bejahung" des Willens, Schopenhauer die „Verneinung" desselben, für das einzige letzte Ziel der Tugend: „Der Begriff der Befriedigung oder Nichtbefriedigung des Willens ist der, von welchem beide ausgehen. So macht gerade das, wodurch Schopenhauer das Prädicat des Eudämonismus von seiner Lehre fern halten will, dieselbe zu einer eudämonistischen. Diesen Vorwurf konnte er nur vermeiden, wenn er zeigte, daß der sittliche Werth einer Handlung überhaupt gar nicht abhänge von ihrer Tauglichkeit zur Befriedigung oder Nichtbefriedigung des Willens, sondern von etwas gänzlich hievon Verschiedenem, daß das Bestreben, das Wohl Anderer zu fördern, nicht deshalb sittlich werthvoll ist, weil dadurch das Wohl des Andern wirklich gefördert wird — dies ist gar oft nicht einmal der Fall, und doch kann der Wille sittlich gut sein — sondern aus ganz andern Gründen."

Hiergegen ist zuvörderst zu sagen: Es giebt in Wirklichkeit keine

Handlung, die nicht auf eine Befriedigung des Willens, auf ein Wohl
abzweckte. Auch die sittlichen Handlungen bezwecken ein Wohl, wenngleich sie dasselbe in etwas Anderes setzen, als die egoistischen. Soll
also schon die Richtung auf das Wohl, auf die Befriedigung des
Willens, ein ethisches System zu einem eudämonistischen machen, so
giebt es überhaupt keine andern, als eudämonistische Systeme. Auch
diejenigen ethischen Systeme, die gegen den Eudämonismus hochtrabend
polemisiren und sich einbilden, frei von allem Eudämonismus zu sein,
sind im Grunde eudämonistische. Den Schopenhauer'schen Satz:
„Was den Willen bewegt, ist allein Wohl und Wehe überhaupt und
im weitesten Sinne des Worts genommen", wird nun einmal keine
Schulweisheit im Stande sein umzustoßen. Schopenhauer hat auch
hier, wie in so vielem Andern, das Leben und die Erfahrung für sich.
Man nenne doch einmal eine Tugend, die nicht auf ein Wohl abzweckte. Die Cardinaltugenden der Alten, die christlichen Grundtugen-
den, die den Herbart'schen Ideen entsprechenden Tugenden, — alle diese
sind Tugenden nur, weil sie ein bestimmtes Wohl bezwecken und herbeiführen und das entgegengesetzte Wehe beseitigen. Auch die von
Herbart an die Spitze aller Ideen gesetzte „Idee der sittlichen oder
innern Freiheit", auf die der Verfasser so großes Gewicht legt und
deren Vernachlässigung er Schopenhauer zum Vorwurf macht, bezweckt
ja ein inneres Wohl, ist also, wenn Richtung auf das Wohl eudämonistisch ist, ebenfalls eudämonistisch.

Das Prädicat eudämonistisch kann wohlverstanden einer Ethik
nicht darum zum Vorwurf gereichen, weil sie Wohlsein, Befriedigung
des Willens zum Endzweck macht — denn es giebt überhaupt keine
andere Ethik, wenngleich sich nicht jede dies zum Bewußtsein bringt, —
sondern nur darum, weil sie das Wohlsein, die Eudämonie, in etwas
Falsches setzt, weil sie Scheinwohl statt des wahren Wohls zum Endzweck
macht, wie ich dies bereits in meiner Schrift „Das sittliche Leben"
ausgeführt habe. Nicht das Streben nach den Gütern und Genüssen
des Lebens ist verwerflich, sondern die Verkehrung der wahren Rangordnung der Güter und Genüsse.

Wenn der Verfasser in der oben angeführten Stelle sagt, daß das
Bestreben, das Wohl Anderer zu fördern, nicht deshalb sittlich werthvoll sei, weil dadurch das Wohl des Andern wirklich gefördert wird —

dies sei gar oft nicht einmal der Fall, und doch könne der Wille sitt=
lich gut sein —, so ist dies richtig. Aber dieser Einwurf trifft
Schopenhauer gar nicht; denn Schopenhauer's Lehre ist ja nicht diese,
daß der auf das Wohl Anderer gerichtete Wille deshalb ein sittlich
guter sei, weil er dies Wohl wirklich fördert, sondern deshalb, weil
er es uneigennützig fördern will, weil er die Förderung desselben sich
zum Zweck setzt. Schon dieses Wollen des fremden Wohls, nicht
aber erst das wirkliche Herbeiführen desselben, ist also nach Schopen=
hauer das Kennzeichen des echt moralischen Willens. Schopenhauer
weiß so gut, wie der gekrönte Verfasser, daß die wirkliche Herbeifüh=
rung des fremden Wohls auf Hindernisse stoßen kann, ohne daß darum
der es bezweckende Wille seinen sittlichen Werth verliert.

Zweiundvierzigster Brief.

Verhältniß der Ethik Schopenhauer's zu seiner Metaphysik. — Der Realismus seiner Ethik als Gegenbeweis gegen den Idealismus seiner Metaphysik.

Als ich, verehrter Freund, Schopenhauer's Idealismus besprach und Ihnen zeigte, wie falsch die Beschuldigung sei, daß er die Erscheinung zum bloßen Schein, zum Gaukelbild im Kopfe des vorstellenden Subjects mache (vergl. den zwanzigsten Brief, fg.), dachte ich nicht daran, daß eigentlich schon die Schopenhauer'sche Ethik ein schlagender Gegenbeweis gegen diese Beschuldigung ist. Jetzt aber, wo ich von der Ethik spreche, fällt es mir ein, und Sie mögen mir daher gestatten, es nachträglich in einigen Sätzen auszuführen.

Mit dem absoluten Idealismus ist keine Ethik vereinbar. Denn, sind die andern Wesen außer uns blos unsere Vorstellungen, welche Pflichten könnten wir gegen sie haben? Pflichten, seien es Rechts- oder Liebespflichten, kann es nur gegen reale Wesen geben. Gegen bloße Phantome oder Hirngespinste braucht man weder gerecht, noch mitleidig zu sein und zu handeln. Der schrankenloseste Egoismus ist die allein richtige Consequenz des absoluten Idealismus. „Ich allein bin, und außer mir ist nichts" — so lautet die Weltanschauung des absoluten Idealisten, und aus derselben folgt: „Mich allein und kein anderes Wesen habe ich bei meinen Handlungen zu berücksichtigen." Schopenhauer nennt den absoluten, die objective Welt für bloßes Phantom oder Hirngespinst haltenden Idealismus den theoretischen Egoismus. Aber dieser theoretische hat, wo es mit ihm Ernst ist, nothwendig den praktischen Egoismus zur Folge.

Nun hat aber doch Schopenhauer eine Ethik geliefert und hat in dieser den praktischen Egoismus als die durch das Mitleid allein zu besiegende antimoralische Triebfeder bezeichnet. Wie könnte er dabei absoluter Idealist gewesen sein? Welches Recht hätte er als absoluter Idealist, den Egoismus antimoralisch zu nennen, und wie käme er dazu, das Mitleid als die allein den antimoralischen Triebfedern gewachsene moralische Triebfeder zu bezeichnen, da doch Mitleid gar nicht möglich ist, wenn man die andern Wesen für bloße Phantome hält?

Also: Schopenhauer war kein absoluter Idealist. Denn sonst hätte er keine Ethik liefern können, in der er das Mitleid als die allein ächt moralische Triebfeder aufstellt. Das Mitleid hat die Realität der Wesen, gegen die es zu üben ist, — und nach der Schopenhauer'schen Ethik ist es nicht blos gegen die Menschen, sondern auch gegen die Thiere zu üben, — zur Voraussetzung. Der Mitleidige hält nicht, wie der Egoist, sich allein für real.

Schopenhauer selbst hat in dem Schlußparagraphen seiner „Beiden Grundprobleme der Ethik" (§. 22: „Metaphysische Grundlage") gezeigt, wie entgegengesetzt die dem Egoismus zu Grunde liegende Weltanschauung gegen die dem Mitleid zu Grunde liegende ist. Der Egoist finde im eigenen Selbst allein das wahre Sein, alles Andere sei ihm Nicht-Ich und ihm fremd. Dagegen sei die Erkenntniß, daß das wahrhaft Seiende nicht blos im eigenen Ich, sondern auch in jedem andern Wesen außer uns existirt, für welche Erkenntniß im Sanskrit die Formel tat-twam-asi, d. h. „das bist Du", der stehende Ausdruck ist, die dem Mitleid zu Grunde liegende Erkenntniß.

Hieraus können Sie entnehmen, daß zwischen Schopenhauer's Metaphysik und seiner Ethik kein Widerspruch besteht. Die Beschuldigung, in jener sei er Idealist, der die Außenwelt für bloßen Schein erklärt, in dieser hingegen preise er ein Princip des Handelns, das die Realität der Andern zur Voraussetzung habe, ist falsch. Seine Metaphysik erkennt vielmehr das wahrhaft Seiende, das all-eine Wesen, den Willen, in allen durch die Individuation getrennten Erscheinungen als gegenwärtig an. Dem entsprechend stellt seine Ethik die dieser wesentlichen Identität des Vielen entsprechende Gesinnung, das Mitleid oder die Liebe (caritas), durch welche die theoretisch erkannte Einheit auch praktisch realisirt wird, als die Quelle aller Tugend hin. Wir sind eines Wesens, lehrt Schopenhauer, wir sind Objectivationen oder Erscheinungen des All=Einen; also ist es antimoralisch, die Andern außer uns als bloßes Nicht=Ich, als uns absolut fremde Wesen zu behandeln. Wir sind als Individuen nicht absolut; also dürfen wir auch praktisch unser Ich nicht verabsolutiren.

Wo steckt da der Widerspruch zwischen der Ethik und Meta=physik? Ist nicht vielmehr jene die nothwendige Folge dieser? Und ist der Realismus der Ethik nicht ein Gegenbeweis gegen den Idealismus der Metaphysik?

————

Dreiundvierzigster Brief.

Der innere Widerstreit des Willens mit sich selbst als ungelöst stehen blei-
bender Rest in der Schopenhauer'schen Philosophie.

————

Sie erwidern, verehrter Freund, auf mein Voriges, das Mitleid
sei allerdings die allein richtige, der metaphysischen Einheit des Willens
entsprechende praktische Consequenz, und insofern bestehe kein Widerspruch zwischen Schopenhauer's Metaphysik und seiner Ethik. Aber, fragen Sie, wie kommt es denn, wenn der Wille an sich einer ist, daß in
der Welt, die doch die Erscheinung oder Objectivation dieses einen
Willens ist, überhaupt Mitleid nöthig ist? Mitleid setze doch Leid
voraus, dieses aber entstehe durch den Kampf der Wesen gegen einander, durch die Eris, die Schopenhauer selbst für eine Hauptquelle
des allem Leben wesentlichen und unvermeidlichen Leidens erklärt habe.
(„Welt als Wille und Vorstellung", I, 393). Wie komme aber der
an sich eine Wille zu dieser Zwietracht zwischen seinen realen Erscheinungen, die das Leid gebiert, gegen welches dann das Mitleid als
Heilmittel nöthig wird? Müßte nicht der an sich, seinem Wesen nach
eine Wille, auch in seiner Erscheinung, seiner Objectivation, nur Einheit und Harmonie zeigen, so daß es des Mitleids gar nicht bedürfte?
Entweder, meinen Sie, ist die Einheit des Willens keine wirkliche,
oder das Leiden bleibt unerklärt, bleibt als ungelöstes Räthsel auch
noch in der Schopenhauer'schen Philosophie stehen.

Sie haben damit, verehrter Freund, die schwache Seite nicht blos
der Schopenhauer'schen, sondern überhaupt aller pantheistischen Metaphysik aufgedeckt. Nicht blos mit dem Theismus reimt sich das
Uebel und das Leiden der Welt nicht zusammen, sondern auch mit dem

Pantheismus nicht. Schopenhauer selbst hat Dies eingesehen, ja
hat es schärfer und entschiedener ausgesprochen, als irgend Einer.
Dem Pantheismus, sagt er, ist die Welt eine Theophanie. Man
sehe sie doch aber nur einmal darauf an, diese Welt beständig bedürf=
tiger Wesen, die blos dadurch, daß sie einander auffressen, eine Zeit
lang bestehen, ihr Dasein unter Angst und Noth durchbringen und oft
entsetzliche Qualen erdulden, bis sie endlich dem Tode in die Arme
stürzen. Wer dies deutlich ins Auge faßt, wird gestehen müssen, daß
einen Gott, der sich hätte beigehen lassen, sich in eine solche Welt zu
verwandeln, doch wahrlich der Teufel geplagt haben müßte. („Welt als
Wille und Vorstellung", II, 399, 737.) Die Uebel und die Qual
der Welt stimmten schon nicht zum Theismus, daher dieser durch
allerlei Ausreden, Theodiceen sich zu helfen suchte. Der Pantheis=
mus nun aber sei jenen schlimmen Seiten der Welt gegenüber vollends
unhaltbar. („Welt als Wille und Vorstellung", II, 676, 737. „Pa=
rerga", I, 67, 73.)

Nun hat Schopenhauer zwar gemeint, dieser Schwierigkeit da=
durch zu entgehen, daß er dem All=Einen den Titel Gott nahm.
Aber da er damit nicht den pantheistischen Grundgedanken des All=
Einen hat aufgeben wollen, vielmehr ausdrücklich sich zu dem ἕν καὶ
πᾶν der Pantheisten bekennt („Welt als Wille und Vorstellung", II,
736), ja sogar sich rühmt, daß seine Philosophie zuerst gezeigt, was
dieses Eine der Pantheisten sei (daselbst); so kehrt auch gegen ihn noch
die Frage wieder: Wie kommt das all=eine Grundwesen dazu, sich in
seinen eigenen Erscheinungen so zu entzweien und zu bekämpfen, daß
daraus jene ungeheuern Uebel und entsetzlichen Qualen entstehen, von
denen die Welt zu erzählen hat? Wie ist in der Erscheinung des
all=einen Wesens überhaupt Egoismus, die Quelle alles Uebels,
möglich?

Die Lösung dieser Frage, die Schopenhauer giebt, ist folgende:
„Wir haben Zeit und Raum, weil nur durch sie und in ihnen Viel=
heit des Gleichartigen möglich ist, das principium individuationis
genannt. Sie sind die wesentlichen Formen der natürlichen, dem Wil=
len entsprossenen Erkenntniß. Daher wird überall der Wille sich in
der Vielheit von Individuen erscheinen. Aber diese Vielheit trifft
nicht ihn, den Willen als Ding an sich, sondern nur seine Erschei=

mungen: er ist in jeder von diesen ganz und ungetheilt vorhanden und
erblickt um sich herum das zahllos wiederholte Bild seines eigenen
Wesens. Dieses selbst aber, also das wirklich Reale, findet er un=
mittelbar nur in seinem Innern. Daher will Jeder Alles für sich,
will Alles besitzen, wenigstens beherrschen, und was sich ihm wider=
setzt, möchte er vernichten. Hiezu kommt, bei den erkennenden Wesen,
daß das Individuum Träger des erkennenden Subjects und dieses
Träger der Welt ist; d. h. daß die ganze Natur außer ihm, also auch
alle übrigen Individuen, nur in seiner Vorstellung existiren, er sich
ihrer stets nur als seiner Vorstellung, also blos mittelbar und als
eines von seinem eigenen Wesen und Dasein Abhängigen bewußt ist;
da mit seinem Bewußtsein ihm nothwendig auch die Welt untergeht.
Jedes erkennende Individuum ist also in Wahrheit und findet sich als
den ganzen Willen zum Leben, oder das Ansich der Welt selbst, und
auch als die ergänzende Bedingung der Welt als Vorstellung, folglich
als einen Mikrokosmos, der dem Makrokosmos gleich zu schätzen ist.
Die immer und überall wahrhafte Natur selbst giebt ihm schon ur=
sprünglich und unabhängig von aller Reflexion diese Erkenntniß ein=
fach und unmittelbar gewiß. Aus den angegebenen beiden nothwendigen
Bestimmungen nun erklärt es sich, daß jedes in der gränzenlosen Welt
gänzlich verschwindende und zu Nichts verkleinerte Individuum dennoch
sich zum Mittelpunkt der Welt macht, seine eigene Existenz und Wohlsein
vor allem Andern berücksichtigt, ja, auf dem natürlichen Standpunkte,
alles Andere dieser aufzuopfern bereit ist, bereit ist, die Welt zu ver=
nichten, um nur sein eigenes Selbst, diesen Tropfen im Meer, etwas
länger zu erhalten. Diese Gesinnung ist der Egoismus, der jedem
Dinge in der Natur wesentlich ist. Eben er aber ist es, wodurch der
innere Widerstreit des Willens mit sich selbst zur fürchterlichen Offen=
barung gelangt. Denn dieser Egoismus hat seinen Bestand und
Wesen in jenem Gegensatze des Mikrokosmos und Makrokosmos, oder
darin, daß die Objectivation des Willens das principium individuationis zur Form hat und dadurch der Wille in unzähligen Individuen
sich auf gleiche Weise erscheint und zwar in jedem derselben nach bei=
den Seiten (Wille und Vorstellung) ganz und vollständig. Wäh=
rend also jedes sich selber als der ganze Wille und das ganze Vor=
stellende unmittelbar gegeben ist, sind die übrigen ihm zunächst nur

als seine Vorstellungen gegeben; daher geht ihm sein eigenes Wesen und dessen Erhaltung allen andern zusammen vor." („Welt als Wille und Vorstellung", I, 391 fg.)

Hiemit ist zwar das Wesen des Egoismus vortrefflich charakterisirt. Denn der Egoismus besteht wesentlich in dem hier geschilderten Gegensatz zwischen Mikrokosmos und Makrokosmos, in dem Sich-allein-für-real-halten jedes Individuums gegenüber allem Andern, weil jedes Individuum nur von seiner eigenen Realität, nicht aber auch von der Realität der Andern ein unmittelbares Bewußtsein, ein Gefühl hat. Aber wie das All-Eine, der Weltwille, der doch nicht blos in einem, sondern in allen Individuen existirt, sich also in Allen fühlen muß, zu jener kolossalen Verblendung in jedem Einzelnen kommt, sich eben nur in ihm für real existirend zu halten, seine Existenz in allen übrigen aber zu verkennen, — das ist damit nicht erklärt. Diese Verblendung durch das principium individuationis bleibt in dem Schopenhauer'schen All-Einen als unerklärter Rest stehen, und ich kann daher dem Selbstruhm Schopenhauer's, daß sämmtliche Systeme, mit Ausnahme des seinigen, Rechnungen seien, die nicht aufgehen, einen Rest lassen, oder, um ein chemisches Gleichniß zu brauchen, einen unauflöslichen Niederschlag („Parerga", I, 73) — nicht beistimmen. Der all-eine Weltwille, der, trotz seiner All-Einheit, im Egoismus der Individuen den „innern Widerstreit mit sich selbst zur fürchterlichen Offenbarung" bringt, der „die Zähne in sein eigenes Fleisch schlägt" u. s. w., ist und bleibt ein ungelöstes Räthsel.

Die Einheit und Harmonie des Weltwillens kommt nach Schopenhauer nur in dem Makrokosmos, in der Zweckmäßigkeit des großen Ganzen zur Erscheinung; sie zeigt sich hier in dem wechselseitigen Sich-anpassen und Sichbequemen der Erscheinungen an einander. Sie ist aber nicht mächtig genug, den innern Widerstreit des Willens, der in dem Kampf der Individuen gegen einander zur Erscheinung kommt, zu tilgen. „Jene Harmonie geht nur so weit, daß sie den Bestand der Welt und ihrer Wesen möglich macht, welche daher ohne sie längst untergegangen wären. Daher erstreckt sie sich nur auf den Bestand der Species und der allgemeinen Lebensbedingungen, nicht aber auf den der Individuen. Wenn demnach, vermöge jener Harmonie und Accommodation, die Species im Organischen und die allgemeinen

Naturkräfte im Unorganischen neben einander bestehen, sogar sich wechselseitig unterstützen; so zeigt sich dagegen der innere Widerstreit des durch alle jene Ideen objectivirten Willens im unaufhörlichen Ver= tilgungskriege der Individuen jener Species und im beständigen Ringen der Erscheinungen jener Naturkräfte miteinander." („Welt als Wille und Vorstellung", I, 192.)

Die Einheit des Weltwillens reicht also nicht herab bis zu den Individuen; sie bleibt im Makrokosmos stecken; sie ist keine durchgrei= fende. Woher dies aber komme, hat Schopenhauer nicht erklärt. Denn die Erklärung durch die Blendung des principii individuatio= nis halte ich für keine, da diese Blendung eben selbst der Erklärung bedarf. Wie kommt denn das All=Eine dazu, sich in jedes einzelne Individuum so zu verlieren, daß es in ihm allein zu existiren wähnt und von seiner gleichzeitigen Existenz in allen übrigen nichts weiß, so daß Jeder das Dasein und Wohlsein aller Uebrigen seinem eigenen rücksichtslos opfert? —

Dieses Räthsel hat Schopenhauer nicht gelöst.

Vierundvierzigster Brief.

Ursprung und Charakter des Schopenhauer'schen Pessimismus. — Gegenüberstellung desselben gegen den Leibniz'schen Optimismus und Kritik beider.

———

Das in meinem vorigen Briefe bezeichnete Welträthsel, der innere Widerstreit des Willens mit sich selbst, der im Egoismus zur fürchterlichen Offenbarung gelangt, ist es, was Schopenhauer zum Pessimisten gemacht hat, und man kann daher seinen Pessimismus füglich einen ethischen nennen, da er aus der Betrachtung der ethischen Beschaffenheit der Welt entsprungen ist. Es ist daher falsch, denselben lediglich für einen subjectiven, aus dem düstern, melancholischen Temperament Schopenhauer's entsprungenen auszugeben, wie die Gegner thun.

Optimismus und Pessimismus entspringen allerdings bei vielen Menschen aus rein subjectiven Gründen; wir finden im Leben Menschen, die optimistisch, und wieder andere, die pessimistisch gestimmt sind. Wen das Leben befriedigt, wem es innerlich und äußerlich wohlgeht, wessen Gesundheits- und Gemüthszustand frei von Schmerzen, wessen Beziehungen zur Natur und zur menschlichen Gesellschaft, in der er lebt, frei von Hemmungen und Störungen sind, der neigt sich natürlicherweise zum Optimismus. Bei wem das Gegentheil der Fall ist, der neigt sich zum Pessimismus. Denn es ist eine psychologische Eigenthümlichkeit des Menschen, daß er die Farbe seines Innern auf die äußern Objecte überträgt. Ist es in ihm licht und heiter, so ist die ganze Welt licht und heiter; ist es in ihm trübe und finster, so ist die ganze Welt trübe und finster. Steht es mit ihm gut, so ist die

ganze Welt gut; steht es mit ihm schlecht, so taugt die ganze Welt
nichts. Nicht was die Dinge objectiv und wirklich sind, sondern was
sie für ihr Glück sind, bestimmt das Urtheil der Meisten. Daher
kann es auch kommen, daß sie im Leben zu der einen Zeit Optimisten, zu einer andern Zeit wieder Pessimisten sind. In der hoffnungsreichen Jugend sind sie gewöhnlich optimistisch gestimmt, im
enttäuschten Alter dagegen pessimistisch.

Der philosophische Optimismus und Pessimismus hingegen ist
anderer Art. Er hat nicht in subjectiven Stimmungen, noch auch in
Zeitverhältnissen seinen Grund. Schopenhauer wenigstens hat sich
gegen eine solche Ableitung seines Pessimismus verwahrt. Er schrieb
an mich am 15. Juli 1855, nach dem Erscheinen des Kuno Fischer'-
schen „Leibniz": „Von Kuno Fischer's «Geschichte der neuern Philosophie» habe den zweiten Band durchstöbert, der blos bis vor Kant
geht, werde aber doch schon darin obiter ein wenig (extra ordinem)
besprochen. Von der Hegelei unheilbar verdorben, construirt er die
Geschichte der Philosophie nach seinen apriorischen Schablonen, und
da bin ich als Pessimist der nothwendige Gegensatz des Leibniz als
Optimisten, und das wird daraus abgeleitet, daß Leibniz in einer
hoffnungsreichen, ich aber in einer desperaten und malheureusen Zeit
gelebt habe. Ergo, hätte ich 1700 gelebt, so wäre ich so ein geleck-
ter, optimistischer Leibniz gewesen, — und dieser wäre ich, wenn er
jetzt lebte! So verrückt macht die Hegelei. Obendrein aber ist mein
Pessimismus von 1814—18 (da er complet erschien) erwachsen; welches die hoffnungsreichste Zeit nach Deutschlands Befreiung war."

In der That verdienten der Leibniz'sche Optimismus und der
Schopenhauer'sche Pessimismus nicht den Namen des philosophischen,
wenn sie aus Zeitumständen entsprungen wären. Auch wäre nicht
einzusehen, warum gerade nur Schopenhauer Pessimist wurde, wenn
der Pessimismus in den damaligen Zeitverhältnissen begründet war.
Ich habe in der Schrift: „Arthur Schopenhauer. Von ihm, über
ihn" gezeigt, welches der objective, philosophische Ursprung des
Schopenhauer'schen Pessimismus ist. Doch leugnen will ich allerdings nicht, daß die besondere Form und Farbe, die der Pessimismus
bei Schopenhauer angenommen, eine subjectiv bedingte, von der Individualität Schopenhauer's und seinen Lebensverhältnissen tingirte ist.

Ueberhaupt läßt sich ja Subjectives und Objectives nicht so trennen, daß nicht auch die objectivste Philosophie subjectiv gefärbt wäre. Ich selbst habe in der eben erwähnten Schrift neben dem objectiven Ursprung des Schopenhauer'schen Pessimismus auch die subjective Quelle in der Persönlichkeit Schopenhauer's aufgedeckt, aus der sein Pessimismus Nahrung ziehen und aus der er Form und Farbe annehmen mußte. Schopenhauer selbst hat in dem, was er über die nothwendige Melancholie aller hochbegabten Geister, aller echten Genies gesagt, den Erklärungsgrund davon gegeben, daß er sich zum Pessimismus neigte.

Der Maßstab, den das Genie an die Welt legt, ist ein zu hoher, das ästhetische und sittliche Ideal, das es in sich trägt, ein zu reines, als daß die niedrige und gemeine Welt nicht grell davon abstechen sollte. Daher der Pessimismus der Genies. Dagegen fühlen sich die Philister in dieser gemeinen Welt ganz behaglich; sie sind in ihr zu Hause, während sich das Genie in ihr fremd fühlt. Alles dies hat Schopenhauer in seiner Lehre vom „Genie" sehr gut auseinandergesetzt, und sein Pessimismus, soweit er persönlich bedingt war, ist daraus zu erklären. Was aber Leibniz betrifft, so mußte dieser, selbst wenn er sich persönlich zum Pessimismus geneigt hätte, schon darum Optimist werden, weil sein System ein theologisches war. Alle theologischen Systeme, mögen sie nun die Welt theistisch als ein Werk, oder pantheistisch als eine Erscheinung Gottes, eine Theophanie, betrachten, sind nothwendig optimistisch. Nur Inconsequenz wäre es, wenn sie es nicht wären. Denn wie der Urheber der Welt vollkommen ist, so muß auch sein Werk vollkommen sein. Ein Gott kann kein Pfuscher sein; — oder pantheistisch geredet, ein vollkommener Weltgeist kann sich in keine unvollkommene Welt verkörpern. Erscheint uns die Welt unvollkommen, so ist nicht sie Schuld, sondern unser beschränkter Blick, der für Fehler hält, was Vortrefflichkeit ist. So fordert es die Consequenz der Theologie. Kein Wunder daher, daß Leibniz's System optimistisch ist. Das Uebel ist nach ihm ein nothwendiges Element der besten Welt, denn Gott hat von allen möglichen Welten die beste gewählt, und in dieser besten Welt findet sich das Uebel; also muß das Uebel ein nothwendiges Element der besten Welt sein. Hätte es in ihr fehlen können, so hätte es der göttliche

Urheber gewiß weggelassen. Es ist gerade so, wie wenn man, von der Unfehlbarkeit eines Autors überzeugt, die Fehler in seinen Werken für nothwendig hält, weil er sie sonst nicht zugelassen hätte.

Solchen theologischen, vom Schöpfer auf das Werk schließenden Systemen gegenüber sind offenbar die von theologischen Voraussetzungen freien Systeme, die von der Beschaffenheit des Werks auf den Schöpfer schließen, im Vortheil. Sie brauchen die Uebel und Fehler der Welt nicht zu vertuschen, brauchen sich nicht zu zwingen, handgreifliche Mängel als Vorzüge und Schönheiten auszulegen.

Treffend urtheilt Friedrich von Schlegel in seiner „Geschichte der alten und neuen Literatur", die sonst in philosophischen Fragen gerade nicht angeführt zu werden verdient, über Leibniz's „Theodicee": „Seine berühmte «Theodicee» oder Rechtfertigung Gottes wegen des vielen unleugbar in der Welt vorhandenen Uebels und Bösen beantwortet diese der natürlichen Vernunft sich immer aufbringende Frage mit der klugen Gewandtheit eines geübten Diplomatikers, der es sich zur Pflicht macht, die Seite, welche seinem Monarchen die vortheilhafteste ist, überall herauszukehren und zu benutzen, der hingegen, wo sich etwa eine scheinbare oder wirkliche Schwäche findet, die der Gegner benutzen könnte, dieselbe sorgfältig zu verschweigen oder dem Auge zu entziehen sucht. Die Antwort Leibniz's, gegen die Voltaire seinen ganzen Spott gerichtet hat, daß diese Welt unter allen möglichen die beste sei, hat in unsern Tagen ihr Gegenstück gefunden in der Ansicht eines berühmten Denkers, der, weil er Alles aus dem Ich herleitet, demzufolge dafürhält, die Welt sei nur dazu hervorgebracht, daß das Ich sich daran stoßen und im Kampf dagegen die eigene Kraft entwickeln soll: zu welchem Endzweck denn jede Welt, wie sie übrigens auch beschaffen sein möge, tauglich und also immer gut genug sei. Aber weder diese äußerst spartanische, noch jene künstliche diplomatische Antwort können dem Gefühl oder der Philosophie genügen."

Die „künstliche diplomatische" Antwort, die Schlegel hier Leibniz vorwirft, ist mehr oder weniger eine Eigenthümlichkeit aller von theologischen Voraussetzungen ausgehenden Systeme. Diese alle müssen das Uebel und das Böse entweder vertuschen, oder für nothwendig zur besten Welt, für ein Element, das in ihr nicht fehlen darf, erklären. Will man eine von diplomatischen Winkelzügen freie Erklärung des

Bösen und des Uebels, so hat man sich nicht an die von der Theo=
logie beeinflußten, sondern an die antitheologischen Systeme zu wenden.
Sollten diese auch, wie das Schopenhauer'sche, das Uebel und das
Böse übertreiben, so sind sie doch immer der Wahrheit näher und
aufrichtiger, als die theologisch=optimistischen.

Wendet man von Leibniz's optimistischer Theorie seine Blicke
weg auf das praktische Leben der Menschen, so wird man einen auf=
fallenden Contrast gewahr. Dort, in Leibniz's Theorie, Nothwendig=
keit des Uebels in der besten Welt; hier, im praktischen Leben, unauf=
hörliches Ringen, das Uebel aus der Welt zu schaffen, um die möglichst
beste Welt herzustellen. Der gesunde praktische Menschenverstand ist
also anderer Ansicht, als Leibniz's Gott; er hält das Uebel nicht für
ein nothwendiges Element der besten Welt, sondern für eine fortzu=
schaffende Verunstaltung der besten Welt. Woher dieses rast=
lose Bemühen der Menschen, Uebel abzustellen, wenn doch ohne
Uebel keine dem göttlichen Plane entsprechende Welt möglich ist?
Warum hat denn derselbe Gott, der das Uebel als nothwendig in
seine beste Welt aufgenommen, dem Menschen, seinem Geschöpfe, nicht
Zufriedenheit mit dieser seiner Anordnung, sondern vielmehr den Trieb,
ihr entgegenzuwirken, eingepflanzt?

Ich weiß wohl, daß die Optimisten diese meine Bemerkung thö=
richt nennen werden. Siehst du denn nicht ein, werden sie sagen,
daß, wenn Gott dem Menschen Zufriedenheit mit dem Uebel einge=
pflanzt hätte, der Zweck, wegen dessen er das Uebel angeordnet, ganz
verloren ginge? Denn eben, um das Uebel zu bekämpfen und in die=
sem Kampfe seine Kräfte zu stählen und zu entwickeln, dazu hat Gott
das Uebel dem Menschen beigesellt. In einem reinen Schlaraffen=
leben, wo ihm die Tauben gebraten in den Mund flögen, würde der
Mensch vor lauter Langeweile umkommen. Sollte der Mensch Reiz
und Sporn zur Thätigkeit haben, so mußten Uebel auf ihn eindringen.

O, ich kenne dieses optimistische Lied. Ich kann Ihnen auch so=
gar einige Poeten, die es gesungen, namhaft machen. Uz singt z. B.
in seiner „Kunst, stets fröhlich zu sein“:

> Der weichen Lüfte Hauch entkräftet auch die Seelen,
> Daß Männer, die du sahst Gefahr und Ehre wählen

Der Ehre Dornenbahn nicht mehr begierig gehn
Und keiner großen That sich freudig unterstehn.
Wie trunken taumeln sie durch buntgemalte Scenen,
Ihr Auge kennt nicht mehr des Mitleids edle Thränen,
Verschlossen ist ihr Ohr dem lauten Ruf der Pflicht,
Sie kennen sich nicht mehr und kennen Andre nicht.
Sie werden, wenn ihr Geist zum wahren Menschenleben
Sich einst ermuntern soll, dem Unglück übergeben,
Dem Sklaven des Geschicks, der unter banger Nacht
Und jammerndem Geheul in seiner Höhle wacht,
Der unter strenger Zucht die Trägheit aufzuwecken
Und Laster, welche tief im Herzen sich verstecken,
Doch auszurotten weiß, vermess'nen Uebermuth
Und stolze Härtigkeit und wilder Lüste Brut.
Des Unglücks rauhe Hand muß uns von Freuden trennen,
Die uns verderblich sind: dann lernen wir erkennen,
Daß nur der Weise groß, nur er beglückt und frei
Und keine wahre Lust, als bei der Tugend sei.
Und wie, zu aller Zeit bestürmt von Ungewittern,
Die Eiche, wann im Wald Gesträuch und Espe zittern,
Vor keinem Ungestüm den stolzen Nacken beugt,
Stets tiefre Wurzel schlägt und immer höher steigt:
So wird die Tugend stark und sicher unter Leiden,
Die leicht verzärtelt wird im Schoße sanfter Freuden.

Und läßt nicht Goethe im Prolog des „Faust" den Herrn sagen:

Des Menschen Thätigkeit kann allzu leicht erschlaffen,
Er liebt sich bald die unbedingte Ruh';
Drum geb' ich gern ihm den Gesellen zu,
Der reizt und wirkt, und muß, als Teufel, schaffen.

Und sehnt sich nicht in Jordan's „Demiurgos" Agathodämon
nach einer Lebenslast:

Ich nannt' es Qual,
Was ich empfand, wenn ich auf jedem Schritt
An einer Hoffnung Schiffbruch litt
Und jedes Bild aus meinem Geisterland
Nur graß verzerrt im Leben wiederfand,
Wenn Alles, was ich liebend unternahm,
Nur halb und falsch zu Staube kam.

Jetzt aber, auf dem Gipfel des Gelingens,
Ergreift ein Sehnen mich wie Heimweh fast
Nach jenen Tagen ungestillten Ringens:
Es hungert mich nach einer Lebenslast.

O, ich kenne diese Apologien des Unglücks und des Uebels. Aber wahr daran ist nur dieses, daß der Mensch, wenn er seine Kräfte entwickeln, wenn er nicht in einem weichlichen Genußleben erschlaffen soll, Bedürfnisse haben, und daß er zur Befriedigung derselben seine physischen, intellectuellen und moralischen Kräfte anstrengen muß. Aber Bedürfnisse und Anstrengung sind an sich noch keine Uebel. Bedürfniß nach Speise und Trank ist kein Uebel, Bedürfniß nach Erkenntniß ist auch kein Uebel, Bedürfniß nach der Gerechtigkeit ist auch kein Uebel. Das eigentliche Uebel beginnt erst da, wo die physischen, intellectuellen und moralischen Bedürfnisse trotz aller Anstrengung unbefriedigt bleiben, wo ihrer Befriedigung überlegene feindliche Mächte entgegenwirken, wo sie auf unüberwindliche Hindernisse stößt. Die natürlichen Bedürfnisse sind Quelle der Thätigkeit und des Genusses; dagegen lähmen die naturwidrigen Hemmungen, mit denen eigentlich erst das Uebel beginnt, die Thätigkeit und vergällen den Genuß.

O, ihr Preiser des Uebels, sagt mir doch, welche Förderung der Thätigkeit und welche Würze des Lebensgenusses in aufreibender Hungersnoth, Pest, Geistesepidemien, in zerstörenden Kriegen, in verdummender Priesterherrschaft, in knechtendem Absolutismus, kurz in allen Uebeln, welche feindliche Naturgewalten und dumme oder boshafte Menschengewalten erzeugen, liegt? Für Diejenigen wenigstens, welche an diesen Uebeln leiden, keine, denn sie gehen in der Regel an ihnen zu Grunde. Haltet euch nur erst einmal die wirklichen und wahren Uebel mit ihren zerstörenden, alle Entwickelung hemmenden und allen Lebensgenuß vergällenden Wirkungen in anschaulichen Beispielen aus der Natur und Geschichte vor Augen, richtet den Blick auf die blinde Wuth zerstörender Naturgewalten und auf den grimmigen Haß und Neid, mit welchen Menschen einander das Leben verbittern, verdüstern, zerrütten, — und ihr werdet von den herrlichen Folgen des Uebels in der besten Welt einen andern Begriff bekommen.

Was ein wirkliches Uebel ist, fördert die Thätigkeit nicht und würzt das Leben nicht. Und was die Thätigkeit fördert und das Leben würzt, ist kein Uebel. Das ist meine Ansicht.

Es giebt allerdings Hemmungen, die gut und wünschenswerth sind. Wenn der Egoismus aller Art, wenn die unvernünftigen und

unsittlichen Triebe, wenn Herrschsucht, Habsucht und Wolluft in ihrer
Raserei gehemmt, zurückgedrängt, negirt werden, so ist das kein Uebel,
denn es ist Negation der Negation. Wenn also das Leben blos aus
solchen Hemmmungen bestände, so hätten wir uns nicht zu beklagen.

Aber wie Vieles wird im Leben gehemmt, was gefördert werden
sollte, und wie Vieles gefördert, was gehemmt werden sollte! Wie oft
triumphiren nicht die Unvernunft und die Bosheit, und wie oft
unterliegen Vernunft und Tugend! Das ist es, was sich mit der
„besten Welt" nicht zusammenreimt. Daß das, was schwach sein
soll, stark, und was stark sein soll, schwach ist, — das ist die Quelle
des Uebels. Wer sie leugnet, der hat keinen Blick in das wirkliche
Leben, keinen Blick in die Geschichte, in sein eigenes Innere gethan.

Leibniz leitet die Nothwendigkeit des Uebels in der besten Welt
aus der Nothwendigkeit der Mannigfaltigkeit ab. Die Tugend sei
zwar die edelste Qualität der erschaffenen Wesen, aber sie sei nicht
die einzige gute Qualität der Dinge. Es gebe noch unendlich viele
andere, die Gott gleichsam an sich ziehen, und das Resultat aller dieser
Anziehungen und Neigungen sei die größtmögliche Fülle des Guten,
und es sei offenbar, daß, wenn nur die Tugend wäre, wenn es nur
vernünftige Creaturen gäbe, weniger Gutes vorhanden wäre. Als
Midas nur Gold hatte, war er weniger reich, als vorher. Ueberdies
müsse die Weisheit Mannigfaltigkeit erzeugen: nur dieselbe Sache,
wäre sie auch noch so edel, vervielfältigen, wäre bloße Ueberflüssigkeit,
wäre nur Armseligkeit.

Zugegeben, daß eine Welt voll Mannigfaltigkeit eine reichere,
vollkommenere ist, als eine, in der sich in ewigem, langweiligem Einer=
lei nur Dasselbe wiederholt, — folgt denn daraus die Nothwendigkeit
des Uebels? Müssen denn die mannigfaltigen Wesen einander hemmen,
stören, bekämpfen, bekriegen? Kann nicht in der Mannigfaltigkeit Ein=
heit, Friede, Harmonie herrschen? Würde etwa eine Gesellschaft von
körperlich verschieden gestalteten und geistig verschieden begabten Men=
schen der Mannigfaltigkeit entbehren, wenn nicht auch Bucklige,
Lahme und Wahnwitzige darunter wären? Oder entbehrt etwa ein
Gemälde der Mannigfaltigkeit, wenn keine Caricaturen darin vor=
kommen?

Auch was Leibniz das metaphysische Uebel nennt, die Endlichkeit,

Beschränktheit, Unvollkommenheit, ist nicht nothwendig Uebel. Denn endliche, beschränkte, unvollkommene Wesen sind zwar auf Anderes außer sich angewiesen, dessen sie zu ihrer Ergänzung, Erfüllung, Vervollständigung bedürfen; sie sind nicht selbstgenugsame, sondern bedürftige Wesen. Aber Bedürftigkeit ist noch kein Uebel. Das Uebel beginnt erst da, wo die zu ihrer gegenseitigen Ergänzung aufeinander angewiesenen endlichen Wesen, statt einander harmonisch zu ergänzen, zu bereichern, zu vervollkommnen, — einander bekämpfen, hemmen und stören. Daß aber Dieses in der besten Welt nothwendig sei, kann ich eben so wenig einsehen, als daß in der besten Composition die einzelnen Töne, aus denen sie besteht, nothwendig ohrenzerreißende Mißklänge hervorbringen müssen. Die Endlichkeit jedes Tons ist kein zureichender Grund hierfür. So wenig, als mißklanglose Musik einen Widerspruch involvirt, eben so wenig eine übellose Welt. Logisch ist also die übellose Welt so gut denkbar, als die mißklanglose Musik.

Wenn Leibniz in seiner „Theodicee" die Schuld des Uebels vom göttlichen Willen auf den göttlichen Verstand schiebt, als welcher die beste Welt nicht übelfrei habe vorstellen können, so muß der göttliche Verstand sehr verschieden vom menschlichen sein. Denn der menschliche Verstand kann sich die beste Welt sehr gut übelfrei vorstellen; er würde sich ja nicht von jeher über den Ursprung des Uebels den Kopf zerbrochen haben, wenn er sich die beste Welt gar nicht anders, als übelbehaftet und übelverpestet denken könnte. Er müßte vielmehr das Uebel eben so natürlich und sich von selbst verstehend finden, wie daß ein Dreieck drei Winkel enthält.

Leibniz rechtfertigt das Uebel ferner damit, daß es zum Guten beitrage und nur in Betracht eines beschränkten Theils, nicht in Betracht des Universums, im großen Zusammenhange der Dinge, Uebel sei. „Das, was Störung im Theile ist, ist Ordnung im Ganzen." Hätte Gott eine Ordnung von Möglichkeiten gewählt, wo die Uebel ausgeschlossen wären, dann würde er es an dem haben fehlen lassen, was er dem Universum, d. h. an dem, was er sich selbst schuldig ist. Die Welt sei nicht für uns allein, wir müßten uns, wenn wir glücklich sein wollten, in sie schicken.

Ueber diese Vertheidigung des Uebels vom Standpunkt des Universums, von welchem Leibniz das Uebel als ein presque néant verschwinden läßt, bemerkt Ludwig Feuerbach in seinem „Leibniz" treffend: „Dieser Gesichtspunkt ist doch geradezu das Gegentheil von dem theo= logischen Standpunkt, wo Gott nur in der Beziehung auf das Indi= viduum vorgestellt wird, Alles sich um dieses dreht, das Positive allein das Individuum ist, der Begriff eines Ganzen, eines Universums ver= schwindet." In der That ist es ein Widerspruch, die Welt theologisch um des Menschen willen geschaffen sein lassen und jeden Einzelnen als Object der göttlichen Fürsorge betrachten, dann aber wieder, wenn es sich um die Erklärung des Uebels handelt, dem Menschen zu= rufen: Die Welt ist nicht um deinetwillen, ist nicht für dich allein da; was dir in der Welt mißfällt, ist gut im Ganzen, trägt zum bien général bei. Ueber dieses bien général, das sich in der besten Welt aus allen möglichen Uebeln componirt, macht sich Voltaire in seinem „Dictionnaire", in dem Artikel „Tout est bien", lustig: „Voilà un singulier bien général, composé de la pierre, de la goutte, de tous les crimes, de toutes les souffrances, de la mort et de la damnation."

Pope's und Shaftesbury's optimistische, im Sinne Leibniz's auf den Standpunkt des Universums sich stellende Ansichten veranlassen Voltaire zu dem Ausruf: „Voilà, je vous l'avoue, une plaisante consolation; ne trouvez-vous pas un grand lénitif dans l'ordon- nance de Mylord Shaftesbury, qui dit, que Dieu n'ira pas déranger ses lois éternelles pour un animal aussi chétif que l'homme? Il faut avouer du moins, que ce chétif animal a droit de crier humblement, et de chercher à comprendre en criant, pourquoi ces lois éternelles ne sont pas faites pour le bien-être de chaque individu? — Ce système du «tout est bien» ne représente l'auteur de toute la nature que comme un roi puissant et mal- faisant, qui ne s'embarrasse pas qu'il en coute la vie à quatre ou cinq cent mille hommes, et que les autres traînent leurs jours dans la disette et dans les larmes, pourvû qu'il vienne à bout de ses desseins."

In der That, mit einem allweisen, allmächtigen und allgütigen Gott läßt sich das Uebel, — das wirkliche Uebel, nicht die bloße Endlichkeit und Bedürftigkeit der geschaffenen Wesen, — nicht zu= sammenreimen. Daher die Sophismen und die diplomatischen

Kniffe der Theodiceen. Schopenhauer gesteht spöttisch der Leibniz'schen „Theodicee" kein anderes Verdienst zu, als dieses, „daß sie später Anlaß gegeben hat zum unsterblichen «Candide» des großen Voltaire, wodurch freilich Leibniz's so oft wiederholte lahme Excuse für die Uebel der Welt, daß nämlich das Schlechte bisweilen das Gute herbei= führt, einen ihm unerwarteten Beleg erhalten hat".

Ueber Schopenhauer's Pessimismus nun aber werde ich mich in meinem nächsten Briefe auslassen.

Fünfundvierzigster Brief.

Ursprung und Charakter des Schopenhauer'schen Pessimismus. — Gegenüberstellung desselben gegen den Leibniz'schen Optimismus und Kritik beider. (Fortsetzung.)

Nachdem ich Ihnen, verehrter Freund, in meinem vorigen Briefe gezeigt, wie es mit dem Leibniz'schen Optimismus bestellt ist, will ich nun in diesem den Schopenhauer'schen Pessimismus näher untersuchen, um zu sehen, ob es mit ihm besser bestellt ist.

Schopenhauer leugnet nicht das aus der Einheit des in der Natur sich offenbarenden Willens entspringende wechselseitige Sichanpassen der Erscheinungen an einander. Diese große Zweckmäßigkeit, diese bewundernswürdige Harmonie gehe jedoch nur so weit, daß sie den Bestand der Welt und ihrer Wesen möglich mache. Sie erstrecke sich daher nur auf den Bestand der Species und der allgemeinen Lebensbedingungen, nicht aber auf den der Individuen. Wenn demnach, vermöge jener Harmonie und Accommodation, die Species im Organischen und die allgemeinen Naturkräfte im Unorganischen neben einander bestehen, sogar sich wechselseitig unterstützen, so zeige sich dagegen der innere Widerstreit des durch alle jene hindurchgehenden Willens im unaufhörlichen Vertilgungskriege der Individuen und im beständigen Ringen der Erscheinungen jener Gattungen und Naturkräfte. So sehen wir in der Natur überall Streit, Kampf und Wechsel des Sieges, welcher Streit nur die Offenbarung der dem Willen wesentlichen Entzweigung mit sich selbst ist. Die deutlichste Sichtbarkeit erreiche dieser allgemeine Kampf in der Thierwelt, welche die Pflanzenwelt zu ihrer Nahrung hat, und in welcher selbst wieder jedes Thier die Beute und

Nahrung eines andern wird, indem jedes Thier sein Dasein nur durch die beständige Aufhebung eines fremden erhalten kann, sodaß der Wille zum Leben durchgängig an sich selber zehrt und in verschiedenen Gestalten seine eigene Nahrung ist, bis zuletzt das Menschengeschlecht, weil es alle andern überwältigt, die Natur für ein Fabrikat zu seinem Gebrauche ansieht, dasselbe Geschlecht jedoch auch in sich selbst jenen Kampf, jene Selbstentzweiung des Willens zur furchtbarsten Deutlichkeit offenbart, und homo homini lupus wird. Der Wille muß an sich selber zehren, weil außer ihm nichts da ist und er ein hungeriger Wille ist. Daher die Jagd, die Angst und das Leiden.

Schopenhauer kennt keine größere Thorheit, als die der meisten metaphysischen Systeme, welche das Uebel für etwas Negatives erklären, während es gerade das Positive, das sich selbst fühlbar Machende ist. Wie der Bach keine Strudel macht, so lange er auf keine Hindernisse trifft, so bringe die menschliche wie die thierische Natur es mit sich, daß wir alles, was unserm Willen gemäß geht, nicht recht merken und innewerden. Hingegen alles, was unserm Willen sich entgegenstellt, ihn durchkreuzt, ihm widerstrebt, also alles Unangenehme und Schmerzliche empfinden wir unmittelbar, sogleich und sehr deutlich. Wie wir die Gesundheit unsers ganzen Leibes nicht fühlen, sondern nur die kleine Stelle, wo uns der Schuh drückt, so denken wir auch nicht an unsere gesammten vollkommen wohlgehenden Angelegenheiten, sondern an irgendeine unbedeutende Kleinigkeit, die uns verdrießt. Die Freuden finden wir in der Regel weit unter, die Schmerzen weit über unserer Erwartung. Der wirksamste Trost bei jedem Unglück, in jedem Leiden sei, hinzusehen auf die Andern, die noch unglücklicher seien als wir, und dies könne Jeder. Was aber ergebe sich daraus für das Ganze? Alles, was wir anfassen, widersetzt sich, weil es seinen eigenen Willen hat, der überwunden werden muß. Die Geschichte zeige uns das Leben der Völker und finde nichts, als Kriege und Empörungen zu erzählen; die friedlichen Jahre erscheinen nur als kurze Pausen, Zwischenacte, dann und wann einmal. Und ebenso sei das Leben des Einzelnen ein fortwährender Kampf, nicht etwa blos metaphorisch mit der Noth oder mit der Langeweile, sondern auch wirklich mit Andern. Er finde überall den Widersacher, lebe in beständigem Kampfe und sterbe mit den Waffen in der Hand.

Den Pantheisten gegenüber, denen die Welt eine Theophanie ist, bemerkt Schopenhauer: „Man sehe sie doch nur einmal darauf an, diese Welt beständig bedürftiger Wesen, die blos dadurch, daß sie einander auffressen, eine Zeit lang bestehen, ihr Dasein unter Angst und Noth durchbringen und oft entsetzliche Qualen erdulden, bis sie endlich dem Tode in die Arme stürzen." Wer dieses deutlich ins Auge fasse, werde dem Aristoteles recht geben, wenn er sagt: Die Natur ist dämonisch, aber nicht göttlich. Wie mit dem Ausharren im Leben, so ist es nach Schopenhauer auch mit dem Treiben und der Bewegung desselben. Diese ist nicht etwas irgend frei Erwähltes, sondern, während eigentlich Jeder gern ruhen möchte, sind Noth und Langeweile die Peitschen, welche die Bewegung der Kreisel unterhalten. Daher trage das Ganze und jedes Einzelne das Gepräge eines erzwungenen Zustandes, und Jeder, indem er, innerlich träge, sich nach Ruhe sehnt, doch aber vorwärts muß, gleiche einem Planeten, der nur darum nicht auf die Sonne fällt, weil eine ihn vorwärts treibende Kraft es nicht dazu kommen läßt. So sei denn Alles in fortdauernder Spannung und gezwungener Bewegung.

Dieser Welt, diesem Tummelplatz gequälter und geängstigter Wesen das System des Optimismus anpassen und sie uns als die beste unter den möglichen andemonstriren wollen, dies nennt Schopenhauer eine schreiende Absurdität. Zu sehen seien die Dinge freilich schön; aber sie zu sein, sei etwas ganz Anderes. Den Theologen gegenüber, welche die weise, zweckmäßige Einrichtung der Natur preisen, weist Schopenhauer auf die unglücklichen Spieler hin, die auf dieser so dauerhaft gezimmerten Bühne der Natur agiren: „Wenn es nämlich überhaupt eine Welt geben soll, wenn ihre Planeten wenigstens so lange, wie der Lichtstrahl eines entlegenen Fixsterns braucht, um zu ihnen zu gelangen, bestehen und nicht, wie Lessing's Sohn, gleich nach der Geburt wieder abfahren sollen — da durfte sie freilich nicht so ungeschickt gezimmert sein, daß schon ihr Grundgerüst den Einsturz drohte. Aber wenn man zu den Resultaten des gepriesenen Werks fortschreitet, die Spieler betrachtet, die auf der so dauerhaft gezimmerten Bühne agiren, und nun sieht, wie mit der Sensibilität der Schmerz sich einfindet und in dem Maße, wie jene sich zur Intelligenz entwickelt, steigt; wie sodann, mit dieser gleichen Schritt haltend, Gier und Leiden immer stärker hervortreten und sich steigern, bis zuletzt das Menschenleben keinen andern Stoff darbietet, als den zu Tragödien und Komödien, da wird, wer nicht heuchelt, schwerlich disponirt sein, Hallelujas anzustimmen." Wer etwas tiefer zu denken fähig ist, wird, meint Schopenhauer, bald absehen, daß die menschlichen Begierden nicht erst auf dem Punkte anfangen können sündlich zu sein, wo sie, in ihren individuellen Richtungen einander zufällig durchkreuzend, Uebel von der einen und Böses von der andern Seite veranlassen; sondern daß, wenn dieses ist, sie auch schon ursprünglich und ihrem Wesen nach sündlich und verwerflich sein müssen, folglich der ganze Wille zum Leben selbst ein verwerflicher ist. „Ist ja doch aller Greuel und Jammer, davon die Welt voll ist, blos das nothwendige Resultat der gesammten Charaktere, in welchen der Wille zum Leben sich objectivirt, unter den an der ununterbrochenen Kette der Nothwendigkeit eintretenden Umständen, welche ihnen die Motive liefern, also der bloße Commentar zur Bejahung des Willens zum Leben." (Vergl. Schopenhauer=Lexikon: Leben und Optimismus.)

Vergleicht man nun diesen Schopenhauer'schen Pessimismus mit dem Leibniz'schen Optimismus, so haben beide Eins gemein, daß sie nämlich das Uebel für nothwendig erklären. Aber welcher bedeutende Unterschied ergiebt sich auch sofort in dem Sinne dieser Nothwendigkeit. Dort, bei Leibniz, ist die Nothwendigkeit des Uebels Nothwendigkeit aus einer Zweckursache; hier, bei Schopenhauer hingegen, ist sie Nothwendigkeit aus wirkenden Ursachen.

Leibniz lehrt, daß Gott von allen möglichen Welten die beste, die sein Verstand nicht ohne Uebel denken konnte, gewählt, also gewollt habe. Er hat das Uebel in ihr zugelassen, weil aus demselben ein größeres Gut entspringt, weil, was Störung im Theile ist, Ordnung im Ganzen, weil, was Unvollkommenheit im Einzelnen, Vollkommenheit im Universum ist. Das Uebel hat also einen weisen Zweck, der es nothwendig macht und durch den es gerechtfertigt ist. Schopenhauer dagegen lehrt, die Welt mit ihren Greueln und Uebeln läßt sich nicht anders, als aus einem blinden Willensdrange erklären, aus einem völlig grundlosen, unmotivirten Triebe. Bei dem schreienden Mißverhältnisse zwischen dem rastlosen, ernstlichen, mühevollen Treiben der lebenden Wesen und dem, was ihnen dafür wird, ja auch

nur jemals werden kann, erscheine der Wille zum Leben, objectiv ge=
nommen, als eine Thorheit, oder subjectiv, als ein Wahn, von welchem
alles Lebende ergriffen sei, um mit äußerster Anstrengung seiner Kräfte
auf etwas hinzuarbeiten, das keinen Werth hat. Offenbar sei dies
alles nicht zu erklären, wenn wir die bewegenden Ursachen außerhalb
der Figuren suchen und das Leben uns denken als Folge einer Wahl,
einer vernünftigen Ueberlegung. Der Wille zum Leben sei nimmer=
mehr zu denken als eine Folge der Erkenntniß des Lebens, sei über=
haupt nichts Secundäres, vielmehr das Erste und Unbedingte, die
Prämisse aller Prämissen. Daß die Wesen, in denen der Wille zum
Leben sich objectivirt, einander hemmen, bekämpfen, martern, auffressen,
daß sie physisch und moralisch einander unsägliches Leiden bereiten —
dieser ganze Jammer und diese Tragödie des Lebens sei eine noth=
wendige Folge der ursprünglichen Beschaffenheit, der radicalen Sünd=
haftigkeit dieses Willens. „Ich wollte doch", sagt Schopenhauer in
seinem von mir herausgegebenen Nachlaß, „daß, ehe sie in das Lob
des Allgütigen ausbrächen, sie ein bischen um sich herum sähen, wie
es aussieht und hergeht in dieser schönen Welt. Nachher würde ich
sie fragen, ob solche dem Werke der Allweisheit, Allgüte, Allmacht,
oder dem des blinden Willens zum Leben ähnlicher sieht. Die Macht,
die uns ins Dasein rief, muß eine blinde sein. Denn eine sehende,
wenn eine äußerliche, hätte ein boshafter Dämon sein müssen; und
eine innerliche, also wir selbst, hätten sehend uns nie in eine so pein=
liche Lage begeben. Aber reiner erkenntnißloser Wille zum Leben,
blinder Drang, der sich so objectivirt, ist der Kern des Lebens."
„Wenn ein Gott diese Welt gemacht hat, so möchte ich nicht der Gott
sein: ihr Jammer würde mir das Herz zerreißen." „Denkt man
sich einen schaffenden Dämon, so wäre man doch berechtigt, auf seine
Schöpfung weisend, ihm zuzurufen: Wie wagtest du die heilige Ruhe
des Nichts abzubrechen, um eine solche Masse von Wehe und Jammer
hervorzurufen!"

Und nicht blos theistisch, sondern auch pantheistisch läßt sich nach
Schopenhauer das Uebel nicht erklären; denn einen Gott, der sich hätte
beigehen lassen, sich in eine solche Welt zu verwandeln, „müßte doch
wahrlich der Teufel geplagt haben".

Die Schopenhauer'sche Ableitung des Uebels nicht aus einer Zweck=, sondern aus einer wirkenden Ursache, nicht aus einem Gott, sondern aus der Beschaffenheit des blind wirkenden Willens hat den Vortheil, daß sie das Uebel nicht abzuschwächen und zu beschönigen braucht, wie der Leibniz'sche Optimismus, um es mit Gott zusammenzureimen, thun muß. Der Atheismus kann die Uebel der Welt in ihrer ganzen Größe und ihrem ganzen Umfange eingestehen, weil er durch keine theologischen Voraussetzungen genöthigt ist, sie wegzuraisonniren und wegzudemonstriren.

Aber der Pessimismus fällt in folgende Alternative. Entweder er muß die wirkende Ursache, aus der er das Uebel ableitet, für eine ewige und unaufhebliche halten; dann giebt es in alle Ewigkeit keine Erlösung vom Uebel, sondern das Dasein ist die ewige Pein und Qual, — eine trostlose Aussicht! Oder er hält die das Uebel erzeugende Ursache für keine ewige und unaufhebliche; dann ist er eigentlich schon nicht mehr Pessimismus, oder höchstens nur ein relativer Pessimismus.

Bei Schopenhauer nun findet sich das Letztere. Schopenhauer ist kein absoluter, sondern nur ein relativer Pessimist. Denn obschon er das Uebel für nothwendig hält als Folge der Bejahung des Willens zum Leben, so ist ihm diese Nothwendigkeit doch keine fatalistische, unabwendbare. Denn der Wille zum Leben kann, so lehrt Schopenhauer, statt bejaht zu werden, auch verneint, er kann aufgehoben werden. Alsdann tritt eine ganz andere Welt, ein ganz anderes Dasein ein, von dem wir freilich keinen Begriff haben und das uns als Nichts erscheint, das aber kein absolutes, sondern nur ein relatives Nichts ist.

Aber wenn dies sich so verhält, wenn der das Uebel herbeiführende Wille nur relativ, nur in Beziehung auf diese unsere räumlich-zeitliche Welt, wie Schopenhauer ausdrücklich im 24. Briefe an mich erklärt hat, das Wesen der Dinge ist, dieses Wesen aber verneint werden kann und dann an die Stelle desselben ein ganz anderartiges, besseres Dasein tritt: so ist er auch gar nicht das metaphysische Urwesen der Welt, und zu einem eigentlichen Pessimismus ist kein Grund mehr, oder es bleibt höchstens nur noch ein relativer Pessimismus übrig, der aber den Namen Pessimismus eigentlich nicht mehr verdient.

Eigentlich kann nur da von Pessimismus die Rede sein, wo man das Uebel für unheilbar und den daran Leidenden für unrettbar verloren hält. Denn nur da ist der Zustand wirklich der schlimmste von allen möglichen. Aber Schopenhauer's Pessimismus ist nicht dieser Art, denn er hält eine Erlösung vom Weltübel für möglich, obgleich er freilich in Uebereinstimmung mit dem ascetischen Urchristenthum die Erlösung nur unter der Bedingung einer Radicalcur, einer gänzlichen Wiedergeburt, einer völligen Erneuerung der Dinge für möglich hält. Ich kann daher Schopenhauer für einen Pessimisten im strengen Sinne des Worts nicht halten. Denn obwohl er gegen Leibniz zu beweisen sucht, daß diese Welt die schlechteste unter den möglichen sei, und obwohl ihm die Hölle nicht erst jenseits beginnt, sondern schon dieses Leben die Hölle ist, so glaubt er doch an eine Erlösbarkeit aus dieser schlechtesten Welt und dieser Hölle. Bei solchem Glauben ist aber der Pessimismus nur ein relativer, bezieht sich nur auf diese empirische Welt, nicht auf das Seiende überhaupt und an sich. Selbst wenn Schopenhauer keine totale, sondern nur eine partielle Erlösung vom Weltübel für möglich gehalten hätte, nämlich nur innerhalb der menschlichen Gattung, weil nur in dieser jene Erkenntniß, die vom Egoismus und der Bosheit befreit, jene Durchschauung des principii individuationis eintritt, infolge deren das Individuum sich in den Andern wiedererkennt, sich mit ihnen identificirt und nun ihr Wohl, wie sonst das eigene, sich zum Zweck setzt, — selbst dann wäre Schopenhauer kein absoluter Pessimist, dem diese Welt die schlechteste von allen möglichen ist. Denn es läßt sich eine noch schlechtere denken, eine solche nämlich, wo nicht blos in der Natur der Wille in blindem Lebensdrange die Zähne in sein eigenes Fleisch schlägt, sondern auch in der Menschenwelt, eine Welt also, in der nirgends Vernunft und Sittlichkeit ein Gegengewicht gegen den blinden, grimmigen Lebensdrang bildete, eine Welt, in der nirgends dem unbarmherzigen Rauben und Morden Einhalt geschähe, in der nirgends Gerechtigkeit und Mitleid anzutreffen wäre. Eine solche wäre doch jedenfalls schlechter, als die jetzige, wo doch wenigstens innerhalb der menschlichen Gattung das Uebel durch Vernunft und Tugend, die ja Schopenhauer nicht wegleugnet, gemildert wird.

Also weder Leibniz mit seiner „besten Welt", noch Schopenhauer mit seiner „schlechtesten Welt" hat Recht. Es läßt sich eine bessere, als diese Welt denken, es läßt sich aber auch noch eine schlechtere denken. Die bessere wäre die, in welcher die endlichen Wesen, wie die Töne einer Musik, einander harmonisch ergänzten, so daß es ein mißklangloses Weltconcert gäbe. Die schlechtere wäre die, wo, wie in einem Charivari, nichts als Mißklang anzutreffen wäre.

Uebrigens kann ich Ihnen Stellen aus Schopenhauer's Werken anführen, in denen er selbst seinen Pessimismus widerlegt. Er sagt z. B.: „Je heftiger der Wille, desto greller die Erscheinung seines Widerstreites; desto greller also das Leiden. Eine Welt, welche die Erscheinung eines ungleich heftigeren Willens zum Leben wäre, als die gegenwärtige, würde um so viel größere Leiden aufweisen: sie wäre also eine Hölle." („Welt als Wille und Vorstellung", I, 468.)

Also ist die gegenwärtige Welt doch noch nicht die eigentliche Hölle.

Eine andere Stelle lautet: „Jegliches kündigt dieses Sansara an; mehr als Alles jedoch die Menschenwelt, als in welcher, moralisch, Schlechtigkeit und Niederträchtigkeit, intellectuell, Unfähigkeit und Dummheit in erschreckendem Maaße vorherrschen. Dennoch treten in ihr, wiewohl sehr sporadisch, aber doch stets von Neuem uns über= raschend, Erscheinungen der Redlichkeit, der Güte, ja des Edelmuths, und eben so auch des großen Verstandes, des denkenden Geistes, ja des Genies auf. Nie gehen diese ganz aus: sie schimmern uns, wie einzelne glänzende Punkte, aus der großen, dunkeln Masse entgegen. Wir müssen sie als ein Unterpfand nehmen, daß ein gutes und erlö= sendes Princip in diesem Sansara steckt, welches zum Durchbruch kommen und das Ganze erfüllen und befreien kann." („Parerga", II, 233 fg.)

Wer so spricht, wer ein erlösendes Princip in der Welt findet und dessen endlichen Durchbruch für möglich hält, ist schon eigentlich kein Pessimist mehr. Denn der eigentliche Pessimismus endigt mit der Verzweiflung.

Sechsundvierzigster Brief.

Praktische Consequenz des Pessimismus. — E. von Hartmann's Verbindung des Optimismus mit dem Pessimismus. — Kritik derselben.

––––––––––

Sie sind, verehrter Freund, zwar damit einverstanden, daß Schopenhauer's Pessimismus, weil sich mit demselben der Glaube an Erlösbarkeit vom Weltübel verbindet, kein absoluter sei. Aber die praktische Consequenz dieses Pessimismus scheint Ihnen dennoch gefährlich. Denn die Bedingung der Erlösung sei ja die gänzliche Verneinung des Willens, das gänzliche Aufgeben alles Strebens und Ringens. Würde denn ein Kranker, wenn er zwar Erlösung von seinen Leiden für möglich hielte, aber nur durch den Tod, noch Etwas thun, seine Gesundheit herbeizuführen? Eben so wenig nun würde die Menschheit, wenn sie nur unter der Bedingung der gänzlichen Verneinung alles weltlichen Strebens und Ringens Erlösung vom Weltübel für möglich hielte, noch sich weiter an der geschichtlichen Arbeit zur Verbesserung und Verschönerung des Daseins abmühen. Kurz, Quietismus sei die nothwendige Folge des Pessimismus.

Da haben Sie freilich so Unrecht nicht, und Schopenhauer selbst hat kein Hehl daraus gemacht, daß aus dem Pessimismus der Quietismus hervorgehe, da die intuitive Erkenntniß des dem Leben wesentlichen Leidens als Quietiv wirke.

Ihm gegenüber will jedoch E. von Hartmann die Kunst entdeckt haben, mit pessimistischer Welt- und Lebensanschauung optimistisches Ringen und Streben nach den Gütern und Genüssen dieser Welt, lebendige und thatkräftige Betheiligung am sogenannten „Weltproceß" zu vereinbaren.

Sehen wir uns nun aber einmal diese Vereinbarung näher an. E. von Hartmann zieht pessimistisch in völliger Uebereinstimmung mit Schopenhauer das Nichtsein dem Dasein vor; dennoch aber verwirft er Schopenhauer's buddhaistischen Quietismus, welchem gegen- über er vielmehr die Arbeit am geschichtlichen Fortschritt, die that- kräftige Betheiligung am „Weltproceß" zur Pflicht macht.

Alle physischen und socialen Fortschritte, lehrt E. von Hartmann, würden nichts Positives bieten, sondern nur die schlimmsten und zum Theil unnatürlichsten Uebelstände der gegenwärtigen physischen und so- cialen Verhältnisse beseitigen oder doch lindern; aber zugleich würden sie die Frage um so brennender ins Bewußtsein treten lassen, was denn nun mit diesem Leben anzufangen, mit welchem Inhalt von ab- solutem innern Werthe es zu erfüllen sei, — was für Ertragung der aus den ersten Elementarbetrachtungen folgenden Last des Lebens entschädige? „Während vorher die Unbehaglichkeit des Daseins, insoweit sie empfunden wurde, auf äußere Uebelstände und Mängel als auf ihre Ursachen zurückgeführt, und die Erlangung eines behaglichen Zu- standes von der Beseitigung der jedesmal am drückendsten sich fühlbar machenden äußern Uebel erhofft wurde, wird der Irrthum, der in diesem Hinausprojiciren der Ursache der Unbehaglichkeit liegt, um so mehr erkannt, je mehr die haudgreiflichen äußerlichen Mißstände des menschlichen Lebens durch den Weltfortschritt gehoben werden, und in demselben Maaße, als diese Ausflucht vor der pessimistischen Einsicht in das Wesen des eigenen Willens durch Abwälzung nach außen ver- sperrt wird, in demselben Maaße wächst die Erkenntniß, daß der Schmerz dem Willen immanent, daß die Jämmerlichkeit des Daseins in dem Dasein selbst begründet und von den äußern Verhältnissen mehr scheinbar, als in Wahrheit abhängig ist. Somit muß alle An- näherung an das Ideal des besten auf Erden erreichbaren Lebens die Frage nach dem absoluten Werthe dieses Lebens nur zu einer immer brennenderen machen, da sowohl die je länger je mehr wachsende Durchschauung der illusorischen Beschaffenheit der allermeisten positiven Lust, wie die immer deutlicher sich aufdrängende Einsicht in die Unent- rinnbarkeit des in der eigenen Brust wie ein seine Gestalt ewig wech- selnder Kobold lauernden Elends zu diesem Erfolge zusammenwirken. Wie nach Paulus das den Juden gegebene Gesetz gerade die „Kraft" der Sünde war (1. Cor. 15, 56), so ist der höchstmögliche Weltfortschritt die „Kraft" des pessimistischen Bewußtseins der Menschheit. Und gerade weil er dies ist, und nur weil er dies ist, ist der höchstmögliche Weltfortschritt praktisches Postulat...... Wenn es wahr ist, daß die Steigerung des Bewußtseins bis zu einer Allgemeingültigkeit des pessimistischen Bewußtseins der Menschheit der dem Endzweck unmittelbar vorhergehende Zweck des Unbewußten ist, dann ist der Weltfortschritt gerade deshalb so bringendes Erforderniß, weil er zu diesem Ziele führt." (E. von Hartmann's „Philosophie des Unbewußten", 3. Aufl., S. 732 fg.)

Also die Ueberzeugung von dem unentrinnbaren Elend des Daseins („eudämonologischer Pessimismus") soll uns nach Hartmann zu dem Streben nach dem höchstmöglichen Weltfortschritt begeistern („evolutionistischer Optimismus"). Diese wunderliche Verbindung von Optimismus und Pessimismus betrachtet Hartmann in seiner Schrift: „Die Selbstzersetzung des Christenthums und die Religion der Zukunft" (Berlin, 1874, Carl Duncker's) sogar als die Religion der Zukunft. Er sagt nämlich (S. 113 fg.): „Wer die Welt nicht als eine objective reale Erscheinung des absoluten Wesens anerkennt, sondern für einen subjectiven Schein ohne Wahrheit, für Traum, Schaum und Wahn hält, wer demgemäß Raum und Zeit für bloße Formen der Anschauung ohne correlative Daseinsformen der Wirklichkeit, und mithin die Geschichte und die in ihr verlaufende Entwickelung für eine gegenstandslose Illusion erklärt, der spinnt sich in seine Traumwelt so ein, wie die Raupe in ihre Puppe. Bei solchen erkenntnißtheoretischen Voraussetzungen kann keine Metaphysik mehr im Stande sein, den aus jenen nothwendig folgenden apathischen Quietismus abzuwenden. Mit dieser (leider auch von Schopenhauer acceptirten) erkenntnißtheoretischen Weltansicht muß daher unbedingt gebrochen werden, wenn man nicht dem Inderthum gleich in totaler Indolenz versumpfen will. Hier ist einer der Punkte, wo die realistische, an die Wirklichkeit der Zeit, der Geschichte und der Entwickelung glaubende jüdisch=muhammedanisch=christliche Weltansicht der indischen entschieden überlegen ist, und diese Ueberlegenheit ist es wesentlich, welche der asiatischen Stagnation gegenüber den rüstigen historischen Fortschritt der muhammedanisch=christlichen Cultur bedingt und die christlichen Völker

zu den gegenwärtigen Trägern des weltgeschichtlichen Fortschritts ge=
macht hat. Im Protestantismus hat sich der realistische Evolutionis=
mus zum evolutionistischen Optimismus weiter gebildet, welcher besonders
von Leibniz und Hegel zur Grundanschauung der modernen Bildung
erhoben worden ist. Daß dieser Optimismus vom logisch=evolutionisti=
schen Gebiet ins eudämonologische hinübergriff, ist eben nicht zu ver=
wundern; aber dieser falsche eudämonologische Optimismus des Leibniz
findet schon bei Hegel durch die offenkundige Mißachtung des indivi=
duellen Glücks und die Hervorhebung des in schmerzlichem Kampf der
Gegensätze verlaufenden Entwickelungsprocesses eine beträchtliche Ein=
schränkung, und schlägt bei Schopenhauer vollständig in sein Gegen=
theil, den entschiedensten Pessimismus um, welcher hier aber eben so
unberechtigt vom eudämonologischen auf das evolutionistische Gebiet
übergreift. Ohne eudämonologischen Pessimismus muß der evolutio=
nistische Optimismus nothwendig zu irreligiöser Verweltlichung führen;
ohne evolutionistischen Optimismus muß der eudämonologische Pessimis=
mus zu verzweifelter Indolenz gelangen oder gar zur religiösen As=
kese entarten. Nur beide zusammen geben eine Weltanschauung, welche
sowohl der Realität und der Entwickelung des Irdischen ihr Recht zu
Theil werden läßt, als auch von dem Fehler frei bleibt, diese Realität
für ein Letztes, an und für sich Werthvolles zu halten, vielmehr sich
durch einen metaphysisch objectiven Idealismus über den Unwerth
dieser ihre Existenz nicht verdienenden Welt erhebt."

Ich glaube nun, verehrter Freund, nicht, daß es nöthig ist, Ihnen
die Unnatürlichkeit dieser Verbindung von Optimismus und Pessi=
mismus zu beweisen; denn sie springt ja von selbst in die
Augen. Sie fordert thatkräftige Betheiligung am Weltfortschritt bei
der Ueberzeugung von der Werthlosigkeit desselben. Natürlich ist
aber ein Streben nach Etwas und eine thatkräftige Betheiligung daran
nur möglich, so lange man es für werthvoll hält; sobald man hin=
gegen von seiner Werthlosigkeit überzeugt ist, hört auch das Streben
danach und die Betheiligung daran auf. Wird ein Gefangener noch
nach Befreiung aus dem Gefängniß streben und seine Kräfte zur Be=
freiung aus demselben anstrengen, wenn er die Freiheit für etwas
Werthloses hält?

Ja, wird E. von Hartmann einwenden, um zu der Ueberzeugung

von der Werthlosigkeit der Freiheit zu gelangen, muß er nach ihr streben und seine Kräfte zu ihrer Erreichung anspannen. Um zu der Ueberzeugung von der Werthlosigkeit alles Weltfortschritts zu gelangen, muß die Menschheit alle Stadien desselben durchmachen. Die Hoffnung, durch den Weltfortschritt glücklicher zu werden, ist „die praktisch heilsame Verblendung, durch welche das Unbewußte die Menschen zu Leistungen stimulirt, die sie meistens noch nicht fähig wären sich aufzuerlegen, wenn sie die wahren Zwecke des Unbewußten durchschauten". („Philosophie des Unbewußten", 3. Aufl., S. 733.)

Was halten Sie von der gepriesenen „Weisheit" dieses „Unbewußten", dieses Gottes, der seine Kinder täuscht, verblendet, um sie auf langem mühsamem Wege, durch alle Stadien der Illusion hindurch, zu der endlichen Ueberzeugung zu führen, daß sie Geprellte sind? Er täuscht, um schließlich zu enttäuschen. Ist dies nicht ein grausamer Gott?

Enttäuschung kann ich mir zwar sehr gut als Folge denken, aber als Zweck nimmermehr. Bei Hartmann ist jedoch die Enttäuschung des Menschengeschlechts der Zweck der weltgeschichtlichen Täuschung. Eben weil die weltgeschichtliche Illusion in ihren drei Stadien schließlich zu der Ueberzeugung führt, daß das Leben werthlos, daß das Nichtsein dem Dasein vorzuziehen sei, darum ist nach Hartmann die geschichtliche Entwickelung gut, darum ist es Pflicht, sich an ihr zu betheiligen; und so kann sich denn Hartmann rühmen, den Optimismus mit dem Pessimismus verbunden und Schopenhauer, der einseitiger Pessimist ist, überflügelt zu haben. Was denken Sie von dieser Vereinbarung des Optimismus mit dem Pessimismus? Gleicherweise könnte, scheint mir, auch ein Lebensüberdrüssiger, der sich einen Strick dreht, um sich aufzuhängen, sich rühmen, Pessimist und Optimist zugleich zu sein, nämlich eudämonologischer Pessimist, weil er das Leben für werthlos hält, und evolutionistischer Optimist, weil er einen Strick zum Aufhängen gut findet und deshalb thatkräftig sich einen Strick dreht.

Ein logischer Widerspruch liegt freilich in solcher Verbindung des Optimismus mit dem Pessimismus nicht. Denn der Optimismus bezieht sich ja nur auf das Mittel, während der Zweck ein pessimistischer ist. Aber der Sprachgebrauch versteht unter Optimismus nicht die

Ansicht, welche das zu der Verneinung der Welt führende Mittel, sondern die Ansicht, welche die Welt selbst für gut hält und trotz ihrer Uebel ihr Dasein ihrem Nichtsein vorzieht. Also hat E. von Hartmann den Sprachgebrauch gefälscht, indem er sich des Wortes Optimismus in dem angegebenen Sinne bedient hat.

In diesem Sinne hätte sich Schopenhauer auch rühmen können, mit dem Pessimismus den Optimismus verbunden zu haben. Denn er hat ja ebenfalls das zur Vernichtung der Welt führende Mittel für gut erklärt. Blos in Dem, was er für das Mittel dazu hält, weicht er von Hartmann ab, indem er Askese und Quietismus für das Mittel dazu hält, während Hartmann die geschichtliche Entwickelung als das Mittel dazu ansieht. Diese Differenz ist jedoch gegenüber der Hauptsache, in der Beide einig sind, eine untergeordnete. Sie hat für Den gar keine Bedeutung, der den Zweck, den Beide aufstellen, die Vernichtung der Welt, nicht anerkennt und nicht für erreichbar hält. Ein Solcher hat nicht nöthig, sich den Kopf über die Frage zu zerbrechen, welches das beste Mittel zur Weltvernichtung sei, ob, wie Schopenhauer lehrt, Askese und Quietismus, oder, wie E. von Hartmann lehrt, die geschichtliche Evolution durch alle Stadien der Illusion hindurch.

Sie können hieran beispielsweise erkennen, daß es unter den Philosophen so manche Streitfragen giebt, die für Den ganz wegfallen, der die Voraussetzung, auf der sie beruhen, nicht anerkennt. Die Streitfrage, welches Mittel das beste zur Zurückführung der Welt in das Nichts sei, beruht auf der pessimistischen Voraussetzung, daß das Nichtsein der Welt ihrem Dasein vorzuziehen sei, und zweitens auf der Voraussetzung, daß sie aus dem Dasein auch wirklich ins Nichtsein zurückgeführt werden könne. Wer diese beiden Voraussetzungen aber nicht theilt, für den existirt natürlich die Frage, welches das geeignetste Mittel zur Zurückführung der Welt in das Nichts sei, gar nicht.

Uebrigens ist aber auch in dieser untergeordneten, auf falschen Voraussetzungen beruhenden Frage die Einigkeit zwischen Schopenhauer und E. von Hartmann größer, als Letzterer zugiebt. In dem Paragraphen nämlich, in welchem Schopenhauer vom Selbstmord spricht und denselben verwirft, weil er auf dem Wahne beruhe, daß mit der

Einzelerscheinung auch das Wesen selbst, der Wille, aufgehoben werde, sagt er: „Wenn Wille zum Leben da ist, so kann ihn, als das allein Metaphysische oder das Ding an sich, keine Gewalt brechen, sondern sie kann blos seine Erscheinung an diesem Ort zu dieser Zeit zerstören. Er selbst kann durch nichts aufgehoben werden, als durch Erkennt= niß. Daher ist der einzige Weg des Heils dieser, daß der Wille ungehindert erscheine, um in dieser Erscheinung sein eigenes Wesen erkennen zu können. Nur in Folge dieser Erkenntniß kann der Wille sich selbst aufheben und damit auch das Leiden, welches von seiner Erscheinung unzertrennlich ist, endigen: nicht aber ist dies durch physische Gewalt, wie Zerstörung des Keims, oder Tödtung des Neu= geborenen, oder Selbstmord möglich. Die Natur führt eben den Willen zum Lichte, weil er nur am Lichte seine Erlösung finden kann. Daher sind die Zwecke der Natur auf alle Weise zu beför= dern, sobald der Wille zum Leben, der ihr inneres Wesen ist, sich entschieden hat." („Welt als Wille und Vorstellung", I, 473 fg.)

Die Forderung, daß der Wille ungehindert erscheine, um in der Erscheinung sein Wesen zu erkennen, und daß die Zwecke der Natur eben deshalb auf alle Weise zu befördern seien, klingt doch gar nicht quietistisch. Sie ist im Wesentlichen identisch mit dem Hartmann'schen Postulate des höchstmöglichen Weltfort= schritts, um mittelst desselben zu der Erkenntniß von der Nichtigkeit alles Strebens zu gelangen. Bloß den Heiligen, der unmittel= bar, auf intuitivem Wege, zu der Erkenntniß von der Nichtigkeit des Daseins gelangt, spricht Schopenhauer frei von der Nothwendigkeit, mittelbar, durch das ungehinderte Erscheinen des Willens und die möglichste Beförderung der Naturzwecke zu jener erlösenden Erkenntniß zu gelangen. Und warum sollte auch Der eines langwie= rigen Mittels zum Zwecke bedürfen, der den Zweck unmittelbar erreichen kann?

Druck von F. A. Brockhaus in Leipzig.

Berichtigungen.

Seite 14, Zeile 22 v. o., statt: dastellende, lies: darstellende
» 25, » 4 v. u., st.: begreifen, l.: ergreifen
» 59, » 3 v. u., st.: Sanhara. l.: Sansara
» 76, » 4 v. u., nach Kampf, l.: spricht
» 95, » 10 v. u., st.: es, l.: er
» 102, » 8 v. o., st.: welchen, l.: welchem
» 110, » 2 in der Ueberschrift, st.: bloße, l.: bloßen
» 136, » 2 v. u., st.: Vorstandes, l.: Verstandes
» 151, » 10 v. u., st.: ein, l.: in
» 156, » 6 v. o., st.: materialistisch, l.: mechanisch
» 156, » 8 v. o., st.: klärt, l.: erklärt
» 206, » 11 v. u., st.: Staatsction, l.: Staatsaction
» 256, » 5 v. u., st.: herausgeht, l.: hervorgeht